U0516787

全本全注全译丛书

中华经典名著

陈 曦◎译注

六 韬

中华书局

图书在版编目(CIP)数据

六韬/陈曦译注. —北京:中华书局,2016.9(2025.3 重印)
(中华经典名著全本全注全译丛书)
ISBN 978-7-101-11852-0

Ⅰ.六…　Ⅱ.陈…　Ⅲ.①兵法–中国–西周时代②《六韬》–
译文③《六韬》–注释　Ⅳ.E892.24

中国版本图书馆 CIP 数据核字(2016)第 108218 号

书　　名　六　韬
译 注 者　陈　曦
丛 书 名　中华经典名著全本全注全译丛书
责任编辑　周　旻
装帧设计　毛　淳
责任印制　韩馨雨
出版发行　中华书局
　　　　　(北京市丰台区太平桥西里 38 号　100073)
　　　　　http://www.zhbc.com.cn
　　　　　E-mail:zhbc@zhbc.com.cn
印　　刷　北京中科印刷有限公司
版　　次　2016 年 9 月第 1 版
　　　　　2025 年 3 月第 12 次印刷
规　　格　开本/880×1230 毫米　1/32
　　　　　印张 11⅜　字数 240 千字
印　　数　82001–92000 册
国际书号　ISBN 978-7-101-11852-0
定　　价　29.00 元

目录

前　言

在距今九百三十多年的宋神宗元丰三年(1080)，《六韬》从汗牛充栋的历代兵书中脱颖而出，与《孙子兵法》、《吴子》、《司马法》、《尉缭子》、《三略》、《李卫公问对》一起被确定为武学经书，从此正式跻身古代兵书的第一方阵，成为兵学著作中最耀眼的七颗明星之一。它们彼此交相辉映，共同彰显着中国古代军事思想所达到的理论高度。仅就篇幅而言，与其他六部兵家经典相比，《六韬》的字数最多，今本近两万字，共分《文韬》、《武韬》、《龙韬》、《虎韬》、《豹韬》、《犬韬》六卷，共计六十篇，规模庞大，论述精辟，思想丰富，被誉为先秦军事理论的集大成之作，美国学者凯德·史密斯在《如何读〈六韬〉》一文中，则认为它"像一本军事百科全书"。

那么，这部杰出的"军事百科全书"是何人何时创作的？这是学习与研究《六韬》必须了解的问题。历代学人对此众口不一，歧见迭出，概括而言竟至少有以下八种之多的说法。

其一，认为是殷商之际的军事家吕望所作。《隋书·经籍志》是《六韬》一书目前所见的最早著录者，称有《太公六韬》五卷，为"周文王师姜望撰"。吕望，姜姓，名望，字子牙；又有吕尚、太公之称。若认定姜望是《六韬》一书的作者，则该书的成书年代是商末周初。

其二，认为是由春秋时期齐桓公(前685—前643年在位)的官员整理成书。陈青荣在《重新认识〈六韬〉的资料价值》一文中说:"《六韬》一书是齐桓公复修太公之法时,齐官府据周室旧档案整理成书的。"

其三,认为是战国中期的作品。刘宏章在《〈六韬〉初探》一文中说:"《六韬》成书应在战国,其下限在战国中期。"

其四,认为是战国中后期的作品。徐勇在《先秦兵书通解》一书中说:"《六韬》是基本成型于战国中后期的兵家著作。"

其五,认为是战国后期的作品。当代学者多持此论,代表者如孔德骐在《六韬浅说》一书中说:"《六韬》成书于战国后期。"吴如嵩在《〈六韬浅说〉序》中断定:"《六韬》是一部托名姜太公撰,实为战国末期无名氏的作品。"

其六,认为是秦代一位在野人士的作品。张烈在《〈六韬〉的成书及其内容》一文中说:"《六韬》一书当是秦始皇统治时期一位在野之士所撰写的一部反暴政的作品。"

其七,认为是楚汉之际好事者的作品。宋人罗泌的《路史·发挥·论太公》说:"要之楚汉之际好事者之所撰。"清人崔述在《丰镐考信录》中也说:"必秦汉间人所伪撰。"

其八,认为是魏晋以后谈兵人士的作品。明人胡应麟在《四部正讹》中说:"考《汉志》有《六弢》,初不云出太公,盖其书亡于东汉之末,魏晋下谈兵之士,掇拾剩余为此,即《隋志·六韬》也。"

以上八种说法中的第一、二、八种,可被确定是不成立的。首先,《六韬》用了很多篇幅论述了骑兵的选拔标准、作战特点及其与步兵、车兵的协同配合,这是骑兵大规模用于战争之后产生的理论成果的反映。赵武灵王在公元前307年的"胡服骑射",拉开了战国时期各国组建骑兵部队的帷幕,据此可以推定《六韬》成书的上限不应早于公元前307年。其次,1972年在山东临沂银雀山西汉武帝初年的墓葬中出土了大批竹简,其中有与今本《六韬》前三卷《文韬》、《武韬》、《龙韬》的部分篇章相合的。1973年在河北定县八角廊的西汉中山怀王刘修(死于西汉宣帝五凤三年，前55年）的墓中，也出土了与今本《六韬》的篇题与文字相合的竹简。银雀山《六韬》竹简不避西汉帝王讳，如汉高祖的"邦"字、汉文帝的"恒"字；同样，定县《六韬》竹简也不避帝王讳，如汉文帝的"恒"字。这两次出土的文献，尤其是银雀山汉简，有力证明了《六韬》成书的下限不应晚于汉高祖刘邦一统天下之前的楚汉相争时期（前206—前202年）。所以《六韬》的成书时间应在公元前307年到公元前202年之间，而上述关于《六韬》成书年代的第一、二、八种说法因在这一时间范围之外而不攻自破。

在第三、四、五、六、七种说法中，笔者认为更合理的应是孔德骐、吴如嵩等主张的第五种，即《六韬》成书于战国末期；至于作者的姓名、身份等，则已很难确考。认定此说的主要理由在于《六韬》一书整合了先秦时期不同学派的学说，其集先秦军事思想之大成的美誉的确不虚。举凡兵、儒、道、法、墨、阴阳等先秦学派的政治理念与兵学思想，均在《六韬》一书当中有所体现，反映了战国后期天下学术趋于综合的时代特征。此外，它与成书于战国后期的《尉缭子》、《孙膑兵法》、《吕氏春秋》、《庄子》、《荀子》等书，在思想内容、语言表达等方面也有不少相似相合之处，这说明《六韬》与这些著作产生的历史年代是十分接近的。

当然，《六韬》一书绝非属于平庸的"杂家"，不是由各家思想简单拼凑而成的，而是借鉴中有发挥，整合中有创造，显示了作者卓越不凡的政治眼光与军事素养。

军事是流血的政治，是政治斗争的延续，不能将军事与政治割裂开来，而应充分地站在政治的高度观照军事，这一观念在《六韬》当中表现得格外充分。大致说来，《六韬》全书的思想内容可以分为政治学与军事学两大部分，其中第一卷《文韬》与第二卷《武韬》的主要篇幅，探讨的是君王治国之道，后四卷探讨的是打仗用兵之术。

《六韬》采用的是对话体的撰述方式，全书基本上是由一段一段的对话连缀而成的。对话者仅三人——姜太公与周文王、周武王。在《六韬》作者的笔下，周文王、周武王虽贵为君王，但在姜太公面前却十分谦逊，的确像是勤学好问的学生；而姜太公则有问必答，释疑解惑，见识卓绝，不愧其"师尚父"的身份。出现在《六韬》前两卷的姜太公，非常重视君主的行为规范建设，认为"君不肖，则国危而民乱；君贤圣，则国安而民治"（《文韬·盈虚第二》），不厌其详地从各种角度探讨为君之道，使得为君之道构成了《六韬》政治学的核心内容。作者兼收并蓄了儒家的仁民爱物、墨家的尚贤节用、道家的清静无为、法家的赏罚严明等，同时又多有发展与创造。其中最大的亮点就是发展了"古者立天子而贵之者，非以利一人也"（《慎子·威德》）的思想，反复倡导"天下非一人之天下，乃天下之天下也"（《文韬·文师第一》）、"天下者非一人之天下，唯有道者处之"（《武韬·顺启第十六》）的理念，并立足于此大力构建其利民主张。

　　类似的表述，亦见于《吕氏春秋·贵公》与《逸周书·殷祝解》。《吕氏春秋·贵公》作："天下非一人之天下也，天下之天下也。阴阳之和，不长一类；甘露时雨，不私一物；万民之主，不阿一人。"《逸周书·殷祝解》作："汤曰：'此天子位，有道者可以处之。天下非一家之有也，有道之有也。故天下者，唯有道者理之，唯有道者纪之，唯有道者宜久处之。'"仔细辨析两者的语境与意蕴，可知《吕氏春秋·贵公》强调的是：身为"万民之主"的君王不应将天下视为某一个人的天下，不应只偏私一人而罔顾他人。君王应效仿天地自然的公正无私，普施恩泽，关爱天下每一个臣民。再看《逸周书·殷祝解》，它着力传达的是君位无常的思想，以此显示推翻夏桀统治的商汤政权的"合法性"；认为天子之位只应属于品行高尚的"有道者"，只有这样的人才配拥有天下，治理天下。

　　与《吕氏春秋·贵公》、《逸周书·殷祝解》有所不同的是，《六韬》既无意营建与天道相通的"贵公"境界，也无意论证既得政权的"合法性",而是站在维护君权的角度,放眼争名逐利、计较得失的凡俗人世,盘算着怎样才能帮助君主守住得之不易的王位。作者洞察人性的幽暗,认定"凡人恶死而乐生,好德而归利"(《文韬·文师第一》),"取天下者,若逐野兽,而天下皆有分肉之心"(《武韬·发启第十三》),因此君王不能独享天下之利,而应与天下人共同分享好处。在《六韬》作者看来,能够给天下臣民分利,关乎政权的安稳、天下的得失,所谓"同天下之利者,则得天下;擅天下之利者,则失天下"(《文韬·文师第一》),"利天下者,天下启之;害天下者,天下闭之"(《武韬·发启第十三》)。只有以"利而无害"的方式"爱民",才能"主尊人安"(《文韬·国务第三》);国君要懂得创造财富的重要,并肯把财富分给宗亲,因为"不富无以为仁,不施无以合亲"(《文韬·守土第七》)。不同于孟子"何必曰利"的理论姿态,《六韬》作者高度重视"利",甚至声称:"能生利者,道也。道之所在,天下归之。"(《文韬·文师第一》)这里的"道",虽然没有道家"道论"的宇宙哲学的深邃,也没有儒家"道论"的政治伦理的高标,却能贴近现实民生,深切地体恤天下百姓的贫苦,认为君主应使人人获利,只有这样才能赢得民心,坐稳王位,否则就会丢掉江山,失去天下。历史证明此论并非危言耸听,秦王朝不正因为实践了李斯只满足君欲的所谓"独擅天下之利"(《史记·李斯列传》)的主张,竭泽而渔,剥削过度,最终导致民怨沸腾,快速灭亡了吗?《六韬》的利民主张,提醒历代君主关心民生,惠利百姓,如若不然,灾难与悲剧就会接踵而至。它在一定程度上丰富并深化了先秦时期的民本思想,有利于天下苍生的生计改善与利益维护。

作为兵学经典,《六韬》在军事领域的建树更为可观,多方发展了以《孙子兵法》为代表的先秦兵学的理论成果,探讨的范围十分广泛,涉及战略、战术、选将、练兵、编制、武器、通讯等,论述细密,创见颇多,至少有以下四点精华特别值得介绍。

一是服务于"全胜"战略的"文代"主张。

《孙子兵法·谋攻篇》曰:"是故百战百胜,非善之善者也。不战而屈人之兵,善之善者也。"又曰:"故善用兵者,屈人之兵而非战也,拔人之城而非攻也,毁人之国而非久也,必以全争于天下。"《六韬》作者积极响应了孙武的这种"不战而屈人之兵"的"全胜"战略思想,在《龙韬·军势第二十六》中指出:"善胜敌者,胜于无形;上战,无与战。"认为将领要清楚最高级的作战是"无与战",不费一兵一卒就能取得胜利。在《龙韬·立将第二十一》中,则对"兵不接刃,而敌降服"的胜利景象充满期盼。尤其值得重视的是,《武韬·发启第十三》提出了一个著名的命题——"全胜不斗,大兵无创",以精辟的语言揭示了无需战斗、没有伤亡,是抵达"全胜"境界的两个必要条件。

实现"全胜"既需要强大的军事实力,也需要"伐谋"、"伐交"的有效手段。《六韬》有效改变了孙武对于"伐谋"、"伐交"论述寥寥的缺憾,在《武韬·文伐第十五》中提出了用非军事手段打击敌人的十二种"文伐"之法。针对敌方掌握政治、军事大权的关键人物,如国君及其身边的近臣、忠臣、乱臣等,该篇设计了十二种诡诈之术以收买、迷惑、离间敌人,从而达到"不战"而削弱、瓦解敌人力量与意志的目的,极大拓展了《孙子兵法》以非军事手段挫败敌人的理论思路。

二是丰富多样的作战形式与深入细致的战术思想。

吴如嵩曾指出《六韬》在军事学术上的一大贡献,"就是它广泛地论述了多种作战形式的战术问题,其篇幅之大,范围之大,分析之细,在先秦的兵书中是绝无仅有的"(《〈六韬浅说〉序》)。针对不同战场境遇所应采用的具体战法,《六韬》作了十分详细的探讨。书中谈到的地形,有森林、深草灌木、平原、山地、池沼、江河、险隘地、开阔地等;探讨的战法,有围城、渡河、袭扰、偷袭、突围、迂回、追击、伏击、防火攻、防夜袭、防突袭,以及山地防御战法、江河防御战法、"猝遇敌人"的遭遇战法、"陈(阵)皆坚固"的阵地战法等。不同地形条件下的战场情境以及战胜敌人的具体战术,《六韬》都作了较为具体的描述与恰切的分析,反映了

《六韬》作者对战国时期复杂多样的战争形态的精深研究。《六韬》提炼出的一些作战指导原则，如"必出之道，器械为宝，勇斗为首"（《虎韬·必出第三十四》）、"凡三军以戒为固，以怠为败"（《虎韬·金鼓第三十八》）等，已成用兵者的座右铭。

尤其值得称道的是，《六韬》一书还深入研究了三大兵种——车兵、步兵、骑兵的不同特性与作战方法。《吴子》《孙膑兵法》虽也有对三大兵种的战术理论的探析，但其详细程度是无法与《六韬》相比的。书中总结出了车兵的"十害"、"八胜"，骑兵的"十胜"、"九败"，以及各自作战性能的不同，即"车者，军之羽翼也，所以陷坚陈，要强敌，遮走北也；骑者，军之伺候也，所以踵败军，绝粮道，击便寇也"（《犬韬·均兵第五十五》），"步贵知变动，车贵知地形，骑贵知别径奇道"（《犬韬·战车第五十八》）等。对于车兵、骑兵的选拔标准，《六韬·豹韬》中设有两篇专文——《武车士第五十六》与《武骑士第五十七》，分别说明入选车兵、骑兵需具备的身体素质与专业技能，显示了对这两大兵种建设的高度重视。

三是思虑缜密的参谋总部人员编制理论。

《六韬》记录了较为丰富的战国军事制度的内容。比如《犬韬·练士第五十三》记述了根据士兵的品质、性格、才艺、出身、经历等挑选出十一种类型——冒刃之士、陷陈之士、勇锐之士、勇力之士、冠兵之士、死斗之士、敢死之士、励钝之士、必死之士、倖用之士、待命之士，并把特质相近的士卒编成一队，共组建了十一种新型部队。《犬韬·均兵第五十五》记录了车兵与骑兵的编制——"置车之吏数，五车一长，十车一吏，五十车一率，百车一将。……置骑之吏数，五骑一长，十骑一吏，百骑一率，二百骑一将"。这些都是研究战国军制的重要资料。

此外，《龙韬·王翼第十八》对参谋总部组织架构与人员编制的记述，更是引起了研究者的高度重视。这个参谋总部机构由72人组成，分工细致，周密完备，分别负责作战、宣传、间谍、天文、通信、工程、医务、军需等,其人员构成是:腹心1人,谋士5人,天文3人,地利3人,兵法9人,通粮4人,奋威4人,伏鼓旗3人,股肱4人,通材3人,权士3人,耳目7人,爪牙5人,羽翼4人,游士8人,术士2人,方士2人,法算2人。这与西方十七世纪以后才出现的参谋部的功能与作用十分接近,表明在《六韬》成书时期我国军队建设与军事学术的早熟状况。

四是严格周详的选拔与考核将帅的方法。

《六韬》非常重视将帅对于军队乃至国家命运的决定性作用,认为:"故将者,人之司命,三军与之俱治,与之俱乱。得贤将者,兵强国昌,不得贤将者,兵弱国亡。"(《龙韬·奇兵第二十七》)将帅的选用合适与否,直接关乎国家的生死存亡。如何才能选拔出众望所归的"贤将"?《龙韬》中的《论将第十九》、《选将第二十》等篇对此作了深入探讨,提出了一套严格周详的选拔标准与考核方法。《论将第十九》提出"五材",即选拔将帅的五条标准——"勇、智、仁、信、忠"。"五材"与孙子的"将者,智、信、仁、勇、严也"(《孙子兵法·计篇》)略有不同,多了一条——"忠",显示了新的时代条件下君主与将帅关系的特点。君主对军权要绝对掌握,对将帅要绝对控制,将帅对君主必须忠诚不贰。《选将第二十》一篇则告诫君主选拔将领时一定不能只看表象,并列出了外在表现与内在品质不相符合的十五种情况,提醒君主不要被一个人外在的优秀品质与良好素质所迷惑。篇中还给出了"问之以言"、"穷之以辞"、"与之间谋"、"明白显问"、"使之以财"、"试之以色"、"告之以难"、"醉之以酒"等八种深入考察将领的具体方法。上述选拔将帅的标准与方法,是先秦将帅论的重要收获,为历代治军者所高度重视。

《六韬》既有"军事百科全书"的称谓,那么笔者以上四方面的介绍,自然无法涵盖此书丰富多彩的内容,但因篇幅所限,不再赘述。

《六韬》的版本情况较为复杂,现存三个系统的版本。一是今本,亦即《武经七书》系统各本,重要的有何去非校定《武经七书》本、朱服校刊《武经七书》本、施子美《六韬讲义》、刘寅《六韬直解》、李清《重镌六韬集注》、沈津《太公六韬类纂》、张居正《增订六韬直解》、黄献臣《武经开宗六韬》、朱墉《六韬汇解》、涵芬楼《续古逸丛书》影印宋刊《武经七书》本等二十多种。这一系统的《六韬》实际上是何去非对古本整理精减并重新调整后的改定本，后世刊本皆祖于此。二是引文系统本，它来源于宋代《武经七书》成书以前引用《六韬》文字的各种古书，如《北堂书钞》、《群书治要》、《意林》、《艺文类聚》、《太平御览》等。该系统不如今本完整，但保留了不见于今本的内容。三是竹简帛书系统本，它包括山东临沂银雀山和河北定县所出土的《六韬》竹简，以及敦煌藏经洞所出唐代写本《六韬》残卷。当代研究者一般采用今本为研究底本，而以引文系统本与竹简帛书系统本为重要参考。

本书原文以涵芬楼《续古逸丛书》影印宋刊《武经七书》本为底本，以刘寅《六韬直解》、朱墉《六韬汇解》等的原文参校，参考银雀山竹简本、《群书治要》本的相关资料，同时还借鉴、参考了今人的一些校勘成果。为方便读者阅读与检索，本书据施子美《六韬讲义》为每篇加了序号；校勘成果除单独列出者外，都以"又，……"的形式附于每条注释最后。在注译、整理的过程中，除了展示笔者对《六韬》的浅见之外，还较为重视吸纳、采录古往今来尤其是今人的研究成果。本书引用的书籍主要有：施子美的《施氏七书讲义》（收录于《中国兵书集成》第八册，解放军出版社、辽沈出版社，1992年版）、朱墉的《武经七书汇解》（共两册，收录于《中国兵书集成》第四十二、四十三两册，解放军出版社、辽沈出版社，1992年版）、刘寅的《武经七书直解》（岳麓书社，1992年版）、《中国军事史》编写组撰写的《武经七书注译》（解放军出版社，1986年版）、孔德骐的《六韬浅说》（解放军出版社，1987年版）、徐树梓主编的《姜太公新论》（北京燕山出版社，1993年版）、盛冬铃的《六韬译注》（河北人民出版社，1995年版）、邬锡非的《新译六韬读本》（三民书局，1996年版）、张文儒的《中国兵学文化》（北京大学出版社，1997年版）、吴如嵩等的《中国军事通史·战国军事史》（军事科学出版社，1998年版）、徐勇主编

的《先秦兵书通解》（天津人民出版社，2002年版）、钮先钟的《战略家》
（广西师范大学出版社，2003年版）、《中国军事史》编写组撰写的《中国
历代军事思想》（解放军出版社，2007年版）、黄朴民的《黄朴民解读三
略·六韬》（岳麓书社，2011年版）、薛国安等的《六韬新说》（解放军出版
社，2015年版）等，在此笔者致以深深的敬意与谢意！

陈曦

2016年3月写于军艺南楼翕然斋

文韬

【题解】

《文韬》为《六韬》全书的第一部分，共由以下十二篇组成：

《文师第一》记述周文王遵照史官编的占卜所示，前往渭阳田猎，拜访了垂钓渭水的隐士姜太公。姜太公由钓鱼之举所蕴含的道理入手，启发周文王用厚禄重赏去笼络、善待人才，并阐发了他的以"仁"、"德"、"义"、"道"为核心范畴的君王理想人格内涵，以及"天下归之"的政治目标。"仁"，指的是君王能与天下人共享天地财富，"德"指的是君王能为天下人解除祸患，"义"指的是君王能与天下人同忧同乐、同好同恶，"道"指的是君王能让天下人都获得利益。可见《六韬》的"仁"、"德"、"义"、"道"四个范畴，其内涵并非畛域分明，而是紧密关联、相互交集的，含义叠加在一起，其实强调的就是君王要"同天下之利"，与天下人共享物质财富，并与他们的情感态度保持一致，要爱他们所爱，恨他们所恨，忧他们所忧，乐他们所乐。只有这样，才会天下归心，赢得民众的拥戴。此篇还给出了"天下非一人之天下，乃天下之天下也"的论断，其后的《发启第十三》、《顺启第十六》等篇以及《六韬》佚文，多次重述了这一理念。又，此篇在《群书治要》本中题为《序》，列于全书之首，不属《文韬》。

《盈虚第二》指出天下治乱与否的根源在国君而不在天命。此篇将

"从事乎无为"的帝尧树立为君主的楷模，赞美了帝尧的诸多美德，诸如生活简朴、明察善恶、赏罚公正、爱护百姓等。

《国务第三》指出国君最重要的国务内容就是"爱民"，并揭示了"民不失务"、"农不失时"、"省刑罚"、"薄赋敛"、"俭宫室台榭"、"吏清不苛扰"等"爱民之道"。

《大礼第四》揭示了君臣之间的行为规范，着重阐发了君主当效法上天，需做到俯身爱民、思虑周密、普施恩泽，以及君主如何掌握好执政之柄、如何充分听取民意、怎样才能做到世事洞明等。

《明传第五》主要阐发了古代圣贤所应废弃的三种行为与所要提倡的四种品质。前者指的是：明知善事可为却心生怠惰，时机到了却疑惑不决，明知有错却不去纠正。后者指的是：柔和而清静，谦恭而严肃，能强又能弱，隐忍又刚强。

《六守第六》揭示了君主选择人才的六条标准，即所谓"六守"："仁"、"义"、"忠"、"信"、"勇"、"谋"，以及如何才能选拔出合乎以上六条标准的人才；还指出君主要重视"三宝"，即农业、手工业与商业三大行业的建设，使从事不同行业的臣民各得其所，秩序井然，国家才能富足安定。

《守土第七》指出守卫国家的基本策略是团结宗亲、仁爱民众、安抚周边邻国、控制四方势力、致力富国殷民，强调国君千万不要将手中的权力让给他人，要谨慎把握好行动良机。此篇还阐释了所谓"仁义"，就是"敬其众，合其亲"，明确指出只有民众顺从拥护，才能实现"天下和服"的政治目标。

《守国第八》论述守卫国家的基本原则是按照自然运行法则去处理国事，认为这样就会出现"天下治，仁圣藏；天下乱，仁圣昌"的社会发展规律。一旦社会动荡混乱，圣君应力挽狂澜，发动战争平乱。

《上贤第九》继《六守第六》之后，再次集中论述君主应如何选用贤才的问题。此篇先从反面立论，指出君主应本着"上贤，下不肖，取诚信,去诈伪,禁暴乱,止奢侈"的原则,警惕"六贼"和"七害",防止这些人损害君主的德行、权力、权威,败坏社会与军队的风气,阻碍农业生产。篇末以一连串的否定句式,揭示了民、士、臣、吏、相的行为准则,指出民要"尽力",士要"诚信",臣要"忠谏",吏要"平洁爱人",相要辅佐君主实现"富国强兵";而君主则要"示其形,隐其情",让臣下感到高深莫测,张扬了法家的驭臣之"术"。

《举贤第十》继续论述如何选用贤才的问题,告诫君主要警惕"有举贤之名而无用贤之实"的严重后果,指出"举贤之道"在于以"将相分职"为前提,按照岗位标准去考核、选拔人才,"实当其名,名当其实"。

《赏罚第十一》论述君主若想实现"赏一以劝百,罚一以惩众"的赏罚之效,就需遵循"用赏者贵信,用罚者贵必"的原则。

《兵道第十二》认为用兵原则最重要的莫过于军事指挥权的集中统一,认为运用这一原则的关键在于把握时机,发挥这一原则的关键在于因势利导,成功实践这一原则的关键则在于国君。此外,还阐发了"阴其谋,密其机"、详察敌情、捕获战机、出其不意攻其不备等用兵之道。

文师第一

文王将田,史编布卜曰①:"田于渭阳②,将大得焉。非龙、非彲、非虎、非罴③,兆得公侯④,天遗汝师⑤,以之佐昌,施及三王⑥。"

文王曰:"兆致是乎?"

史编曰:"编之太祖史畴为禹占⑦,得皋陶⑧,兆比于此⑨。"

【注释】

①文王将田,史编布卜曰:按,关于周文王如何得姜太公为其所用,主要有两种版本,一说文王做梦而得之,一说文王由占卜而得之。《六韬》这里持占卜说。又,关于文王遇见姜太公的情形,也有两种版本,一说当时姜尚正在朝歌屠牛,一说他正垂钓于渭阳。《六韬》这里持垂钓说。文王,商朝时周国国君,姬姓,名昌。商纣时被封为西伯,故又称"伯昌",季历之子。少时参加农牧,知民间疾苦。继位后敬老慈少,礼贤下士。先后得姜尚、闳夭、散宜生等贤臣辅佐,改革政治,推行教化,争取民心,在位五十年(一说五十五年),奠定了武王灭商的基础。武王建立西周后,追尊他为文王。田,打猎。史编,指一个名叫编的史官。先秦时期的史官掌管祭祀、占卜、记事等诸多事务。施子美曰:"文王之得太公,或以为梦,或以为卜。文王梦得圣人,此梦说也。史编布卜,此卜说也。太公之遇文王,或以为屠,或以为渔。屠牛朝歌,此屠说也。渔于渭阳,此渔说也。噫,信以传信,疑以传疑,圣人存则折之圣人,前圣既往,史传所载不能无疑。大抵圣人之用人也以权,而贤者之应世也无常。文王之得太公,或以为梦,或以为卜,不足疑也。意在先梦而后卜,未可知也。在《书》有所谓朕梦叶朕卜,则先梦后卜,其理或然。而吾则以圣人之权托于此也。太公之遇文王,或以为屠,或以为渔,不足疑也。意其穷时无所不为也。唐贤有所谓:'朝歌屠叟辞棘津,八十年来钓渭滨。'则先屠后钓,亦未可知也。正吾所谓应世无常也。"

②渭阳:渭河北岸。渭,即渭河,源出甘肃渭源鸟鼠山,流贯陕西渭河平原,在潼关入黄河,是黄河最大的一条支流。

③非龙、非螭(chī)、非虎、非罴(pí):螭,即螭,指古代传说的一种无角的蛟龙。罴,一种熊,又称马熊。《史记·齐太公世家》曰:"吕尚盖尝穷困,年老矣,以渔钓奸周西伯。西伯将出猎,卜之,曰:

'所获非龙、非䝙、非虎、非罴;所获霸王之辅。'"施子美曰:"文王将田,史编布卜,其兆则以'非龙、非䝙、非虎、非罴'为辞,在司马迁太史公,尝纪之于《齐世家》矣,则《文韬》所载,盖亦有所本也。"又,此句银雀山竹简本作"非罴、非虎、非狼"。

④兆得公侯:意谓兆象预示着文王将获得一位治国大才。兆,古代占卜时烧灼龟甲以判断吉凶,其裂纹叫做兆。公侯,古代爵位有公侯伯子男五等,公侯是前两等,在这里喻指治国大才。

⑤天遗(wèi)汝师:这是上天赠您的导师。遗,赠,送。

⑥施及三王:恩惠延续到子孙后代。施,蔓延,延续。三王,指文王的子孙后代。

⑦禹:又称"大禹"、"夏禹"、"戎禹"。传说中的远古帝王,姒姓,名文命。鲧之子。原为夏后氏部落领袖,奉舜之命治理洪水,前后治水十三年,三过家门而不入。因治水有功,得以继承舜的职位,成为部落联盟领袖。按,联系下文,此处的"禹"应作"舜",因为皋陶是舜在位时的大臣。舜,史称"虞舜"、"虞帝",传说中的远古帝王,姚姓,一说妫姓。初为有虞氏部落领袖,后成为黄河中下游强大的部落联盟首领。尧死后,他继承尧的职位,命大禹平水土,益掌山川,皋陶为大理。后于巡狩中死于苍梧之野(今湖南、广西交界处)。

⑧皋陶(gāo yáo):又作"咎陶"、"咎繇"。古史传说中的人物,偃姓。相传为东夷族首领,曾被舜任命为执掌刑法的官,民皆服其执法公平。后协理大禹治水有功,禹欲传位给他,未继位而卒。

⑨兆比于此:卦象与此接近。比,挨着,接近。

【译文】

周文王将要去打猎,史官编占卜了以后对他说:"到渭河北岸打猎,您将会在那里有很大的收获。得到的不是龙、䝙、虎、罴,卦象预示着您将得到一位治国大才,是上天赠您的导师,让他辅佐您,周国将昌盛壮大,还会惠及您的子孙后代。"

文王问道:"卦象预示的真是这种结果吗?"

史官编答道:"我的远祖史官畴曾为大禹占卜,得到了皋陶,卦象与此接近。"

文王乃斋三日①,乘田车②,驾田马③,田于渭阳。卒见太公④,坐茅以渔⑤。

文王劳而问之曰:"子乐渔邪?"

太公曰:"臣闻君子乐得其志,小人乐得其事⑥。今吾渔,甚有似也,殆非乐之也⑦。"

文王曰:"何谓其有似也⑧?"

太公曰:"钓有三权⑨:禄等以权,死等以权,官等以权⑩。夫钓以求得也⑪,其情深,可以观大矣⑫。"

文王曰:"愿闻其情。"

太公曰:"源深而水流,水流而鱼生之,情也;根深而木长,木长而实生之,情也;君子情同而亲合,亲合而事生之,情也⑬。言语应对者,情之饰也;言至情者,事之极也⑭。今臣言至情不讳,君其恶之乎?"

文王曰:"唯仁人能受至谏,不恶至情。何为其然⑮?"

太公曰:"缗微饵明,小鱼食之;缗调饵香,中鱼食之;缗隆饵丰,大鱼食之⑯。夫鱼食其饵,乃牵于缗;人食其禄,乃服于君。故以饵取鱼,鱼可杀;以禄取人,人可竭;以家取国,国可拔;以国取天下,天下可毕⑰。

"呜呼! 曼曼绵绵,其聚必散;嘿嘿昧昧,其光必远⑱。微哉! 圣人之德,诱乎独见⑲。乐哉! 圣人之虑,各归其次,而树敛焉⑳。"

【注释】

①斋：斋戒，一种整洁身心的行为。

②田车：一种打猎用的车子。

③田马：驾驭打猎车子的马。

④太公：指姜尚，西周时齐国始祖，姓姜，名尚，字子牙。其先封于吕（在今河南南阳西），故又称"吕尚"。年老时得遇文王，文王与语大悦，称"吾先君太公望子久矣"，因号为"太公望"，亦称"吕望"。武王继位，尊为师尚父，辅佐武王灭纣，建立周朝，以功封于齐营丘，为齐之始祖，故有"齐太公"之称，俗称"姜太公"。

⑤坐茅：《艺文类聚》卷六六引《六韬》无"茅"字；《太平御览》卷四六二引《六韬》作"以竿"。

⑥臣闻君子乐得其志，小人乐得其事：意谓我听说君子喜欢的是实现远大志向，小人喜欢的是得到物质利益。施子美曰："盖人各有所欲，士君子贫之所养，将以求达之所施。昔诸葛亮人问其志，则笑而不言。及遇先主，一话草庐之间，而三分基业已定，则君子之志必期有得也。"朱墉引《开宗》曰："此记文王始见太公之事，开口首揭一'志'字，便见渭滨无限经纶，总不徒在一钓一丝间。"国英曰："君子之志，在治国安民；小人之事，在肥家利己。王者宽大用人，君子小人各效所长，然世运兴衰、功业大小皆判于此，故太公譬之于渔，其权在一钓一丝间，而所乐者不同也。"

⑦"今吾渔"三句：意谓现在我的钓鱼行为，与此非常相似，大概并不是喜欢钓鱼。施子美曰："太公之志，非乐渔也。寓于此而期于彼也。古者未行道之际，而求以行之，其志各有所乐也，初不在于物也。阿衡负鼎，百里饭牛，彼其志各有所得也，岂其乐邪？亦权之所寓也。若夫小人则唯其所作，乃其所乐也。故小人乐

得其事。君子之所为必有似也者,以其事在此而意在彼也,非乐
于此也。"

⑧何谓其有似也:银雀山竹简本"何谓"下有"虞"字。

⑨权:权术。

⑩"禄等以权"三句:意谓用厚禄笼络人才,用重赏收买死士,用官
　位吸引人才。刘寅曰:"禄等以权,谓以饵取鱼,似以禄取人也;
　死等以权,谓香饵之下必有死鱼,似重禄之下必有死士也;官等
　以权,谓鱼之大小各异其用,似贤才之大小各异其任也。"按,以
　官位利禄来维系君臣关系的观点,亦见于《韩非子》,如其《难一》
　曰:"臣尽死力以与君市,君垂爵禄以与臣市。君臣之际,非父子
　之亲也,计数之所出也。"又,死等以权,官等以权,银雀山竹简本
　作"□□以禁官"。

⑪夫钓以求得也:银雀山竹简本作"夫渔求得"。

⑫其情深,可以观大矣:意谓其中的实情蕴含着深意,从中可以看
　出大的道理。情,实情,情况。朱墉引《开宗》曰:"此揭一'情'
　字,便见师尚父以天下为己任。"

⑬"君子情同而亲合"三句:意谓君子情性相投,就会亲密合作,亲
　密合作就能成就事业,这是自然而然的实情。

⑭"言语应对者"四句:意谓言语敷衍应付,是对实情的掩饰;只有
　敞开心扉吐露实情,才是最好的状态。饰,掩饰。施子美曰:"情
　动于中而后形于言,故言语所以饰情也,而至情所言,乃事之极
　也。盖事以情度,情以言显。情之所至,则事之所极也。凡太公
　之所以言者,乃太公之至情;而其所言之事,则时事之极也。盖
　当商之季世,是事极之时;而太公之告文王,乃其至情也。"朱墉
　《全旨》曰:"天下一情欲之区也。智愚贤不肖,无人不颠倒于情
　欲之中。凡生死、利害、忧乐、好恶者,情也。为情之所牵系,即
　不为人用,而不可得以情。情出于自然,非由勉强,得其至情则

权自我操,虽欲不归,而奚往耶? 通篇借钓引起,从'志'发出
'情'来。志者一人之所独,果决而不回者也;情者万物之所同,
感通而无阻者也。仁人通德类情,即物情以知人情,即贤才以知
众人之情,家国天下,皆可以情推之而可取。夫至天下皆可取,
大小远迩之悉为我收,此正君子之志也,即君子乐之所在也,岂
一渔钓而已哉?"

⑮"唯仁人能受至谏"三句:意谓只有仁德之人才会接受坦率正确
的劝谏,不厌恶真实的情感。我怎么会那样呢? 施子美曰:"文
王之卜太公,正欲得其至情而与之图事,乌得有恶? 故以仁人受
至谏为言。盖人而有爱人之心者,必能纳至忠之言。彼其所言,
必以受之也。文王之仁必已存矣,正欲得直言而以利天下,夫何
恶其至情? 故曰'何为其然',言必不若是其恶之也。"

⑯"缗(mín)微饵明"六句:意即不同的鱼饵适合不同的鱼,要按照
鱼的大小下饵。缗,钓鱼用的丝线。隆,粗大。朱墉引黄石公
曰:"欲者使之。凡才品两高,正自不易,大抵冒死犯难,半出贪
功名之士。非因人以定饵不可。"又,缗隆饵丰,银雀山竹简本作
"衾(阴)缗重饵"。

⑰"以家取国"四句:意谓以家为资本去夺取国家,国家可被获得;
以国为资本去夺取天下,天下可被征服。毕,原指古代田猎用的
长柄网,以网络捕获野兽,此处引申为征服。施子美曰:"此言人
君驭人之权,犹之钓取鱼,而人为权所驭,亦如鱼之食饵也。饵
之于鱼,各随其小大而取之,则鱼无遗矣。鱼之所以制于钓者,
以食其饵也。人之所以制于君者,以食其禄也。故以饵取鱼,则
鱼为饵所杀;以禄取人,则人必为禄所竭。何者? 鱼食于饵,人
贪于禄也。《略》曰:'香饵之下,必有悬鱼。重赏之下,必有死
夫。'亦此意也。自是而推知,小而家,大而国,又大而天下,其所
以取之,皆一理也。彼惟有所贪,故必有所制,所以皆可取也。"

朱墉引《开宗》曰："此因文王欲闻其情而告以取人之情。"又，此四句《初学记》卷二二、《太平御览》卷八三引《六韬》皆作"以小钓钓川而擒其鱼，中钓钓国而擒其万国诸侯"。

⑱"曼曼绵绵"四句：意谓殷朝绵延数代，历史悠久，但最终它的积聚必定烟消云散；周人不声不响，暗中努力，它的光辉必定映照久远。曼曼绵绵，喻指殷朝绵延数代，历史悠久。曼曼，长久的意思。绵绵，连续不断的意思。嘿嘿(mò)昧昧，喻指周人偏居一隅，不声不响，暗中努力。嘿嘿，不声不响的意思。嘿，同"默"。昧昧，昏暗不明的样子，形容周人暗中努力的情形。按，这种清静不响的统治状态是战国秦汉时期的黄老思想所提倡的，如《新语·至德》曰："君子之为治也：块然若无事，寂然若无声，官府若无吏，亭落若无民。"施子美曰："天下之理，盛者必衰，翕者必张。太公之意，大抵以阴谋为尚。曼曼绵绵，其势之盛，盛者必衰，故其聚必散，惟其始之嘿嘿昧昧者，而终则其光必远。盖无冥冥之志者，无赫赫之功。无昏昏之智者，无昭昭之明。"刘寅曰："人众之曼曼绵绵者，其丛聚虽盛，后必散乱而莫救。曼曼、绵绵，言其枝叶之延施修广也。如夏桀、昆吾、韦顾一本而生三蘖，其丛聚盛矣。成汤载斾秉钺而往征之，则散而莫救。人君能嘿嘿昧昧，遵养时晦，其后光华昭著必远被矣。嘿嘿昧昧，欲其韬光隐迹以成就夫远大者，此文王所以不大声色，不长夏革，不识不知，顺帝之则，而其后如日月之照临，光于四方，显于西土矣。"

⑲"微哉"三句：意谓圣人的德行真微妙啊！能够导引着人们领悟其创见。诱，导，导引。施子美曰："天下之事，以微为妙……圣人之德，亦已微矣，惟其微而不可见，此所以能成其大功也。圣人之德，人虽不见。而圣人于其至微之中，而能独见之也。圣人惟能阴修其德，则其所虑者亦已当矣，故乐焉。"刘寅曰："又言微妙哉，圣人之德诱人而人归之也。德诱，如'孔子循循然善诱人'

之诱,惟能以德诱人,而人心之归自不容已也。文王三分天下有其二,其以德诱之乎! 圣人以德诱人,不大声色,此众人所不能见而乐之,而圣人独见独乐之耳。"朱墉引张公亮曰:"'德'字对'术'字看。盖诱以术者显而易见,其为诱则人心必不为其诱也。诱以德者,微而不知其为诱,则人心自忘于其诱也。"又引《大全》曰:"'微哉'二字,跟'嘿嘿昧昧'而来,言圣人寂静幽深,岂不极其隐微? 而其后光华昭著以至远被者又何? 其引进天下以德也。天下相忘于圣人之德,而不知实为德所招徕也。"又引尤尺威曰:"圣德昭著,仁风远被,天下默化归心而不知谁为之者,总见圣人以德诱民而不恃其术。"国英曰:"圣人之德诱,此'诱'字与循循善诱同解,皆使人心悦诚服而不自知也。盖民虽至愚,若为之谋衣食,悯困穷,未有不慕其教化者,所谓各归其次而立敛焉。然其宽猛缓急之用,皆出于惠鲜怀保之心。浅识者不知德诱,徒以势迫、以刑驱,故民心益离而不归化矣。"

⑳"圣人之虑"三句:意谓圣人的思虑,能使人各归其位,从而将人心收敛到他那里。敛,收敛,收缩。刘寅曰:"圣人之虑天下各归其次,而立收敛人心之法焉。次,舍也。言人心各有所归之处。圣人当立收敛人心之法,而不使之他适也。收敛人心之法,即下文仁、德、义、道也。一本作'时敛',未知是否。"又,此三句银雀山竹简本作"乐才(哉)圣人,大(太)上归□,其次楂(树)敛"。

【译文】

文王于是斋戒三天,乘着猎车,驾着猎马,在渭河北岸打猎。终于见到了姜太公,他正坐在长满茅草的岸边钓鱼。

文王慰劳了他,并问道:"您喜欢钓鱼吗?"

太公答道:"我听说君子喜欢的是实现远大志向,小人喜欢的是得到物质利益。现在我的钓鱼行为,与此非常相似,大概并不是喜欢钓鱼。"

文王问道："为什么说有相似之处呢？"

太公答道："君主网罗人才与钓鱼相似，都使用了三种权术：用厚禄笼络人才，用重赏收买死士，用官位吸引人才。垂钓是为了得到鱼，其中的实情蕴含着深意，从中可以看出大的道理。"

文王说："我想听您揭示其中的实情。"

太公说："水源深就会有流水，有流水就会有鱼类生存，这是自然而然的实情；根扎得深，树木就会茁壮生长，树木茁壮生长，就会有果实结出，这也是自然而然的实情；君子情性相投，就会亲密合作，亲密合作就能成就事业，这同样也是自然而然的实情。言语敷衍应付，是对实情的掩饰；只有敞开心扉吐露实情，才是最好的状态。现在我向您毫不隐讳地吐露我的实情，您不会感到厌烦吧？"

文王答道："只有仁德之人才会接受坦率正确的劝谏，不厌恶真实的情感。我怎么会那样呢？"

太公说："鱼竿丝线细微，鱼饵隐约可辨，小鱼会来吞食；鱼竿丝线粗细适中，鱼饵喷香，中鱼会来吞食；鱼竿丝线粗长，鱼饵丰盛，大鱼会来吞食。鱼若吞食鱼饵，就会被丝线牵着；人若想食君禄，就要服从君意。所以用鱼饵得鱼，鱼可烹杀；用俸禄得人，人会竭力；以家为资本去夺取国家，国家可被获得；以国为资本去夺取天下，天下可被征服。

"哎呀！殷朝绵延数代，历史悠久，但最终它的积聚必定烟消云散；周人不声不响，暗中努力，它的光辉必定映照久远。微妙啊！圣人的德行，能够导引着人们领悟其创见。欢乐啊！圣人的思虑，能使人各归其位，从而将人心收敛到他那里。"

文王曰："树敛何若而天下归之？"

太公曰："天下非一人之天下，乃天下之天下也①，同天下之利者，则得天下；擅天下之利者，则失天下②。天有时，地有财，能与人共之者仁也③。仁之所在，天下归之。免人之死，解人之难，救人之患，济人之急者，德也。德之所在，天下归之。与人同忧同乐，同好同恶者，义也④。义之所在，天下赴之。凡人恶死而乐生，好德而归利⑤，能生利者，道也⑥。道之所在，天下归之⑦。"

文王再拜曰："允哉⑧，敢不受天之诏命乎！"乃载与俱归，立为师⑨。

【注释】

①天下非一人之天下，乃天下之天下也：施子美曰："盖得天下之道，不过乎公也。惟公也，故能与天下，不可私也。天下非出于一人，而乃在于天下。故一人虽有所欲，不足以得天下，而天下之所归，乃可以取天下，此所以为天下之天下也。"张烈在《〈六韬〉的成书及其内容》（载《历史研究》1981 年第 3 期）一文中说：《六韬》基本观点之一，便是"天下非一人之天下，乃天下之天下"这种社会观，"然而这不是《六韬》作者的创见，它出于《吕氏春秋·贵公篇》。《贵公篇》云：'天下非一人之天下，天下之天下也。阴阳之和，不长一类；万民之主，不阿一人。'高诱为之注云：'《书》曰："皇天无亲，惟德是辅。"故曰天下之天下也。'可见这种原始的民主思想是从儒家经典《尚书》里引申出来的"。孔德骐说："在战争的精神准备方面，《六韬》主要强调的是对内动员人民，对外争取盟国的支持。为了收揽民心，动员和争取人民支持战争，作者着力宣扬人本主义思想。'天下非一人之天下，乃天下之天下也'，《文韬》《武韬》各卷都多次阐述这一观点。需要指出，这里所说的'人'，是包括农民、手工业工人、商贾等，把他们看做是治理天下和推动社会进步的重要力量。这也是扩大兵源，以动员最广泛的社会力量从事战争的重要理论根据。'疏其

亲则害，失其众则败’（《守土》），说明其目的在于争取和团结最广泛的社会力量从事战争。列宁说，人本主义是‘唯物主义的不确切的肤浅的表述’（《列宁全集》第38卷，人民出版社，1959年版第78页）。《文韬》所阐述的人本主义，在新兴地主阶级刚刚登上历史舞台，奴隶主贵族的统治刚刚衰败下去的历史条件下，对于改变士兵的成分，扩大兵源，实行战争动员，是有进步意义的。"按，类似"天下非一人之天下"的观点亦见于《逸周书》，其《殷祝解》曰："汤曰：‘此天子位，有道者可以处之。天下非一家之有也，有道者之有也。故天下者，唯有道者理之，唯有道者纪之，唯有道者宜久处之。’"又，银雀山竹简本此下有"国非一人国也"句。

②"同天下之利者"四句：意谓能与天下人共享利益的，就能得天下；独占天下人利益的，就会失去天下。擅，专，独占。朱墉引《大全》曰："利者将欲利乎人也，将欲利乎天下也。"又引赵克尧曰："天下之利，本天下之民所自有，总是我不夺其所有，即同天下之利矣。苟我不能使民共有其利，即为擅天下之利矣。"

③"天有时"三句：意谓天有四时，地有财货，能与天下人共享的就是仁君。刘寅曰："天有岁时，地有货财；得其时能与人同之，得其财能与人共之者，谓之仁。"孔德骐说："‘仁’是《六韬》社会政治观的核心。《文师》、《盈虚》、《国务》等篇都阐述了这一思想。诸如：‘天有时，地有财，能与人共之者，仁也。’‘富之而不犯者，仁也。’（《文师》）这里所谓‘仁’，与儒家说的‘仁’不同。孔子言‘仁’，是指通过人的内心修养功夫去取得，从而形成一种至高无上的‘德性’。这无疑属于唯心论的范畴。而《六韬》却把‘仁’看作客观物质世界的反映，可以为人所掌握和运用。圣贤应以‘仁’、‘德’对待人民，使人民从内心里倾向于你，这就需要按照事物的客观规律去办事。所以，‘仁’被掌握和运用之后，就可以

改造客观世界。显然,它具有朴素唯物论的性质,比孔子所说的'仁'和孟子所推崇的'仁政'要进步得多。"

④"与人同忧同乐"三句:意谓能与人们同忧同乐、同好同恶的,就是有义之君。刘寅曰:"《传》曰:'民之所好好之,民之所恶恶之,此之谓民之父母。'即此义也。"孔德骐说:"这是企图劝导帝王和百姓要有喜、怒、哀、乐等共同的情感。认为君主要达到'义'的境界,必须克制私欲,与民同乐。'故义胜欲则昌,欲胜义则亡'。它还把'仁'、'义'看做是统治阶级从政的最高规范,说'敬其众则和,合其众则喜,是为仁义之理'。"

⑤凡人恶死而乐生,好德而归利:意谓一般人厌恶死亡而乐于活着,喜好收获而趋利避害。德,通"得",得到,获得。《群书治要》本即作"得"。按,这里表达的是先秦时期性恶论的观点。《荀子·性恶》曰:"今人之性,生而有好利焉,顺是,故争夺生而辞让亡焉;生而有疾恶焉,顺是,故残贼生而忠信亡焉;生而有耳目之欲,有好声色焉,顺是,故淫乱生而礼义文理亡焉。"又,此二句银雀山竹简本作"凡民者,乐生而亚(恶)死,亚(恶)危而归利"。

⑥能生利者,道也:意谓能使天下人都获得利益的,是得道之君。吴如嵩等著的《中国军事通史》第三卷《战国军事史》说:"《六韬》的战争观,主要表现为以仁、德、义、道为纲考察战争。其《文师》篇云:所谓'仁',就是'能与人共之';所谓'德',就是'免人之死,解人之难,救人之患,济人之急';所谓'义',就是'与人同忧共乐,同好同恶';所谓'道',就是'能生利'。《六韬》这种仁德义道的政治观,基础就是民本主义,认为'天下非一人之天下,乃天下之天下'(《文师》),民众是主要的。它认为'天下之人如流水,障之则止,启之则行,静之则清'(《文启》)。因此,要求君主应无为而治。在《六韬》看来,国家贫弱,'祸福在君,不在天时'(《盈虚》)。国家要富强,必须让百姓休养生息,以教化治国。"

⑦道之所在,天下归之:意谓得道之君所在之处,天下人会向那个地方聚拢。朱墉引《开宗》曰:"此告文王以致天下归之道。"孔德骐说:"'仁'、'义'、'道',是《文韬》社会政治观最高的理想和要求。认为这些方面做到了,新兴地主阶级的统治就能巩固,就能得到举国上下的拥护。'仁之所在,天下为之','义之所在,天下赴之','道之所在,天下归之',是其所期望达到的终极目标。在'仁'的思想支配下,它勾画了一幅幻想的图画:国君、官吏、人民,各按各的本分行事。特别强调,君要像尧、舜那样,做一个圣贤,能约束克制自己,率先躬行,为人表率;还要修明内政,选用贤才,严明赏罚,进行无为而治。吏,要忠正奉法,廉洁爱民。民,要本分守法,尽力农桑。整个社会,就是人尽其才,地尽其力,鳏寡孤独皆有所养,'万民富乐而无饥寒之色','百姓戴其君如日月,亲其君如父母'的理想世界。"

⑧允:恰当,得当。

⑨乃载与俱归,立为师:朱墉《全旨》曰:"此章见圣人之出处,必以正儒者。功名念热急于求售,轻身往见,是先不端其始,乌能以正天下乎?故圣人席珍待聘,每隐于耕钓中,必待天命人心事变极至之时,方一出而拨乱反正,以显其参赞位育之经纶。"钮先钟说:"这是全书的第一篇,其背景是周文王在渭阳访贤(太公)的故事。所以打一个比喻来说,这一篇所记载的也就是太公与文王第一次会晤时所提出的'隆中对'。事实真相如何,无考证之必要,但其代表《六韬》的基本观念则应可认定。简言之,也就假定当太公被文王聘请为国师时,其所公开宣示的政治(战略)观念是这样。……《六韬》所主张的是光明正大的民本主义,文中提到仁、义、德、道、利五种观念,可以显示这部书是同时受到儒家、道家、墨家的影响。"黄朴民说:"综览全篇,作者强调圣人独闻独见,能洞悉强弱盛衰转化之迹;主张以'仁'为核心,行德秉

义，争取天下归服。其思想与孟子'仁者无敌'、《司马法》以'仁'为本的观念相通。既提出了争取天下的战略目标，又阐明了实现这一目标的措施和方法。因此，可以把本篇看做是周灭商的政治纲领和战略决策。"

【译文】

文王问道："采取什么样的收敛办法才能让天下归心呢？"

太公答道："天下不是某一个人的天下，而是天下人的天下，能与天下人共享利益的，就能得天下；独占天下人利益的，就会失去天下。天有四时，地有财货，能与天下人共享的就是仁君。仁君所在之处，天下人会向那个地方聚拢。免除人们的死难，消除人们的灾难，解救人们的祸患，救济人们的急难，能做到这些的就是有德之君。有德之君所在之处，天下人会向那个地方聚拢。能与人们同忧同乐、同好同恶的，就是有义之君。有义之君所在之处，天下人会向那个地方奔赴。一般人厌恶死亡而乐于活着，喜好收获而趋利避害，能使天下人都获得利益的，是得道之君。得道之君所在之处，天下人会向那个地方聚拢。"

文王再一次拜谢道："您说得恰当合理啊！我岂敢不接受上天的旨意呀！"于是就请太公坐车返回国都，拜他为师。

盈虚第二

文王问太公曰："天下熙熙①，一盈一虚②，一治一乱③，所以然者，何也？其君贤不肖不等乎？其天时变化自然乎④？"

太公曰："君不肖，则国危而民乱；君贤圣，则国安而民治⑤。祸福在君，不在天时⑥。"

【注释】

①天下熙熙：天下纷乱扰攘的样子。《史记·货殖列传》曰："天下熙熙，皆为利来；天下攘攘，皆为利往。"

②一盈一虚：时而强盛，时而衰弱。盈，满，此处意为强盛。虚，空，此处意为衰弱。

③一治一乱：时而太平，时而混乱。治，治理得好，太平。

④天时：天地自然演变的时序，此处指天命。

⑤"君不肖"四句：意谓国君若不贤，则国家危亡，民众生乱；国君若贤明，则国家安定，民众平安。朱墉引《醒宗》曰："国安所该者广，无奸宄，无盗贼，无兵戈，无土木之役，无重敛繁刑之苦。"孔德骐说："关于战争的起因及其防治方法，《六韬》认为有三种因素：一是君主推行错误的政策，会引起被统治阶级的起义，或统治阶级之间的内战。'君不肖，则国危而民乱。君贤圣，则国安而民治。'（《盈虚》）武王伐纣的牧野之战，就是由于商纣王的暴虐统治所致。当然这是较开明的奴隶主集团与腐朽的奴隶统治集团之间的战争。要避免这类战争发生，就要效法帝尧那样的贤君，从事'无为'而治。二是官僚'不肖'、'君邪比周'，也会引起战乱，甚至使'国不免于危亡'（《举贤》）。显然这是被统治阶级反抗统治阶级的战争。要避免这种战争，就要对劳动人民进行让步，实行各种'去诈伪，除暴乱，止奢侈'（《上贤》）的政策，举用贤才，缓和阶级矛盾。三是经济实力薄弱，也会引起战争，甚至会受到外来的侵略。如果国家致力发展经济，'三宝各安其处，民乃不虑，无乱其乡，无乱其族'。'三宝全，则国安'（《六守》）。所以，该书的作者多次阐述'富国强兵'的思想。"又，则国安而民治，《群书治要》本作"则国家安而天下治"。

⑥祸福在君，不在天时：施子美曰："盈虚治乱，虽若有数，实人君有以致之也，非天时必然也。建中卢杞之祸，唐文宗实基之。而乃

且引桑道茂之语,谓天命当然,曾不知天理人事,本一律也。人事尽处,是为天理,不修其所以在人者,而泥其所以在天者,亦惑矣。尧舜桀纣,不可同日而语也久矣。宽简之化,慈俭之德,尧舜之所以治也。暴虐之政,矫诬之行,桀纣之所以亡也。故国之安危,民之治乱,在乎君之贤圣不肖,而不在于天时也。"国英曰:"盈虚治乱,固在君,不在天。然辅君出治,其责尤在臣。君子进则所引皆君子,同力共济。小人进则嫉贤妒能,营私树党,甚至彼此攻击,势同水火,必至小人胜,君子败,于是内乱外患相因而至,故用人须有知人之明。"邵鸿、徐勇说:"本篇一开头,作者就提出了一个重要命题:人类社会和国家的治乱,取决于君主的贤否,而不是上天的意志。'君不肖,则国危而民乱;君贤圣,则国安而民治。祸福在君,不在天时。'不言而喻,这个命题闪烁着唯物主义的思想光芒。同时,它又是《文师》'道之所在,天下归之'思想的哲学基础。《六韬》在天人关系上的这种进步的认识,是它在思想上的一个突出点。在书中,类似的精彩文字还有很多,如'天道鬼神,视之不见,听之不闻,索之不得,不可治胜败,不能制生死,故明将不治也';'顺天道未必吉,逆之未必凶,若失人事则三军败亡'(《群书治要》引《六韬》);它还直斥龟蓍为'枯草朽骨','何以辨吉凶'(《太平御览》卷三二八引)。这种鲜明的唯物主义观点,可以与战国时期任何一个唯物主义思想家相媲美。《六韬》所以能够提出许多比较正确的政治主张,首先就应该归因于此。"

【译文】

文王问太公道:"天下纷乱扰攘,时而强盛,时而衰弱,时而太平,时而混乱,导致这些现象的原因是什么呢?是因为国君贤与不贤的不同呢?还是决定时序变化的天命使然呢?"

太公答道:"国君若不贤,则国家危亡,民众生乱;国君若贤明,则国家安定，民众平安。国家祸福的根源在于国君，不在天命。"

文王曰："古之贤君可得闻乎？"

太公曰："昔者帝尧之王天下①，上世所谓贤君也。"

文王曰："其治如何？"

太公曰："帝尧王天下之时，金银珠玉不饰，锦绣文绮不衣②，奇怪珍异不视③，玩好之器不宝④，淫佚之乐不听，宫垣屋室不垩⑤，甍桷椽楹不斫⑥，茅茨遍庭不剪⑦。鹿裘御寒，布衣掩形，粝粱之饭，藜藿之羹⑧。不以役作之故⑨，害民耕绩之时⑩。削心约志，从事乎无为⑪。吏忠正奉法者尊其位，廉洁爱人者厚其禄。民有孝慈者爱敬之，尽力农桑者慰勉之，旌别淑德⑫，表其门闾⑬，平心正节，以法度禁邪伪。所憎者，有功必赏；所爱者，有罪必罚⑭。存养天下鳏寡孤独，振赡祸亡之家⑮。其自奉也甚薄⑯，其赋役也甚寡。故万民富乐而无饥寒之色，百姓戴其君如日月⑰，亲其君如父母。"

文王曰："大哉！贤君之德也⑱。"

【注释】

①尧：传说中的远古帝王，姓伊祁氏，一作"伊耆氏"，名放勋，号陶唐。曾为黄帝嫡裔高唐氏部落长，故史称唐尧。后成为黄河下游强大的部落联盟首领。命羲、和掌管天文、历象，命鲧治理水患。在确定继承人选时，广泛征求部落长意见，最后确定舜作为继承人。

②金银珠玉不饰，锦绣文绮不衣：意谓不用金银珠玉装饰，不穿精致华丽的丝织衣服。绮，有花纹的丝织品。衣，作动词讲，意为

穿衣。又，饰，《太平御览》卷八〇引《六韬》作"服"。

③珍异不视：《太平御览》卷八〇引《六韬》作"异物弗听"。

④玩好：指人们喜好玩赏的物品。

⑤垩(è)：原指粉刷墙壁的白土，这里作动词讲，意为粉刷。又，《群书治要》本及《太平御览》卷八〇引《六韬》作"崇"。

⑥甍(méng)桷(jué)椽楹(yíng)不斫(zhuó)：不雕饰宫室的屋脊椽柱。甍，屋脊，屋檐。桷，方形的椽子。椽，椽子，放在檩上架着屋顶的圆木条。楹，柱子，特指堂上两柱。斫，砍，削，此处意为雕琢。又，此句《太平御览》卷八〇引《六韬》作"桷椽柱楹不藻饰"。

⑦茅茨(cí)遍庭不剪：不修剪庭院杂草。茅，茅草。茨，蒺藜。又，此句《太平御览》卷八〇引《六韬》作"茅茨之盖弗剪齐"。

⑧"鹿裘御寒"四句：粝，粗米。藜藿，分指灰菜和豆叶，这里指粗劣野菜。按，自"帝尧王天下之时"至此描述尧之简朴生活的内容，亦见于《韩非子·五蠹篇》，作："尧之王天下也，茅茨不剪，采椽不斲；粝粢之食，藜藿之羹；冬日麑裘，夏日葛衣。虽监门之服养，不亏于此矣。"又，此四句《太平御览》卷八〇引《六韬》作"黻黼之履不弊尽，不更为也；滋味不重糁，弗食也；温饫暖羹不酸馊，不易也"。黻黼之履，《太平御览》卷六九〇、六九七皆引作"黻衣履"。滋味不重糁，《太平御览》卷八五〇引作"滋味重累"。

⑨役作：《太平御览》卷八〇、八二二引《六韬》皆作"私曲"。

⑩害民耕绩之时：《群书治要》本及《太平御览》卷八〇引《六韬》作"留耕种之时"。

⑪削心约志，从事乎无为：《老子》第二章曰："是以圣人处无为之事，行不言之教。"第四十八章曰："为学日益，为道日损。损之又损，以至于无为。无为而无不为。"朱墉引《指南》曰："无为不是

一无所为,只是削心约志,不以多事自扰,即不以多事扰民,所谓垂裳恭己是也。其忧勤咨警,未尝一刻暇逸,而实未尝有一事之扰。君心为万化之原,惟其无欲,所以无为。"张烈在《〈六韬〉的成书及其内容》一文中说:"在《六韬》一书里还有不少无为思想的阐述。这些无为思想与道家、儒家、法家的无为观都有联系。原来道家讲无为,儒家也讲无为。孔子就说过:'无为而治者,其舜也欤!夫何为哉?恭己正南面而已矣。'(《论语·卫灵公》)《六韬·盈虚篇》所说的'削心约志,从事乎无为',便与孔子所说的无为思想相吻合,具体表现为仁民爱物的休养生息观。再者,法家也讲无为,《韩非子·扬权篇》写道:'权不欲见,素无为也。'清人王先慎为之释曰:'用人之权,不使人见,虚以应物,不必自为,执要以观其效,虚心而用其长,即权不见素无为之理。'《六韬》一书也有法家这种无为的权术观念。其中《上贤篇》写道:'夫王者之道如龙首,高居而远望,深视而审听,示其形,隐其情,若天之高不可极也,若渊之深不可测也。'这里所说的高居远望、深视审听、隐匿真情,即是韩非'权不欲见'的无为观,也即是法家'权术势'理论体系中'术'的思想核心。所以《六韬》一书关于无为观的阐释,休养生息与阴谋权术的内容兼而有之,与道家、儒家、法家都有着密切联系。"按,《六韬》的"无为观",既有道家、儒家尊重自然、休养生息的成分,更有法家所主张的权术,即君主高居隐秘,严密观察并牢牢控制臣子,使其感到深不可测。

⑫旌别淑德:甄别善恶良莠。旌别,识别,甄别。

⑬表其门闾:表彰良善人家。门闾,指良善人家。闾,里巷的大门。

⑭"所憎者"四句:刘寅曰:"平日所憎恶者,有功必赏;平日所亲爱者,有罪必罚。"

⑮存养天下鳏寡孤独,振赡祸亡之家:刘寅曰:"存养天下鳏寡孤独之人,孟子云:'老而无妻曰鳏,老而无夫曰寡,幼而无父曰孤,老

而无子曰独；此四者，天下之穷民而无告者，文王发政施仁，必先斯四者。'又赈济赡养有祸患丧亡之家。"

⑯其自奉也甚薄：意即他让自己的生活过得很俭朴。

⑰百姓戴其君如日月：百姓像爱戴日月一样爱戴他。朱墉引《衷指》曰："如日月者，言其德化普同毫无遗漏也。百姓戴尧德之光被，即如仰日月之照临。尧即日月也，可谓日月即尧，亦无不可。"又引《合参》曰："日月之戴，言日月之在天，未有不共知共见共戴之理。天下之人没有个不共戴日月的，便没有不戴尧的。盖由尧之君道如日月，故百姓戴之亦如日月也。"

⑱大哉！贤君之德也：贤君帝尧的德行真伟大啊。朱墉引徐象卿曰："玉杯、象箸、钜桥、鹿台，较之珠玉不饰、珍异不玩、椽桷不斲、茅茨不剪，相去甚远。大哉贤德一叹，正有冀望天王明圣之思。"朱墉《全旨》曰："此章言气化盈虚治乱，皆人事所致。人事动于下，天道应于上，人事即天道也。""圣人有参赞位育之能，有斡旋转移之力，惟其修德于己，则虽天地之所不足者，皆可有以补救之。若纯用气数，是圣人亦囿于天地之中，无贵为圣人矣。太公论盈虚而归之于人君，明以拨乱反治之权，望文王复以帝尧为言，见必德如帝尧，方可以回天道。"钮先钟说："这一篇以阐明'君道'为主题。不仅说明君之重要性，而且也解释君德之要件。诚如，文王问太公曰：'天下熙熙，一盈一虚，一治一乱，所以然者何也？其君贤不肖不等乎？其天时变化自然乎？'太公曰：'君不肖则国危而民乱，君贤圣则国安而民治。祸福在君，不在天时。'可见《六韬》的基本观念与《尉缭子》颇为相似，即重人事而不重天命。于是也可想见二书成书之时可能很接近。"

【译文】

文王问道："能让我听听古代贤君的治国之道吗？"

太公答道："过去帝尧在天下称王，他就是上古人民所称道的贤君。"

文王问道:"他是怎么治理国家的?"

太公答道:"帝尧在天下称王的时候,不用金银珠玉装饰,不穿精致华丽的丝织衣服,不观赏奇珍异物,不珍视古玩器皿,不听淫佚靡乐,不粉刷宫苑房室,不雕饰屋脊椽柱,不修剪庭院杂草。以鹿皮御寒,以布衣遮体,吃粗粮饭,喝野菜汤。不因为劳役的缘故,耽误百姓耕田纺织的农时。抑制欲望,无为而治。对官吏中忠正守法的,擢升其职位;对官吏中廉洁爱人的,增加其俸禄。对民众中孝顺仁慈的,就热爱敬重他;民众中尽力于农桑的,就慰问勉励他。甄别善恶良莠,表彰良善人家,揄扬公正品节,以法制禁止奸邪诈伪。对他所憎恶的人,能做到有功必赏;对他所喜爱的人,能做到有罪必罚。赡养天下的鳏寡孤独,救济遭受天灾人祸的人家。他让自己的生活过得很俭朴,他征用的赋税劳役非常少。所以他治理下的万民富足安乐而没有饥寒之苦,百姓像爱戴日月一样爱戴他,像亲近父母一样亲近他。"

文王说:"贤君帝尧的德行真伟大啊!"

国务第三

文王问太公曰:"愿闻为国之大务。欲使主尊人安,为之奈何?"

太公曰:"爱民而已①。"

文王曰:"爱民奈何?"

太公曰:"利而勿害,成而勿败,生而勿杀,与而勿夺,乐而勿苦,喜而勿怒②。"

文王曰:"敢请释其故。"

太公曰:"民不失务则利之,农不失时则成之,省刑罚则生之,薄赋敛则与之,俭宫室台榭则乐之,吏清不苛扰则喜之③。民失其务则害之,农失其时则败之,无罪而罚则杀之,重赋敛则夺之,多营宫室台榭以疲民力则苦之④,吏浊苛扰则怒之。故善为国者,驭民如父母之爱子,如兄之爱弟⑤,见其饥寒则为之忧⑥,见其劳苦则为之悲,赏罚如加于身,赋敛如取己物⑦。此爱民之道也⑧。"

【注释】

①爱民而已:朱墉引《指南》曰:"主如何尊? 惟人安而尊之也。使人不安,主即欲自尊,无由而尊。故欲主尊人安,必自爱民始。"《中国历代军事思想》说:《六韬》在战争观上"继承了西周之初就已萌芽的古代人本主义和民本主义的哲学、政治思想,特别是吸取了管仲学派'争天下,必先争人'和'国富者兵强,兵强者战胜'的思想,突出地强调政治、强调人对战争的决定作用。它认为政治是前提,经济是基础,而战争则是保障政治的必要手段。只有在国家团结一致、民众拥护支持,而又有充分的战争潜力和强大的军事实力的条件下,才能以义战征服他国,统一天下。所以他对'争权于天下者何先'的肯定回答是'先人'。对如何收揽人心、使'天下为之',它吸取了儒家学派的仁政思想,说'国之大务''爱民而已'。爱民的具体内容,是使'民不失务'、'农不失时'、'薄赋敛'、'俭宫室台榭'、'吏清不苛扰'等。它还认为最重要的是与民同利"。

②"利而勿害"六句:意谓给人民利益而不要损害他们的利益,帮助人民从事生产活动而不要耽误他们的农时,要保障人民的生命而不要滥杀无辜,要给人民福利而不要掠夺他们的财产,要使人民安乐而不要让他们痛苦,要使人民喜悦而不要让他们愤怒。

按，此即"爱民"之纲领。施子美曰："爱民之道无他焉，必本之人情也。三王之政，必本人情。人情莫不欲寿也，我则生而不伤。人情莫不欲富也，我则厚而不困。人情莫不欲佚也，我则节其力而不劳。是以太公之答文王，必以利勿害、成勿败六者释之。"刘寅曰："均以田宅之利而勿伤害之，绥以成全之道而勿毁败之，授以生养之方而勿杀伐之，厚以赐与之恩而勿侵夺之，慰其安乐之心而勿劳苦之，成其喜悦之意而勿忿怒之。"

③"民不失务则利之"六句：意谓人民不丧失他们赖以谋生的职业就是给他们利益，不耽误农时就是帮助人民从事生产活动，减省刑罚就是保障人民的生命，少征赋税就是给人民福利，少建宫室台榭，人民就会欢乐，使官吏清廉不苛责扰众，人民就会欢喜。按，此即对"爱民"措施的具体解释。务，事务，事情，这里指职业。榭，建筑在高土台上的房子。施子美曰："且夫四民各有常业，皆所以利之也。《书》有所谓'居四民时地利'，则利之必在于四民不失其务，失则害矣。农有三时，所以成其事也。《传》有所谓'不夺民时'，则百姓富，则成之必在于不失农时，失则败矣。刑罚不滥而后民保其生，《传》有所谓'刑罚不中，则民无所措手足'，是省刑乃可以生之也，不省而滥则杀之矣。善为国者，务富民，所以予之也。《传》有所谓'百姓足，君孰与不足'，则薄赋敛所以予之也，不薄则夺之矣。人得其佚则喜，是不可无以乐之也。《传》有所谓'文王以民力为台为沼，而民欢乐之'，则俭宫室台榭可以乐之，侈而崇则苦矣。吏不扰则民安其业，《传》有所谓'其政平，其吏不苛，吾是以不能去'，则清而不扰者民必喜，苟浊而扰则怒矣。"又，《群书治要》本"时"作"时业"；"俭宫室台榭"作"无多宫室台池"。

④多营宫室台榭以疲民力则苦之：《群书治要》本"台榭"作"游观"，无"力"字。

⑤"故善为国者"三句：意谓所以善于治理国家的君主，就像父母爱护子女、兄长爱护弟弟一样去统领人民。朱墉引陈孝平曰："非如父母之爱其子，亦不见爱之至。"又引张泰岳曰："民情即子情，国道即家道。"又，《群书治要》本"驭"作"御"；"爱"作"慈"。

⑥忧：《群书治要》本作"哀"。

⑦赏罚如加于身，赋敛如取己物：施子美曰："是以善为国者，家视四海，子视兆民，一视同仁，笃近举远。其驭之也，殆如父母之于子，兄之于弟，其爱之之情犹己也。饥寒劳苦，岂不欲与之共？赏罚赋敛，岂不以身视之？昔者稷思天下有饥者，犹己之饥。禹思天下有溺者，犹己之溺。与夫文王视民如伤，是皆得爱民之道也。盖有恤民之心者，必有恤人之政，此其道也。"朱墉《全旨》曰："'善为国者'数语，形容君子爱民之心极矣。爱弟爱子己见真切，然犹分二形也。惟言刑罚则曰如加其身，言赋敛则曰如取诸己，则岂有人而不思以庇身节己者乎？《大学》'君子絜矩'，正是此心。"

⑧此爱民之道也：朱墉引《合参》曰："为国爱民之道，此句通结上文，盖忧饥寒悲劳苦赋役，如取诸己，罪罚如加诸身，此真实爱民之道，即真实为国之道也。"又引《开宗》曰："此言为国之大务在爱民。"朱墉《全旨》曰："此章言为国只在爱民，而所以爱民处，只在'利之'、'成之'、'生之'、'予之'、'乐之'、'喜之'六事，下复详言所以然之，故一正一反，深切著明，末复总言爱民之实，故以'道'字结之。"钮先钟说："这一篇的主旨为说明'国之大务'，与前一篇在思想上是连贯的，而以'爱民'为治国之本。……此种爱民主义显然是出于儒家的思想，而若假定该书是战国末期的产品，则此种言论也适足以表示其为对当时流行的法家思想之反弹。本篇又云：'善为国者驭民如父母之爱子，如兄之爱弟，见其饥寒则为之忧，见其劳苦则为之悲，赏罚如加于身，赋敛如取

于己物,此爱民之道也。'以上的描述与当时诸国政府对人民的实际情况,可说是恰好成一强烈对比,足以显示作者愤世嫉俗、无限感慨的心情。"

【译文】

文王问太公道:"我想听听治国的大道理。要想让君主尊贵,人民安定,应该怎么做呢?"

太公答道:"唯有爱民罢了。"

文王问道:"怎样去爱民呢?"

太公答道:"给人民利益而不要损害他们的利益,帮助人民从事生产活动而不要耽误他们的农时,要保障人民的生命而不要滥杀无辜,要给人民福利而不要掠夺他们的财产,要使人民安乐而不要让他们痛苦,要使人民喜悦而不要让他们愤怒。"

文王说:"恕我冒昧,烦请您再给我解释一下其中的道理。"

太公说:"人民不丧失他们赖以谋生的职业就是给他们利益,不耽误农时就是帮助人民从事生产活动,减省刑罚就是保障人民的生命,少征赋税就是给人民福利,少建宫室台榭,人民就会欢乐,使官吏清廉不苛责扰众,人民就会欢喜。让人民失业就是损害他们的利益,耽误农时就是破坏他们的生产,人们无罪受罚就是残杀他们,加重赋税就是掠夺他们,多建宫室台榭使民众疲惫不堪就是让他们受苦,官吏贪污,苛责扰众,就会使他们愤怒。所以善于治理国家的君主,就像父母爱护子女、兄长爱护弟弟一样去统领人民,见其饥寒就为之忧愁,见其劳苦就为之悲哀,对人民施行赏罚时就好像赏罚自己一样,向人民征收赋税时就好像夺取自己的财物一样。这就是爱民的道理。"

大礼第四

文王问太公曰:"君臣之礼如何?"

太公曰："为上唯临，为下唯沉。临而无远，沉而无隐①。为上唯周，为下唯定②。周则天也，定则地也③。或天或地，大礼乃成④。"

【注释】

①"为上唯临"四句：意谓做君主的需做到俯身爱民，做臣民的需做到潜心国事。君主俯身爱民，就不会远离民众，臣民潜心国事，就不会欺君瞒上。临，从高处往低处看，这里指君主俯身爱民。沉，陷入，入迷，这里指臣民潜心国事。无远，指君主不远离臣民。隐，隐藏，隐瞒，这里指隐瞒不报，欺骗君上。施子美曰："君臣有异职，斯有异分。君以知为职，惟智乃能临，故为上在乎临。臣以顺为职，惟顺乃能沉，故为下在乎沉。以上临下，则易至于势隔，故临者不可远，又欲亲乎其臣也。下沉而顺则易至于不言，故沉者不可隐，又欲尽言于上也。昔者光武明谟纠断，授诸将以方略，本以智临之也。然虑其或远乎臣，故于邓禹则常置之卧内，与决谋议，则临而无远也可知矣。邓禹深沉大度，是能以沉事上也。然不可或隐，故为光武论诸将无远图，谓天下不足虑，则沉而无隐也可知矣。"

②为上唯周，为下唯定：意谓做君主的需做到思虑周全，做臣民的需做到安分守己。周，周全，这里指君主治理国家思虑周全。定，安定，这里指臣民安分守己。施子美曰："至于为上惟周，则以其运动而为谋也。为下唯定，则以其静守以不变也。"朱墉引《大全》曰："周即敬大臣体群臣之旨，定即堂陛冠履之必严，如天无不覆也，如地有常职也。"又引《醒宗》曰："临民之礼固在周遍，事上之礼固在安定，然又须上下通情，如地天之交泰，乃可以言礼。"

③周则天也，定则地也：意谓君主思虑周全，就能像上天一样施恩

万物,臣民安分守己,就能像大地一样深沉厚重。施子美曰:"君之周,所以法天,盖以乾道行健,君子以自强不息,有得乎是也。臣之定,所以法地,盖以地势坤,君子以厚德载物,有得乎是也。故周所以则天,定所以则地,或天或地,则大礼以是而明。"

④或天或地,大礼乃成:意谓君主与臣民,前者法天,后者效地,就能成就君臣之间的大礼。施子美曰:"盖天尊地卑,乾坤定矣,卑高以陈,贵贱位矣。是则君臣之道既有所取,而君臣之分亦以是明,此大礼之所以成也。"邵鸿、徐勇说:"《大礼》的君臣观点有两个突出的方面:第一,它高度强调了君主至高无上的权威,认为:君主与臣民有各自的地位和角色,在上者为天,俯瞰临民,治理百姓;在下者为地,恭谨奉君,安分守职。这就是君臣之间最重要的礼法,是封建等级制度和统治秩序最根本的要求。所谓:'或天或地,大礼乃成。'所以,《六韬》作者完全是站在维护和强化封建专制主义王权统治的立场上的。就这一点而言,其与当时法家等学派的主张是完全一致的。第二,《六韬》不仅沿袭了'礼'的概念,以之称谓封建政治的基本规则,同时也继承了儒家主张的'君君、臣臣、父父、子子',那样一种强调不同阶级的等级差别及其相互分工合作、和谐共存的思想。所以既讲'为上唯临,为下唯沉',也讲'临而无远,沉而无隐'。这反映了《六韬》作者汲取了传统的'礼法'思想和儒家思想的某些内容,这与当时商鞅、韩非等人倡导的法家学说又有所不同。《六韬》的这种兼容性的特点,在其他篇章中也有明显的表现,然而这也正是黄老学派的一个重要特征。"

【译文】

文王问太公道:"君主与臣民怎样做才合礼?"

太公答道:"做君主的需做到俯身爱民,做臣民的需做到潜心国事。君主俯身爱民,就不会远离民众,臣民潜心国事,就不会欺君瞒上。做君主的需做到思虑周密,做臣民的需做到安分守己。君主思虑周密,就能像上天一样施恩万物,臣民安分守己,就能像大地一样深沉厚重。君主与臣民,前者法天,后者效地,就能成就君臣之间的大礼。"

文王曰:"主位如何①?"

太公曰:"安徐而静,柔节先定,善与而不争,虚心平志,待物以正②。"

文王曰:"主听如何③?"

太公曰:"勿妄而许,勿逆而拒。许之则失守,拒之则闭塞④。高山仰之,不可极也;深渊度之,不可测也⑤。神明之德,正静其极⑥。"

文王曰:"主明如何⑦?"

太公曰:"目贵明,耳贵聪,心贵智。以天下之目视,则无不见也;以天下之耳听,则无不闻也;以天下之心虑,则无不知也⑧。辐凑并进,则明不蔽矣⑨。"

【注释】

①主位:指君主的执政艺术。

②"安徐而静"五句:意谓君主要做到安详从容而宁静淡泊,柔和节制而事先心中有数,善于给予而不与民争利,虚心待人而公平无私,办事公正不偏不倚。徐,和缓。柔节先定,意即柔和节制而事先心中有数。与,给予。施子美曰:"安徐而静者,所以退藏于密也。惟能安静,则柔节先定于此矣。能静而柔,此以谦处己也。惟以谦处己,故无心于胜物,宜其善予而不争也。虚其心则不蔽,惟能虚其心,故志以是平,平其志则不欺,此以公而应下也。惟以公应下,故其所以待之者,皆不外乎正道。昔者文王之

尊养时晦，则安徐而静也。徽柔懿恭，则柔节先定也。文王惟能以谦自处，故于昆夷之事，有所不辞，乃善予而不争也。其克宅厥心，不识不知，是又虚心平志也。文王惟能以公应下，故以正伐商，非待物以正乎？吾观文王之所为所行，不无得于太公之开悟也。”刘寅曰：“安徐而静，不妄动也；柔节先定，不刚猛也；善与而不争，惠施流布也；虚心，不自满也；平志，不私曲也；待物以正，不偏党也。”朱墉引徐象卿曰：“心虚而无满假，则其德日进于高明；志平而无偏曲，则其德日臻于坦易。以此待物，自无偏党之私。”

③主听：指君主听取臣民意见。

④“勿妄而许”四句：意谓不要轻率接受，不要粗暴拒绝，轻率接受就会丧失主见，粗暴拒绝就会听不进善言。闭塞，指君主听不进臣民良善有益的劝谏。施子美曰：“此论人主之听不可不审也。《书》曰：‘有言逊于汝志，必求诸非道。有言逆于汝心，必求诸道。’则是听言者，不可以妄许妄拒也。妄而许之，必其内无所守，故谓之失守。逆而拒之，则言不敢进，故闭塞。大抵人之所以谋事者，必其内有所主。”刘寅曰：“听其言，勿妄而许之，勿迎而拒之。许之，则失吾心之守；拒之，则闭塞吾耳之听。”

⑤“高山仰之”四句：意谓要像高山一样让臣民仰望，让他们感觉高不可攀；要像深渊一样让臣民揣度，让他们感觉深不可测。度，揣度，思量。刘寅曰：“如高山在前，仰之而不可尽也。《诗经》作‘仰止’；止，语助辞。此对下文‘深渊度之’而言，恐只是‘之’字。深渊在前，度之而不可测也；言人主之听无有穷尽，事变之来不可测量。”

⑥神明之德，正静其极：意谓若要具备神圣英明的品德，思想行为需符合公正宁静的标准。极，标准。刘寅曰：“神明之德正而且静，乃其极也。心者，人之神明，号曰天君；而耳司听，目司视，皆

从令者也。吾心神明之德,以正静为极,而耳目之视听,自无非僻之干矣。"朱墉引臧云卿曰:"应酬万变者神也,辨别众理者明也,镇定不摇者静也,荡平无党者正也。'极'字标准之名,作听言之极。"

⑦主明:指君主世事洞明。

⑧以天下之心虑,则无不知也:施子美曰:"此言人主在于兼听广览,然后可以益其明。以一己之闻见为闻见者,不若以天下之闻见为闻见。以一己之智虑为智虑者,不若以天下之智虑为智虑。何者?目欲明,耳欲聪,心欲智,聪明智虑,所以能广者,非一人能自足也,兼天下之心耳而为之也。"

⑨辐凑并进,则明不蔽矣:意谓臣民的意见像车轮的辐条集中于车毂一样会聚到君主那里,君主的英明就不会受到遮蔽。辐,车轮上的辐条。凑,通"辏",指车轮的辐条集中于毂上。朱墉引黄皇肱曰:"合聪听睿智而后可以言精明,然非以天下则不能无蔽,能用天下之耳目心思,则贤者交相忠告,人主之明愈无壅蔽矣。"朱墉《全旨》曰:"此章见君臣之定位,本于乾坤成象以来已自截然而不可易。先生制礼,本乎人情,其秩而有序,严而有别,莫辨于君臣之间。人君之能立乎其位者,惟不慢不骄,无忌无刻,乃可以正己而正人。而听德之聪在于心之虚衷以应,视远之明在于不自用而用人,君道之大端尽矣。"国英曰:"主明在以天下之明为明,凡耳目心思所不到之处,即赖直臣启迪,则臣之明皆主之明矣。世有强谏买直,而归咎于主之不明者,非忠君爱民之心。昔赵韩王补缀旧牍,卒霁天威。晏平仲一言而省刑,田千秋一言而悟主,皆古今善谏第一。故求直臣须由根本笃厚中选择,则辐辏并进,明自不蔽矣。"钮先钟说:"在这一篇中作者更进一步提出为政必须尊重民意、俯察舆情的要求。"

【译文】

文王问道："君主怎样做才能握好执政之柄？"

太公答道："君主要做到安详从容而宁静淡泊，柔和节制而事先心中有数，善于给予而不与民争利，虚心待人而公平无私，办事公正不偏不倚。"

文王问道："君主怎样做才能充分听取臣民意见？"

太公答道："不要轻率接受，不要粗暴拒绝。轻率接受就会丧失主见，粗暴拒绝就会听不进善言。要像高山一样让臣民仰望，让他们感觉高不可攀；要像深渊一样让臣民揣度，让他们感觉深不可测。若要具备神圣英明的品德，思想行为需符合公正宁静的标准。"

文王问道："君主怎样才能做到世事洞明呢？"

太公曰："眼睛贵于视明，耳朵贵于听聪，思想贵于智慧。如果君主兼有天下人的眼睛去看待事物，那就没有什么见不到的；如果君主兼有天下人的耳朵去听取意见，那就没有什么听不到的；如果君主兼有天下人的想法去思考事物，那就没有什么了解不了的。臣民的意见像车轮的辐条集中于车毂一样会聚到君主那里，君主的英明就不会受到遮蔽。"

明传第五

文王寝疾①，召太公望，太子发在侧②。曰："呜呼！天将弃予，周之社稷将以属汝③。今予欲师至道之言，以明传之子孙。"

太公曰："王何所问？"

文王曰："先圣之道，其所止，其所起，可得闻乎④？"

太公曰："见善而怠，时至而疑，知非而处⑤，此三者道之所止也⑥。柔而静，恭而敬，强而弱，忍而刚，此四者道之所起也⑦。故义胜欲则昌，欲胜义则亡；敬胜怠则吉，怠胜敬则灭⑧。"

【注释】

①寝疾：卧病。又，敦煌写本"寝疾"下有"五日"二字。

②太子发：指周武王，姬姓，名发，周文王太子，故称"太子发"。即位后以吕尚为师，周公旦为辅，谨奉文王遗命，率兵一举攻占商都朝歌，推翻了商纣统治，正式建立了西周王朝。约在灭商后二年病卒，谥武。

③天将弃予，周之社稷将以属（zhǔ）汝：意谓上天将要抛弃我，我死后周国的国事就交给您。天将弃予，指快离开人世。属，委托，交付。

④"先圣之道"四句：意谓古代圣贤的治国理念，特别是他们废弃什么，又提倡什么，可以讲来让我听听吗？止，停止，这里是废弃的意思。起，兴起，这里是提倡的意思。国英曰："起止之道，太公盖以怠欲为止，敬义为起。余谓凡事皆有起止，起止者，本末终始也。治民有刚柔迭用者，有宽猛相继者。纯乎霸术，不免残暴；拘于仁义，又患柔弱。无论开创守成，须随机变通，定其起止，不守一法，并体察民情，补其偏、救其弊，则本末终始之道得，而起止之次不紊矣。"又，敦煌写本"其所起"下有"其要何"三字。

⑤"见善而怠"三句：意谓明知善事可为却心生怠惰，时机到了却疑惑不决，明知有错却不去纠正。刘寅曰："见善不行，而反生怠惰之心；时至不行，而反有疑惑之意；知其事之非不能避，而反处之。"又，敦煌写本"怠"作"迫"；"时至而疑"上有"勿"字；"知非而处"作"去非而勿处"；此下有"故义与明是矣而不能居"十字。

⑥此三者道之所止也：这三种行为是古代圣贤要废弃的。施子美

曰:"道之所以起者,以其知所以治身待人之道也。闻善不能从,圣人以为忧,则见善而怠者,是无志于善也。天与不取,反受其咎,则时至而反疑者,是失时也。顺非而泽,圣人之所必诛,则知非而处者,是固意而为之也。凡此三者,皆内而无所守。故不审所行,其何以能兴?此道之所以止也。"又,三,敦煌写本作"四"。

⑦"柔而静"五句:意谓柔和而清静,谦恭而严肃,能强又能弱,隐忍又刚强,这四种品质是古代圣贤要提倡的。施子美曰:"柔不能静,其失也懦。惟柔而静,然后为能定。恭不能敬,其失也矫。惟恭而敬,然后为得礼。以是而修身,其德斯为至矣。太强则折,故强必济于弱。太忍则懦,故忍不专忍,必济以刚。以是而待人,其德为兼备矣。昔文王之兴也,徽柔懿恭之德,积于厥躬,则文王之所以修身者,能柔而静、恭而敬矣。及其推是以待人,则又能兼备其德焉。以三分有二之势,非不强也,而以服事商,是强而能弱也。羑里明夷之际,有所不恤,是能忍也,而于伐商之事,必断然为之,非忍而刚乎?文王惟尽是四者,此文王之所以兴也。太公之言,抑亦以文王之所为者,而使武王继之欤?"朱墉引《合参》曰:"道谓治国安民之道。四者柔而静,恭而敬,强而弱,忍而刚,未便是道,乃是开手入门处,故曰道之所起,又须知柔恭强忍,亦是人皆有的。盖惟柔而静,斯能有守;恭而敬,斯能严畏;强而弱,斯能有容;忍而刚,斯能有为。自治治人,应事接物,允执厥中道,从此起矣。"孔德骐说:"'道',也是《六韬》社会观的重要组成部分,认为它是使人民生利、致富的道理和方法。'能生利者,道也。'但'道'并不是容易得到的。'见善而怠,时至而疑,知非而处,此三者,道之所止也。'认为这三种情况是'道'快要熄灭的象征。一位圣贤,如要得'道',必须做到:'柔而静,恭而敬,强而弱,忍而刚,此四者,道之所起也。'这是取得'道'的修养,其目的是劝说地主阶级要约束自己,不要像过去奴隶主贵

族那样残酷地剥削和压迫奴隶。因此，'道'也是其社会史观的一项重要内容，与老子唯心主义的'道'的概念是不同的。"又，强而弱，敦煌写本作"屈而强"。

⑧"故义胜欲则昌"四句：意谓所以正义战胜私欲，国家就昌盛；私欲战胜正义，国家就灭亡；严肃战胜怠惰，国家就吉祥；怠惰战胜严肃，国家就灭亡。刘寅曰："故义胜乎欲者则国昌，欲胜乎义者则国亡，敬胜乎怠者则获吉，怠胜乎敬者则必灭。义者，心之制、事之宜，乃天理之公也。欲者，目之于色、耳之于声、鼻之于臭、口之于味、四肢之于安佚，乃人欲之私也。敬者，整齐、收敛、主一、无适，圣学之所以成始而成终者也。怠者，心志怠惰、处己接物，皆不能致谨也。"朱墉引《开宗》曰："此告文王先圣至道之言，以明传子孙之旨。"钮先钟说："这一篇是被作者认为'至道之言'，可以想见其对此篇之重视。从表面上来看，其思想似乎是以道家为根源，但实际上，并非如此单纯，因为他并不主张'无为'；反而言之，他却强调应勇于改过迁善，并且不可错过时机。"又，敦煌写本"昌"作"从"，"亡"作"凶"；《群书治要》本"怠胜敬则灭"下有"故义胜怠者王，怠胜敬者亡"二句；敦煌写本亦有此二句，唯"义"作"恭"，两"者"字作"则"。

【译文】

文王卧病在床，召见太公望，太子姬发在旁边。文王叹息道："唉！上天将要抛弃我，我死后周国的事务就交给您。现在我想从您这儿学得至理名言，以便明确地传给子孙后代。"

太公问道："君王要问什么？"

文王答道："古代圣贤的治国理念，特别是他们废弃什么，又提倡什么，可以讲来让我听听吗？"

太公答道："明知善事可为却心生怠惰，时机到了却疑惑不决，明知有错却不去纠正，这三种行为是古代圣贤要废弃的。柔和而清静，谦恭而严肃,能强又能弱,隐忍又刚强,这四种品质是古代圣贤要提倡的。所以正义战胜私欲,国家就昌盛;私欲战胜正义,国家就灭亡;严肃战胜怠惰,国家就吉祥;怠惰战胜严肃,国家就灭亡。"

六守第六

文王问太公曰:"君国主民者①,其所以失之者何也?"

太公曰:"不慎所与也②。人君有六守、三宝③。"

文王曰:"六守者何也?"

太公曰:"一曰仁,二曰义,三曰忠,四曰信,五曰勇,六曰谋,是谓六守④。"

【注释】

①君国主民者:指统治国家管理人民的君主。又,主,银雀山竹简本作"王"。盛冬铃说:"此句敦煌写本作'君王仁者','君'下当脱一'国'字,'仁'应作'人',唐人避太宗讳改'民'为'人',又讹为'仁'。"

②不慎所与也:用人不慎重。所与,使用的人才,用人。与,结交,亲附,这里是使用的意思。朱墉《全旨》曰:"此章'不谨所与'一句最重。诸葛武侯曰:'亲君子远小人,先汉之所以兴隆也;亲小人远贤臣,后汉之所以倾颓也。'世有与非其人而国不失者乎?有国则有守,欲守国,必先求得与我守国之人,而知人则哲,察识最难,故须有六观之法,而后仁义忠信勇谋之人,皆被我一眼看出。藻鉴既明,得人任使,则自有土有财有用矣,而农工商又国家财用所自出,复为之区画招徕,四民乐业,国势有不奠安而得所守者哉?"又,慎,《武经七书直解》本作"谨"。

③人君有六守、三宝：指国君有应该遵守的六条用人标准和三个应
　　该重视的行业。守，遵守。宝，珍视，重视。又，银雀山竹简本
　　"六守、三宝"作"三器、六守"，其下又有"臣有"二字，其下简断
　　字缺。

④是谓六守：朱墉引《大全》曰："以仁守而国不伤于暴戾矣，以义守
　　而国不沦于紊乱矣，以忠守而国不受其奸欺矣，以信守而国不二
　　于诈伪矣，以勇守而国不失于柔懦矣，以谋守而国不虑于奸宄
　　矣。"又引《醒宗》曰："有此六守者，人君也。有此三宝者，人君
　　也。有六守不患无三宝，有三宝而无六守，不能有三宝。人君必
　　用人以足国。敬谨以用人，先慎乎德为主。"国英曰："六守是择
　　贤要诀，须从人之根柢上取择，而后贤才见。自古英雄崛起，功
　　业过人，未有不由此六者根乎性而致其用也。至于中材可成可
　　败，惟在平日移风易俗，敦名节而黜诈伪，自然朝野之间上贤下
　　不肖，而中材亦底于贤。若专用空言博辨之士，则人竞趋于不肖
　　而风俗衰矣。"

【译文】

　　文王问太公道："统治国家管理人民的君主，他失去国家与人民的
原因是什么呢？"

　　太公答道："是由于用人不慎重。君主要遵循选拔人才的六条标
准，并要重视三大行业。"

　　文王问道："什么是选拔人才的六条标准？"

　　太公答道："一是仁爱，二是正义，三是忠诚，四是诚信，五是勇敢，
六是智谋，这就是我所说的选拔人才的六条标准。"

　　文王曰："慎择六守者何①？"

　　太公曰："富之而观其无犯②，贵之而观其无骄，付之而
观其无转③，使之而观其无隐，危之而观其无恐，事之而观其

无穷④。富之而不犯者仁也⑤,贵之而不骄者义也⑥,付之而不转者忠也⑦,使之而不隐者信也⑧,危之而不恐者勇也⑨,事之而不穷者谋也⑩。人君无以三宝借人,借人则君失其威⑪。"

【注释】

①慎择六守者何:敦煌写本作"问慎择六者奈何";《群书治要》本作"慎择此六者奈何"。

②富之而观其无犯:意即让他富裕起来,观察他是否触犯礼法。无犯,不触犯礼法。犯,触犯,侵犯。朱墉引臧云卿曰:"'富之而观其无犯'六句,真是用人取材之术。"

③付之而观其无转:让他肩负重任,观察他是否转动私念。无转,不动私念,坚定不移。朱墉引臧云卿曰:"任驱使则知贤,未有不临之以事变而能知其才者。"

④穷:穷蹙,局促不安的样子。

⑤富之而不犯者仁也:富裕起来而不触犯礼法的是符合仁爱标准的人。施子美曰:"富而不犯,是为仁也。盖富者易至于侈而失礼,若夫富而不犯,则不贪其富,必以分人而不至于犯礼,其存心必有仁也。昔者赵奢可谓富而不犯者也。王及宗室有所赏赐,悉以分予士卒,是富而不犯也,其仁可知矣。"刘寅曰:"富之以财而不犯者,仁也。仁者,存夫天理之公,故富之而不犯。"

⑥贵之而不骄者义也:身居高位而不骄傲的是合乎正义标准的人。施子美曰:"贵而不骄,是为义也。盖贵者易至于骄以傲人。若夫贵而不骄,则不恃其贵,而无自大之心。其所为必合义。昔田穰苴虽以大司马之尊,而与士卒最赢弱者,此是能贵而不骄也,其义为足取矣。"刘寅曰:"贵之以爵而不骄者,义也。义者,心有裁制而处事得宜,故贵之而不骄。"

⑦付之而不转者忠也：肩负重任而不转动私念的是合乎忠诚标准
　的人。施子美曰："可以托六尺之孤，可以寄百里之命，必其忠者
　也，付之而坚守不转，是为忠也。高祖谓周勃可以安刘，卒之诛
　吕强汉，不易所守者，忠也。"刘寅曰："付托以重任而心不转移
　者，忠也。忠者，尽心以事君，故付之而不转。"

⑧使之而不隐者信也：处理国事而不有所隐瞒的是合乎诚信标准
　的人。施子美曰："为下唯沉，沉而无隐，臣之道。使之而不隐，
　必其有信也。充国图方略于金城，守便宜于屯田，可谓有使而不
　隐之信也。"刘寅曰："使之有所施为而无隐者，信也。信者，凡事
　以实，故使之而不隐。"

⑨危之而不恐者勇也：身处险境而不心生恐惧的是合乎勇敢标准
　的人。施子美曰："士之大节，危而不恐，必其用勇也。李广为古
　贤王所围，乃且解鞍卧纵，是乃危而不恐之勇也。"刘寅曰："危之
　以险难而不恐者，勇也。勇者，敢于前进，故危之而不恐。"

⑩事之而不穷者谋也：处理突发事变而不局促不安的是合乎智谋
　标准的人。施子美曰："奇正发于无穷之源，其应事也不穷，则其
　谋为莫善也。张良运筹，李勣多算，皆不穷之谋也。"刘寅曰："问
　之以事变而不穷蹙者，谋也。谋者，善于筹度，故事之而不穷。
　此皆用人之术，故曰谨其所与也。"又，银雀山竹简本此下有"富
　勿使贵，贵勿使富，忠者毋远君，信者毋远⋯⋯远事，君慎⋯⋯"；
　敦煌写本此下亦有"富者勿使贵，贵者勿使富也。仁者勿使远
　士，义者（原误作远）勿使远□，忠者勿使远君，信者勿使远官，勇
　者勿使远武，谋者勿使远事。人君慎择此六者，以为君用"十句；
　《群书治要》本此下则有"人君慎此六者，以为君用"二句。

⑪人君无以三宝借人，借人则君失其威：意谓国君不要把三大行业
　的大权交给别人，交给别人国君就会丧失权威。朱墉引王元翰
　曰："三宝借人者，人君陵虐之甚，三者散而之四方，是为敌国资

也,非借人而何?"又,人君无以三宝借人,银雀山竹简本"宝"作
"器","借"作"作",上五字缺。借人则君失其威,银雀山竹简本
"借"作"作","君"下有"将"字;《群书治要》本"借人"上有"以三
宝"三字,"君"下亦有"将"字;敦煌写本"君"下有"将以"二字。

【译文】

文王问道:"怎样才能谨慎选拔出符合六条标准的人才呢?"

太公答道:"让他富裕起来,观察他是否触犯礼法;让他身居高位,
观察他是否骄傲;让他肩负重任,观察他是否转动私念;用他处理国事,
观察他是否有所隐瞒;让他身处险境,观察他是否心生恐惧;让他处理
突发事变,观察他是否局促不安。富裕起来而不触犯礼法的是符合仁
爱标准的人,身居高位而不骄傲的是合乎正义标准的人,肩负重任而不
转动私念的是合乎忠诚标准的人,处理国事而不有所隐瞒的是合乎诚
信标准的人,身处险境而不心生恐惧的是合乎勇敢标准的人,处理突发
事变而不局促不安的是合乎智谋标准的人。国君不要把三大行业的大
权交给别人,交给别人国君就会丧失权威。"

文王曰:"敢问三宝?"

太公曰:"大农、大工、大商,谓之三宝①。农一其乡②,则
谷足;工一其乡,则器足;商一其乡,则货足③。三宝各安其
处,民乃不虑。无乱其乡,无乱其族④。臣无富于君,都无大
于国⑤。六守长,则君昌⑥;三宝完,则国安⑦。"

【注释】

①大农、大工、大商,谓之三宝:吴如嵩等著的《中国军事通史》第三
卷《战国军事史》说:"'富国强兵'这一命题,在《六韬》中有着丰
富的内容。在《六守》篇中指出,君主要紧紧掌握大农、大工、大

商三种经济组织，'农一其乡，则谷足；工一其乡，则器足；商一其乡，则货足'。它把农、工、商称为'三宝'，认为'三宝全，则国安'，国家富强，人民富足，就可以立足于诸侯之林。这一思想，无疑是有进步意义的。"

②农一其乡：意即将农民聚集乡里以从事农业生产。乡，古代的一种居民组织，一万二千五百户为一乡。一，统一，这里是聚集、聚拢的意思。

③货：敦煌写本作"用"。

④"三宝各安其处"四句：意谓从事三大行业的人各得其所，民众就不会有忧虑，不要打乱乡间的生产秩序，不要打乱家族的组织结构。施子美曰："是三者既安其处，则民有常业，宜其无他虑也。三者既异其居，则无乱其乡，而无乱其族。昔者管仲分国为二十一乡，农工商各有所居，使农之子常为农，工之子常为工，商之子常为商。长游少习，不见异物而迁，则其乡与族必不乱也。"朱墉引《句解》曰："安其处，即一其乡也。各安者，不见异物而迁也。"又引陈明卿曰："善治国者，必使吾国之民，分治其业而有各得之情，又使吾国之民，群乐其土而有重迁之意，方能人心畅适也。"又，各安其处，银雀山竹简本作"有处"。

⑤臣无富于君，都无大于国：意谓大臣不能比国君富裕，大城市不能比国都的面积大。都，大城市。国，国都。施子美曰："是又欲以上制下，以大制小，不可使之越分也。如齐之田氏则富于君矣，郑之京城则大于国矣，岂先王所以望后世耶？"盛冬铃说："《左传·隐公元年》所谓'大都不过参（三）国之一，中五之一，小九之一'，也就是'都无大于国'的意思。"

⑥六守长，则君昌：银雀山竹简本作"六守安君能长"；敦煌写本及《群书治要》本"君"作"国"。

⑦三宝完，则国安：完，使完好。朱墉引《衷旨》曰："'全'字当从人

君爱养得来。大农、大工、大商,既为人君之三宝,倘我不爱之养之,势必散往他国,则宝为人有矣。爱养非他,不过农无催科之扰、工无役使之烦、商无横暴之征便是。"又引《开宗》曰:"此言君国子民者,当谨所与,而后君隆国定而无失。"朱墉《全旨》曰:"通篇只以亲贤爱民为主。"钮先钟说:"这一篇中提出两项观念,即'六守'与'三宝',可以说是颇具创见。作者认为人主之所以失国,其主因就是忽视了这两项观念。""作者认为失国的主因就是用人不当——'不谨所与'。所以政府用人必须有客观标准,这也就是所谓"六守"。至于'三宝',则可算是一种新观念,而且在其他先秦古籍中也无与此相同的论调。主张在经济方面应农工商三者并重,似乎是《六韬》所特有的创见,比荀子和尉缭子都还要更进步。因为他们只主张重农而不轻商,而《六韬》则主张农工商三者并重,尤其是重工的观念更是前所未有。这又可以暗示这部书是在工商业已经相当发达的环境中写成的。"又,完,银雀山竹简本作"安",《武经七书直解》本作"全"。银雀山竹简本此下有"……君无央,九交亲则君……"二残句。汉简整理者以为"六守安君能长"以下一段文字,本作"三葆(宝)定则君□□,……则君无央(殃),九交亲则君□□。"敦煌写本篇末有"文王曰善"四字。

【译文】

文王问道:"请问需要重视的三大行业指的是什么?"

太公答道:"农业、手工业与商业,就是我所说的需要重视的三大行业。将农民聚居一乡以从事农业生产,谷物就会充足;将手工业者聚居一乡以分工协作,器用就会充足;将商人聚居一乡以流通商品,货物就会充足。从事三大行业的人各得其所,民众就不会有忧虑。不要打乱乡间的生产秩序,不要打乱家族的组织结构。大臣不能比国君富裕,大城市不能比国都的面积大。符合上述六条标准的人才得到重用,国君的事业就会昌盛；使三大行业完好运转，国家就会安定。"

守土第七

文王问太公曰："守土奈何①？"

太公曰："无疏其亲，无怠其众，抚其左右，御其四旁②。无借人国柄，借人国柄，则失其权③。无掘壑而附丘，无舍本而治末④。日中必彗，操刀必割，执斧必伐⑤。日中不彗，是谓失时；操刀不割，失利之期；执斧不伐，贼人将来⑥。涓涓不塞，将为江河；荧荧不救，炎炎奈何⑦；两叶不去，将用斧柯⑧。是故人君必从事于富⑨，不富无以为仁，不施无以合亲⑩。疏其亲则害，失其众则败⑪。无借人利器，借人利器则为人所害，而不终其正也⑫。"

文王曰："何谓仁义⑬？"

太公曰："敬其众，合其亲。敬其众则和，合其亲则喜，是谓仁义之纪⑭。无使人夺汝威⑮，因其明，顺其常⑯。顺者任之以德，逆者绝之以力⑰。敬之无疑，天下和服⑱。"

【注释】

①守土：守卫国土。

②"无疏其亲"四句：意谓不要疏远宗族，不要怠慢民众，安抚周边邻国，控制四方势力。亲，指国君的亲族，即宗室亲族。左右，指周边邻国。四旁，指天下四方的势力。孔德骐说："这是对盟邦、友军采取的不同的外交政策，是孤立敌军、壮大自己的策略。其要旨在于'敬其众，合其亲'，实行'仁义之纪'。在做法上，对'顺

者任之以德,逆者绝之以力',从而达到'敬之勿疑,天下和服'的目的。这就是所谓'得道多助,失道寡助'。周文王、武王在准备灭殷的战争时,实行的争取盟国、翦商羽翼的政策是很典型的。他们首先调解了虞(今山西平陆北)、芮(今陕西大荔东)等部落间的矛盾,争取其成为自己的盟国。以后,又用武力征服了东夷、犬戎(今陕西凤翔境)、邘(今河南沁阳西北)、崇等国,取得了'三分天下有其二'(《论语·泰伯》)的地盘,成为商朝西方最强大的奴隶制诸侯国。"

③"无借人国柄"三句:意谓不要将国家权力交给别人,如果将国家权力交给别人,自己就会丧失威权。施子美曰:"柄者,上之所执,而下之所从也。不可以借人,借人则失其权,是倒持太阿,授人以柄也。"

④无掘壑而附丘,无舍本而治末:意谓不要挖掘深谷以增高山丘,不要舍弃根本而追逐末节。施子美曰:"既得其所以制人之权,则其于守土也亦宜矣。以至人之所侮者吾不之侮,人之所趋者吾不之趋。壑者,卑下之喻也。卑下者人之所侮,吾则不掘壑。丘者,崇高之喻也。崇高者人之所趋,吾则不附丘。本者农桑之务也,末者财货之事也。本易以弃,末易以滋,故无舍本而治末。"刘寅曰:"无掘壑而附丘:壑,深谷也;丘,大阜也。壑已深矣,而又掘之;丘已高矣,而又附之;如有权宠者而又以权宠与之,后则不可制也。无舍本而治末:中国,本也;四夷,末也;农桑,本也;技巧,末也。不治中国而治四夷,则内虚矣;不务农业而务技巧,则无储矣。"朱墉引《合参》曰:"壑,深黢也;丘,高山也。掘之附之,则深者益深,而高者益高,不几于损下益上者等哉?喻人有权势而又假以权势之意。"

⑤"日中必彗"三句:意谓到了晌午必须及时晾晒东西,拿起刀子必须及时切割物品,手中持有斧钺必须及时征伐。彗,通"暳",暴

晒。斧，指一种带锋刃的兵器。刘寅曰："日至中天，必炽热而曝。曝，暴干也。操刀者必欲其割，执斧者必欲其伐。"

⑥"日中不曝"六句：按，此处是讲不及时决断而丧失时机的危害。施子美曰："人不可以无断。断蛇不可不分，刺虎不可不毙，人其可无断乎？日中不曝，操刀不割，执斧不伐，是皆不断之过也。"刘寅曰："日至中天而不曝，是谓失时矣；操刀而不能割，则失便利之期矣；执斧而不能伐，贼人将来害之矣。"刘庆在《〈六韬〉与齐国兵学》一文（收入《姜太公新论》一书）中说："《孙子》对作战取胜诸方面条件的概括，采用了'势'的概念。但它并不涉及巧妙捕捉战机问题。《六韬·守土》言：'日中必曝，操刀必割，执斧必伐。日中不曝，是谓失时；操刀不割，失利之期；执斧不伐，贼人将来。'《六韬·军势》亦言：'善战者，见利不失，遇时不移。失利后时，反受其殃。'对战机的重要性已阐释得非常清楚。同时它还要求将帅耐心地等待和捕捉战机，一旦战机出现，不要犹豫不决，丧失获胜机会。这种以'时'来说明作战条件成熟程度的言论在《管子》书中也可以看到，说明《六韬》等书的决策理论比《孙子》要深刻得多。"

⑦"涓涓不塞"四句：意谓细小的水流不加堵塞，将会汇集成江河；微弱的火星没有熄灭，就会蔓延成熊熊大火而无可奈何。涓涓，指细小的水流。荧荧，指微弱的光星。炎炎，指熊熊大火。施子美曰："事不可以不防微。履霜有坚冰之戒，挑虫有维鸟之成，微其可不防乎？涓涓不塞，荧荧不救，两叶不去，是皆防微之戒也。"刘寅曰："涓涓之水不能窒塞，后来将为江河而不可制矣。涓涓，水流貌。荧荧之火不能救止，后来将成炎炎之势而无可奈何矣。荧荧，火光也。"

⑧两叶不去，将用斧柯：意谓草木初生时不除去，一旦长成大树就要用斧头才能砍掉。两叶，刚长出的嫩叶，这里指草木初生。

柯，斧柄。刘寅曰：“两叶初生而不能除去，后来将用执斧柯而伐之矣。皆言其时之不可失，而事之不可不早图也。”按，贾谊曰：“黄帝曰：‘日中必熭，操刀必割。’”（《汉书·贾谊传》）“日中不熭”至“将用斧柯”数句，《太公兵法》引黄帝语，有类似表述，作：“日中不熭，是谓失时。操刀不割，失利之期。执斧不伐，贼人将来。涓涓不塞，将为江河。荧荧不救，炎炎奈何？两叶不去，将用斧柯。为虺弗摧，行将为蛇。”由此可窥知《六韬》中的黄老思想色彩。又，《太平御览》卷七六三引《六韬》“两叶”作“繁华”，“用”作“为”。

⑨是故人君必从事于富：朱墉引胡君常曰：“守土之君，不专意于国富，而惟期于民富，务使家给人足，而礼义自兴。”又引沈定远曰：“‘富’指富民言，熙熙皞皞无一不从‘富’出也。‘富’之一字，是又为仁义本领也。”

⑩不富无以为仁，不施无以合亲：《太平御览》卷四七二引《太公六韬》作“弗富不足为人（仁），弗与无以合亲”。

⑪疏其亲则害，失其众则败：王联斌在《〈六韬〉的军事伦理思想》一文（载《军事历史研究》1994 年第 6 期）中说：“先秦时期，大多数军事思想家在战争的实践中都体验到：人民群众是决定战争胜负的重要因素。《孙子兵法·计篇》中所谓‘道者，令民与上同意，可与之死，可与之生，而不畏危也’，即在于告诫国君与将帅们：只有和人民同心同德，赢得人民的支持和拥护，才能取得战争的胜利。吴起强调：‘是以有道之主，将用其民，先和而后造大事。’（《吴子·国图第一》）商鞅、荀子也都把‘壹民’（即‘一民’，使人民团结一致，同心协力）作为‘用兵攻战’之本（参见《商君书·画策第十八》、《荀子·议兵》）。《六韬》继承了前人的军事民本主义思想，强调要使战争得到胜利，必须动员人民群众；只有人民群众广泛地支持和参加战争，才能达到胜敌‘守土’之目

的。所以,它在《文韬》《武韬》等多卷中,反复地强调'天下非一人之天下,乃天下之天下也',就在于说明得天下之'人'者得天下,失天下之'人'者失天下的道理。在《守土》中则更明确地指出:'疏其亲则害,失其众则败。'这里所说的'人'与'众',即指包括农、工(手工业工人)、商等各个阶层在内的天下民众。而且更具有历史唯物主义真理意义的是将这三大最基本、最下层的劳动阶级的人民视为得失天下的根本力量。如在《文韬·六守》中,就高度重视和评价了农、工、商的价值,认为'大农、大工、大商谓之三宝',在《武韬·三疑》中又说:'民如牛马,数喂食之,从而爱之。'"又,敦煌写本此下有"既得之"三字。

⑫"无借人利器"三句:意谓不把国家权力借给别人,将国家权力借给别人就会被人所害,最终身死国灭。不终其正,不能寿终正寝,指身死国灭。刘寅曰:"喻人君不可以权假人,以权假人反为人所害,如主父见囚于李兑、胡亥见杀于赵高之类是也。"

⑬何谓仁义:敦煌写本无"义"字。

⑭"敬其众则和"三句:意谓敬爱民众,民众就会和谐,团结宗亲,宗亲就会欢喜,这就叫做仁义的准则。纪,法度,准则。朱墉引李卓吾曰:"敬众合亲是仁义大头脑处。"又,合,敦煌写本作"分"。银雀山竹简本"是谓仁义之纪"上有"殆"字,无"义"字;"是谓仁义之纪"句下有"方冬甚寒,不能凌冻。方夏甚暑,不能聚攻。贤民群居,国有大凶。数……"数句;此数句敦煌写本作"方冬甚寒,不能凌冻。方夏甚暑,不能聚攻。贤人群居,国人有凶。设而备之,必阖汝怀"。

⑮无使人夺汝威:刘寅曰:"威,即权也。首曰无借人国柄,中曰无借人利器,此曰无使人夺汝威,甚言其权之不可失也。主权一失,则如三家之于鲁、六卿之于晋矣,此太公所以拳拳而致诚也。"又,汝,银雀山竹简本作"之"。

⑯因其明，顺其常：意谓要依靠人心的明察，顺应天道的常理。因，依靠，凭借。按，这两句有多种解释。施子美曰："因其明则无作聪明也，顺其常则不悖其常也。或谓因人之明，是以天下之目为目也。顺人之常，以天下之制为制也。或以明为晓然之理，天下之所共见者，吾从而因之。"刘寅曰："因其人心之明，顺其天道之常。"又，此二句银雀山竹简本作"息其明，因顺其常"；敦煌写本作"因其所明，以顺其常"。

⑰顺者任之以德，逆者绝之以力：意谓对于顺从你的人，要以怀柔姿态去使用他；对于反对你的人，要动用武力去消灭他。任，任用，使用。德，德行，这里指一种怀柔手段，使人感恩戴德。绝，断绝，消灭。施子美曰："顺者任之以德，谓彼不悖于理，吾则抚之以善。彼不顺而逆，兵之所必加，故绝之以力。"刘寅曰："顺者任之以德，如小邦怀其德是也；逆者绝之以力，如伐崇而是绝是忽是也。"又，绝，银雀山竹简本作"扷"。绝之以力，敦煌写本作"化之以德力"。

⑱敬之无疑，天下和服：刘寅曰："人君能敬其事而无疑，则天下之人心和服矣。孔子论道千乘之国而首曰敬，亦此意也。"朱墉引《开宗》曰："此章言保守疆土在明仁义之本统，亲贤驭众而不借人以柄。"朱墉《全旨》曰："此章言保守疆土者在得亲众之心。而所以得亲众之心，则在明仁义之用。所谓仁义者，非是一味姑息优容，须是宽中有严，使威权自我操，防微杜渐，令臣下畏威而怀德，则疆土自可长守而无虞。威福之柄，人主所以驾驭一世者也。故说个富，说个施与，而归重于君德。"钮先钟说："这一篇中有两个观念特别值得重视。其一是强调一切行动都必须趁早，迟了就会来不及。这是一项非常重要的战略原则，法国现代战略大师薄富尔将军（Andre Beaufré）对此也曾一再强调，他说：'过去一切失败经验都可以归纳为二字——太迟，为了预防再犯错

误,必须了解的战略要义是预防而非治疗。'《六韬》书中也用比喻方式来说明此一观念:'日中必彗,操刀必割,执斧必伐。日中不彗,是谓失时;操刀不割,失利之期;执斧不伐,贼人将来。涓涓不塞,将为江河;荧荧不救,炎炎奈何;两叶不去,将用斧柯。'其次,在此篇中又有另外一项相当特殊的观念:'人君必从事于富,不富无以为仁,不施无以合亲,疏其亲则害,失其众则败。'此在战国时代可谓独树一帜的见解。几乎所有的书都只确认富国为强兵的基础,但《六韬》在此不作强兵之论,反而强调'不富无以为仁'。这也就是认为仁政必须以均富为基础。就根本而言,可以显示其代表儒家的传统思想。"黄朴民说:"本篇论述保卫国土和政权的基本策略。具体说来,有以下几点:对内团结宗亲,'无疏其亲,无怠其众';对外抚御左右四方,'抚其左右,御其四旁';政治上'无借人国柄',防止大权旁落;经济上行'仁政'以富国殷民。作者认为,只要不舍本治末,做到以仁义敬众合亲,就能达成'天下和服'的目的。"邬锡非说:"本篇论述了守卫国土的问题,实即君主如何维护自己的统治问题。文章开门见山即提出了'无疏其亲,无怠其众,抚其左右,御其四旁'的内政外交重要指导原则,而全文中指出的不少具体要求,也都是为君主者所必须注意的,其中对于君主的'无借人国柄',两次三番,强调尤力。"又,天下,银雀山竹简本作"国家"。服,敦煌写本作"伏"。

【译文】

文王问太公道:"怎样才能守卫好国土?"

太公答道:"不要疏远宗族,不要怠慢民众,安抚周边邻国,控制四方势力。不要将国家权力交给别人,如果将国家权力交给别人,自己就会丧失威权。不要挖掘深谷以增高山丘,不要舍弃根本而追逐末节。到了晌午必须及时晾晒东西,拿起刀子必须及时切割物品,手中持有斧钺必须及时征伐。到了晌午却未能及时晾晒东西,这就叫丧失良机;拿起刀子却没有及时切割物品,就会失去有利的时机;手持斧钺却没有及时征伐,坏人就会来施暴。细小的水流不加堵塞,将会汇集成江河;微弱的火星没有熄灭,就会蔓延成熊熊大火而无可奈何;草木初生时不除去,一旦长成大树就要用斧头才能砍掉。所以君主必须致力于国家富足,国家不富足就无法讲求仁义,不施恩泽就无法团结宗亲。疏远宗亲就会受害,丧失民众就会败亡。不要把国家权力借给别人,将国家权力借给别人就会被人所害,最终身死国灭。”

文王问道:“什么叫仁义?”

太公答道:“所谓仁义就是敬爱民众,团结宗亲。敬爱民众,民众就会和谐,团结宗亲,宗亲就会欢喜,这就叫做仁义的准则。不要让人夺去你的威权,要依靠人心的明察,顺应天道的常理。对于顺从你的人,要以怀柔姿态去使用他;对于反对你的人,要动用武力去消灭他。国君无所迟疑地敬奉这些原则,天下就会和顺服从。”

守国第八

文王问太公曰:“守国奈何①?”

太公曰:“斋②,将语君天地之经③,四时所生④,仁圣之道,民机之情⑤。”

王即斋七日⑥,北面再拜而问之⑦。

太公曰:“天生四时,地生万物,天下有民,仁圣牧之⑧。故春道生,万物荣⑨;夏道长,万物成;秋道敛⑩,万物盈;冬道藏,万物静⑪。盈则藏,藏则复起,莫知所终,莫知所始⑫。圣人配之,以为天地经纪⑬。故天下治,仁圣藏;天下乱,仁圣昌,至道其然也⑭。圣人之在天地间也⑮,其宝固大矣⑯。因其常而视之,则民安。夫民动而为机,机动而得失争矣⑰。

故发之以其阴,会之以其阳^⑱。为之先唱^⑲,天下和之^⑳。极反其常,莫进而争,莫退而让^㉑。守国如此,与天地同光^㉒。"

【注释】

①守国:守卫国家。

②斋:斋戒,祭祀前整洁身心。

③将语君天地之经:意即我将告诉您天地运行的原则。经,常规,原则,规律。朱墉引《指南》曰:"'天地之经'四句是一串语,太公当日欲文王为郑重之听,故直从天地说到民情。"

④生:发生,变化。

⑤民机之情:机,事情的苗头或征兆。又,民,敦煌写本作"人"。

⑥王即斋七日:敦煌写本无"即"字,"斋"作"洁"。

⑦北面再拜而问之:北面,指面朝北向太公行弟子礼。《汉书·于定国传》曰:"定国乃迎师学《春秋》,身执经,北面备弟子礼。"又,银雀山竹简本此下有"□□□地经,四时之所生,仁圣之道,民机之请(情)"。敦煌写本此句作"北面再拜曰",其下有"敢问天地之理经,四时所生,仁圣之道,人机之情"。

⑧牧:统治,治理。

⑨荣:银雀山竹简本作"生"。

⑩敛:银雀山竹简本作"实";敦煌写本作"煞"。

⑪静:静止,这里指万物蛰伏。底本原作"寻",误。据敦煌写本及《武经七书直解》本改。

⑫莫知所终,莫知所始:敦煌写本作"反其所始终,莫知其所在";银雀山竹简本与之同,唯于"莫"下简断,缺四字。

⑬圣人配之,以为天地经纪:意谓圣人的德行与之匹配,遵循的是天地运行的规则。配,配合,匹配。朱墉引《佐议》曰:"天生四时以为岁功,地生万物以养人民,无非为天下有民之故,而尤于众

人之中，独生圣人以为司牧，则爱民之心天地惟最矣。圣人既为
天地特生以牧民，亦必尽其裁成辅相之功，斯无愧牧民之责矣。"
又引《合参》曰："一定不易，秩然有条，此天地之经纪也。圣人法
之立政，当生而生，当敛而敛，不敢有一毫违错，方是配合处。"又
引《开宗》曰："此言守国当配天地之道而为之经纪。"国英曰："守
国之道，须得春生夏长秋敛冬藏四时之气，养民以利，教民以德，
令其滋生培养有时，小惩大罚，莫非雷霆雨露之恩，使莠民默化，
咸与维新，仍复本然之善，如四时之循环，莫知所终，莫知所始。
圣人参配天地以治万民，乃为经纪。"

⑭"故天下治"五句：意谓所以天下清平，仁人圣君就会隐藏起来；
天下动乱，仁人圣君就会昌盛壮大。遵循自然规律必然会有那
样的结果。施子美曰："仁圣之在天下，未尝无也。而所以有隐
显者，因治乱而异也。天下治则百姓皆曰：'自然，安知帝力何有
于我哉。'此仁圣所以不闻于世，故曰'仁圣藏'。及天下危乱之
际，斯民思后之心切，必求仁圣而归之。而仁圣之君，德泽始行
于天下，故曰'仁圣昌'，此非仁圣有盛衰也，消息盈虚，理所当然
也。昔者唐尧至治之世，荡荡而民无能名，则仁圣之藏可知也。
及夏商之季，来苏之民望于汤，迎师之众归于武，而汤武之仁圣
始昌矣。"刘寅曰："故天下治，仁圣之在侧微者，皆隐藏而不见；
天下乱，仁圣之士皆出，拨乱世而反之治；至道其如此也。如夏
乱而伊尹出，殷乱而太公出，是所谓天下乱而仁圣昌也。"朱墉
《直解》曰："藏，隐藏也。治世不待作为，则仁圣不见其功也。
昌，光大也。乱世拨乱反正，仁圣昌大其用也。"朱墉引陈明卿
曰："藏非藏其身也，民忘其治，不见有仁圣一般。昌非昌其身
也，民方涂炭，得圣人之拯救，厥角来归，就象仁圣一般。"又，故
天下治，仁圣藏；天下乱，仁圣昌，敦煌写本作"故天下治则人圣
昌，天下乱则仁圣藏"。其道至然也，银雀山竹简本作"至道然"，

其上又有一残句,仅存"和之"二字。

⑮圣人:敦煌写本作"仁道"。

⑯宝:珍视,指圣人珍视的天道规律。

⑰"因其常而视之"四句:意谓按照自然法则去处理国事,民众就会生活安定;民众若生活动荡,就会出现动乱的苗头,动乱的苗头一旦发展下去,就会有得失争斗。视,视事,办公。朱墉引《翼注》曰:"'因常而视'句,常者,亲序敬别,民所共见之常道也。视字有谛察意,见民之顺乎常则奖劝之,见民之反常则匡正之,要使之不失其常,则自然机智不生,无有争竞矣。"又,因其常而视之,则民安,银雀山竹简本作"故因其恒常,视之其所明";敦煌写本作"因其人恒常,视之所明"。

⑱故发之以其阴,会之以其阳:意谓所以以动用兵刑来平息民乱,以普施恩泽来团结民众。发,发动,这里指圣人动用兵刑。阴,这里指战争、刑罚等具有残酷特性的活动。会,会聚,凝聚,团结。阳,这里指仁政教化等温暖人心的施恩义举。刘寅曰:"阴,兵刑也;阳,德泽也。阴惨而阳舒,阴杀而阳生。民机动而争,故发之以阴;谓刑以伐之,德以合之也。"朱墉《纂序》曰:"故振发以阴惨之兵刑,会聚之以阳和之德泽。"按,或将这两句解释为:未动用武力时,不要让人了解出兵的意图;一旦决定动用武力,就要向天下人明正宣告。施子美曰:"善取天下者,必有其术。发以阴,会以阳,此圣人取天下之术也。方其兵之未用之始,则惟恐人之或知,故发之必以阴。阴者,取其隐而难知也。及其将用之际,则复恐人之或不知,故会之以其阳。阳者,取其显而易见也。昔者文武之君,伐商之际,阴谋修德,则发之以其阴也。及牧野之役,乃明誓以告天下,非会之以其阳乎?"薛国安说:"一旦发生动乱,不仅扰乱社会,而且必定引发权力之争,危及政权稳定。在这种情况下,仁人圣主要想挽狂澜于既倒,扶大厦之将

倾,不可简单从事,必须讲究方法。姜太公指出,要及早发现动乱的苗头,秘密做好遏制危机的准备,一旦局势恶化,便可公开打出治乱平暴的旗帜,先发制人,天下民众必然群起响应。这就要求仁人圣主'道法自然'、'无为而治'的同时,始终保持高度警惕,尤其是盛世之时勿忘隐忧。"又,此二句银雀山竹简本作"应和日发之阴,会之阳";敦煌写本作"发之期阴,会之期阳"。

⑲唱:倡导,带头。

⑳和:敦煌写本作"祸"。

㉑"极反其常"三句:意谓由极端混乱的局面返回常态之后,圣王既不上前与民争利,也不后退让出王位。让,谦让,这里指退位,让位,交出权力。又,敦煌写本此字作"谋"。

㉒守国如此,与天地同光:朱墉引《开宗》曰:"此言守国当察民机之情而使之复于常道,以见人君之安民与天地之尽物同光。"朱墉《全旨》曰:"此章虽篇名《守国》,实发治天下之大道,总见天为民而生圣人,圣人受天地之付托,即以位育之事自任,拨乱反治,旋转乾坤,其出处关系非浅鲜也。"

【译文】

文王问太公道:"怎样才能守卫好国家?"

太公答道:"您先斋戒,之后我将告诉您天地运行的原则,四季变化的规律,仁人圣君的治国道理,以及民心生变的征兆隐情。"

文王于是斋戒七天,面朝北向太公拜了两下才开始询问。

太公答道:"上天有四时转换,大地有万物生长,天下有百姓万民,他们由仁人圣君治理。所以春天的规律是滋生,万物欣欣向荣;夏天的规律是成长,万物苗壮生长;秋天的规律是收获,万物果实饱满;冬天的规律是收藏,万物静止蛰伏。秋天果实饱满,到了冬天就应收藏;冬天收藏起来,到了来年就会重新萌芽生长,如此循环往复,没有人知道它的终点在何方,也没有人知道它的起点在何处。圣人的德行与之匹配,遵循的是天地运行的规则。所以天下清平,仁人圣君就会隐藏起来;天下动乱,仁人圣君就会昌盛壮大,遵循自然规律必然会有那样的结果。圣人在天地之间活动,他们所珍视的天道确实非常伟大。按照自然法则去处理国事,民众就会生活安定。民众若生活动荡,就会出现动乱的苗头,动乱的苗头一旦发展下去,就会有得失争斗。所以圣人以动用兵刑来平息民乱,以普施恩泽来团结民众。圣人首先行动倡导除暴,天下必然群起响应。由极端混乱的局面返回常态之后,圣王既不上前与民争利,也不后退让出王位。守卫国家做到这些,就能与天地一样久远。"

上贤第九

文王问太公曰:"王人者何上何下①,何取何去,何禁何止?"

太公曰②:"王人者上贤③,下不肖,取诚信,去诈伪,禁暴乱,止奢侈。故王人者有六贼七害④。"

文王曰:"愿闻其道。"

太公曰:"夫六贼者:一曰,臣有大作宫室池榭,游观倡乐者,伤王之德⑤;二曰,民有不事农桑,任气游侠⑥,犯历法禁⑦,不从吏教者,伤王之化;三曰,臣有结朋党,蔽贤智,障主明者,伤王之权⑧;四曰,士有抗志高节,以为气势,外交诸侯,不重其主者,伤王之威⑨;五曰,臣有轻爵位,贱有司,羞为上犯难者⑩,伤功臣之劳;六曰,强宗侵夺,陵侮贫弱者,伤庶人之业⑪。

【注释】

①何上何下：意即应该尊崇什么黜退什么。上，这里是尊崇的意思。下，这里是黜退的意思。

②太公：《群书治要》本作"尚父"。

③王人者：《群书治要》本与《武经七书直解》本均无此三字。

④六贼：指六类害人的人。贼，贼人，害人的人。

⑤"臣有大作宫室池榭"三句：意谓大臣有大肆建造宫室园池台榭，以供君王游乐观赏的，这种人会损害君王的德行。朱墉引《翼注》曰："君德以俭为美，乃为臣者不能导君以俭，而反自作宫室等项以倡淫乐，何以禁君不为乐乎？故曰伤王之德。"又，《群书治要》本"宫室池榭"作"宫殿台池"；"倡乐"作"淫乐歌舞"。

⑥任气：负气，任性，意气用事。《群书治要》本此二字作"作业作势"。

⑦犯历：违反。

⑧"臣有结朋党"四句：意谓大臣有勾结朋党，抑制贤智，阻碍君主明断是非的，这种人会损害君王的权力。障主明，挡住了君主的视线，意即阻碍君主明断是非。朱墉引《明说》曰："贤愚进退皆属君权，乃今臣结党为之，所以为伤君权。"又，《群书治要》本"结"作"结连"；"蔽"上有"以"字，"以"上还有"比周为权"一句；无"障主明者"四字。

⑨"士有抗志高节"五句：意谓士人中有高扬志向节操，以此形成气焰权势，在外交结诸侯，不尊重君王的，这种人会损害君王的权威。抗，亢，高。气势，气焰，权势。朱墉引《指南》曰："君威全在士为振之，乃今故抗志高节，以为气势，已为非矣，况复外交诸侯，不重其主乎？君威益不振矣。"又，《群书治要》本无"外交诸侯，不重其主者"二句；"王"作"主"。

⑩为上犯难：指为君王赴汤蹈火。犯难，冒险。

⑪伤庶人之业：《群书治要》本作"伤庶人也"。

【译文】

文王询问太公道："身为君王，应该尊崇什么黜退什么？应该取法什么摒弃什么？应该严禁什么废止什么？"

太公答道："身为君王，应该尊崇贤人，废黜奸邪，取法诚信，去除诈伪，禁止暴乱，废止奢靡。所以君王应该警惕六种贼人与七类坏人。"

文王说："我愿意听您讲讲其中的道理。"

太公说："六种贼人分别为：一是大臣有大肆建造宫室园池台榭，以供君王游乐观赏的，这种人会损害君王的德行；二是民众有不从事农业生产，意气用事，交游侠士，违反法令条规，不服从官吏管教的，这种人会损害君王的教化；三是大臣有勾结朋党，抑制贤智，阻碍君王明断是非的，这种人会损害君王的权力；四是士人中有高扬志向节操，以此形成气焰权势，在外交结诸侯，不尊重君王的，这种人会损害君王的权威；五是轻视爵位，藐视官员，耻于为君王赴汤蹈火的，这种人会损害功臣的辛劳。六是强宗大族恃强掠夺，欺负贫弱的，这种人会损害民众的生业。

"七害者：一曰，无智略权谋①，而以重赏尊爵之故，强勇轻战②，侥幸于外，王者慎勿使为将；二曰，有名无实③，出入异言④，掩善扬恶⑤，进退为巧，王者慎勿与谋；三曰，朴其身躬，恶其衣服，语无为以求名，言无欲以求利⑥，此伪人也，王者慎勿近；四曰，奇其冠带，伟其衣服⑦，博闻辩辞，虚论高议，以为容美⑧，穷居静处⑨，而诽时俗，此奸人也，王者慎勿宠；五曰，谗佞苟得，以求官爵⑩，果敢轻死，以贪禄秩⑪，不图大事，得利而动⑫，以高谈虚论说于人主⑬，王者慎勿使⑭；六曰，为雕文刻镂，技巧华饰，而伤农事，王者必禁之；七曰，伪方异伎,巫蛊左道⑮,不祥之言⑯,幻惑良民⑰,王者必止之。

【注释】

①权谋:《群书治要》本作"大谋"。

②强勇轻战:逞强恃勇草率开战。

③有名无实:《群书治要》本作"有名而无用"。

④出入异言:言行不一。

⑤掩善扬恶:《群书治要》本作"扬美掩恶"。

⑥利:《群书治要》本作"得"。

⑦奇其冠带,伟其衣服:伟其衣服,穿着打扮新异突出。又,《群书治要》本无此二句。

⑧虚论高议,以为容美:《群书治要》本作"高行议论",无"以为容美"四字。

⑨穷居静处:《群书治要》本无此四字。

⑩谗佞苟得,以求官爵:《群书治要》本无此八字。

⑪果敢轻死,以贪禄秩:秩,官吏的品级次第。又,敦煌写本无"秩"字,"禄"字以上残缺。《群书治要》本作"苟以贪得尊爵重禄。"

⑫得利而动:敦煌写本及《群书治要》本"得"字皆作"待"。

⑬以高谈虚论说于人主:说,同"悦"。又,《群书治要》本无此句。

⑭慎勿使:敦煌写本作"无得使"。

⑮伪方异伎,巫蛊左道:巫蛊,用巫术毒害人。又,此二句《群书治要》本作"为方伎咒诅,作蛊道鬼神不验之物";敦煌写本作"伎咒诅蛊作(左)道"。

⑯不祥之言:《群书治要》本作"不详讹言"。

⑰幻惑:《群书治要》本及敦煌写本皆作"欺诈"。

【译文】

"七种坏人分别为:一是没有韬略智谋,却因获得重赏高位的缘故,逞强恃勇草率开战,企图侥幸战胜外敌,君王切记不要让这类人当将帅;二是有虚名无实才,言行不一,遮掩别人的优点,夸大别人的缺点,做事投机取巧,君王切记不要与这类人谋议国事;三是行为质朴,衣着劣质,嘴里说着无为,内心却谋求声誉,口头讲着无欲,内心却谋求利益,这类人是虚伪的人,君王切记不要与他们接近;四是装扮奇特,穿着新异,见多识广,能言善辩,谈吐空洞,议论玄虚,自以为美妙可观,身居简陋安静之处,恶意诽谤时事风俗,这类人是奸诈的人,君王切记不要宠幸他们;五是谗言佞行,苟且获利,以此求得官职,果断勇猛轻视死亡,以此贪得俸禄品阶,不谋划国家大事,有利可图才有所行动,凭借玄谈空论以取悦君王的,君王切记不要使用这类人;六是制作雕刻讲究、工艺精巧的装饰物,却对农业生产有损害的,君王必须禁锢这类人;七是骗术异能,害人巫术,旁门邪道,不祥言论,以此迷惑善良民众的,君王必须禁用这类人。

　　"故民不尽力,非吾民也;士不诚信①,非吾士也;臣不忠谏,非吾臣也;吏不平洁爱人,非吾吏也;相不能富国强兵②,调和阴阳,以安万乘之主③,正群臣④,定名实⑤,明赏罚,乐万民⑥,非吾相也。夫王者之道如龙首⑦,高居而远望,深视而审听,示其形,隐其情⑧,若天之高不可极也,若渊之深不可测也⑨。故可怒而不怒,奸臣乃作;可杀而不杀,大贼乃发⑩;兵势不行,敌国乃强⑪。"
　　文王曰:"善哉⑫!"

【注释】

①士不诚信:《群书治要》本及敦煌写本此下均有"而巧伪"三字。

②相不能富国强兵:孔德骐说:"(《六韬》)在物资准备方面,十分强

调'富国强兵'(《上贤》)。这一思想和以老庄为代表的道家'小
国寡民'的思想是不同的。认为'人君必从事于富','不富无以
为仁'(《守土》),把'富国强兵'看做是治国要道。做君主的,做
宰相的,做百姓的,都要把促使富国强兵看做自己的天职。……
只有举国上下,致力生产,才能国富兵强,否则,'兵势不行,敌国
乃强'(《上贤》)。战国时期,孙膑、商鞅、荀况等军事家都提出过
'富国强兵'的思想。'秦用商鞅,富国强兵'(《史记·孟子荀卿
列传》)。《六韬》强调这一思想,反映了当时的军事学术向前发
展的状况。"又,《群书治要》本及敦煌写本"相"字均作"宰相",
下同。

③万乘之主:指大国君主。

④正:《群书治要》本作"简炼"。

⑤定名实:即"循名责实"的考核方式,核定名分与实质是否一致。

⑥乐万民:《群书治要》本及敦煌写本皆作"令百姓富乐"。

⑦夫王者之道如龙首:意即君王的治国之术犹如龙首。施子美曰:
　　"若夫王者之道,则俨然可畏如龙首焉。龙者,人君之象也。
　　《易》于乾象,以龙明之。至九五之位,乃人君之位也,则以飞龙
　　在天,大人造也为言,则王者之道,如龙首也明矣。"朱墉引《句
　　解》曰:"龙首不过借以象其变化,恩威莫测耳。"又引王汉若曰:
　　"龙最变幻莫测,其首则尤阳刚而无其形者,故《易》云:'群龙无
　　首,吉。'王者履至尊,绍大统,君天下,而伺其上,使无变化运用
　　以宰之,则人得窥其意旨,而盗弄其权柄。惟如龙首,则微示以
　　形,而不露其情,使天下可仰而不可测,可望而不可扳,盖欲人君
　　朝纲独运而威福互施的意思。"又,《群书治要》本及敦煌写本"王
　　者"均作"王人"。

⑧"高居而远望"四句:意谓处在高处,眼望远方,仔细观察问题,审
　　慎听取意见,显示自己的形貌,隐藏自己的实情。施子美曰:"九

重之上,黼坐之间,垂衣拱手,俯监四海,非高居而远望乎? 前旒蔽明,黈纩塞耳,非深视而审听乎? 天威不违咫尺,其形必有所示也。独运陶钧之上,其情不亦隐乎? 盖不有以临乎下,则不足以得其心。不有以密其机,则不足以乘其时。示其形者,所以临之也。隐其情者,所以密之也。"又,深视,《群书治要》本作"徐视"。示其形,隐其情,《群书治要》本及敦煌写本皆作"神其形,散其情";《艺文类聚》卷一一及《太平御览》卷七六引《六韬》皆作"神其形而散其精"。

⑨若天之高不可极也,若渊之深不可测也:意谓就像天空之高,没有尽头,又像渊水之深,无法测量。施子美曰:"此言王者之道高深,如天地不可俄而测度也。人君之道唯若是,其不可穷。故其用之,亦欲其当。"张烈在《〈六韬〉的成书及其内容》一文中说:"法家也讲无为,《韩非子·扬权篇》写道:'权不欲见,素无为也。'清人王先慎为之释曰:'用人之权,不使人见,虚以应物,不必自为,执要以观其效,虚心而用其长,即权不见素无为之理。'(见陈奇猷:《韩非子集释》)《六韬》一书也有法家这种无为的权术观念。其中《上贤篇》写道:'夫王者之道如龙首,高居而远望,深视而审听,示其形,隐其情,若天之高不可极也,若渊之深不可测也。'这里所说的高居远望、深视审听、隐匿真情,即是韩非'权不欲见'的无为观,也即是法家'法术势'理论体系中'术'的思想核心。"又,渊,《群书治要》本作"川"。

⑩"故可怒而不怒"四句:意谓所以应该发怒却不发怒,奸臣就会作恶;应该诛杀而不诛杀,坏人就会生乱。施子美曰:"古人有言:'当断不断,反受其乱。天与不取,反受其咎。'故可怒不怒,可杀不杀,皆当断而不断也。是以奸臣得以作,而大贼得以发。此成帝所以养成王凤之奸,而曹操所以不能除司马懿也。"刘寅曰:"若汉元帝之于弘恭、石显是也。"又,奸臣乃作,敦煌写本作"臣

反为虐"；《太平御览》卷七六引《六韬》作"臣乃为虎"。

⑪兵势不行，敌国乃强：意谓应该兴兵讨伐却没有行动，敌国就会强大。施子美曰："兵势不行，是不能因天时以取之也，故敌国乃强。此吴王栖越王于会稽，而越王卒以伯是也。"

⑫善哉：朱墉引《开宗》曰："此言王者当辨贤奸诚伪，严奢乱贼害之防。"朱墉《全旨》曰："此章责人主之明断以察臣民之奸邪。虽篇名《上贤》，而实重在去奸锄恶，所以安良逐邪，所以进正也。盖国家之乱原于风俗之衰，而风俗之偷始于一二人之倡。国有奸邪，所以诱惑倾动愚氓，上不能察识而屏绝之，国本一摇，莫之能救，此所以威权贵自上操也。"国英曰："简任将相，君之权也；举劾贤奸，臣之责也。六贼以蔽贤结党为伤王之权，如汉之十常侍，蔽主之聪以致群雄蜂起而天下分；唐之藩镇、宋之党锢，连兵构祸而天下亡，可见为害甚烈。七害中，勿近伪人。盖伪人，大率外君子，内小人。以操莽之巨奸，其初假仁冒义，掩过饰非，似非急急于名利者，一为所愚，贻患无穷。故选才须求笃行之士。"黄朴民说："本篇兼容道、法、儒三家的政治理念。作者首先指出，作为君主，应该做到'上贤，下不肖，取诚信，去诈伪，禁暴乱，止奢侈'。接着论述了作为君主，应该警惕和防止'六贼七害'，所谓'六贼'，就是'伤王之德'、'伤王之化'、'伤王之权'、'伤王之威'、'伤功臣之劳'、'伤庶人之业'的六种人和事。所谓'七害'就是有碍于统治民众治理国家和军队的七种人和事，对这七种人应该禁止勿用，不让其扰乱国政。"又，此处敦煌写本作"于（呜）乎！不与人游，何求之望，何时之须，何远之求。敬受命矣"。

【译文】

"所以民众若不尽力，就不是国家的良民；士人若不讲诚信，就不是国家的善士；大臣若不忠心进谏，就不是称职的大臣；官吏若不公平廉洁爱护百姓,就不是称职的官吏;宰相若不能富国强兵,协调天地阴阳,以此安定君王,端正群臣言行,核定名分与实际,明确赏罚,安乐万民,就不是称职的宰相。君王的治国之术犹如龙首,处在高处,眼望远方,仔细观察问题,审慎听取意见,显示自己的形貌,隐藏自己的实情,就像天空之高,没有尽头,又像渊水之深,无法测量。所以应该发怒却不发怒,奸臣就会作恶;应该诛杀而不诛杀,坏人就会生乱;应该兴兵讨伐却没有行动,敌国就会强大。"

文王说:"您讲得真好啊!"

举贤第十

文王问太公曰:"君务举贤而不获其功,世乱愈甚①,以至危亡者,何也?"

太公曰:"举贤而不用,是有举贤之名而无用贤之实也。"

文王曰:"其失安在?"

太公曰:"其失在君好用世俗之所誉②,而不得真贤也③。"

文王曰:"何如④?"

太公曰:"君以世俗之所誉者为贤,以世俗之所毁者为不肖,则多党者进,少党者退⑤。若是则群邪比周而蔽贤⑥,忠臣死于无罪,奸臣以虚誉取爵位,是以世乱愈甚,则国不免于危亡⑦。"

文王曰:"举贤奈何?"

太公曰:"将相分职,而各以官名举人⑧,按名督实⑨,选才考能⑩,令实当其名,名当其实⑪,则得举贤之道也⑫。"

【注释】

①君务举贤而不获其功,世乱愈甚:意谓国君致力于推举贤人却没有收到实效,世间乱象愈演愈烈。孔德骐说:"《六韬》认为一个君主主政时,如果不能谨慎地择用人才,就可能导致'世乱愈甚,以致危亡'(《举贤》)的后果,其政权就可能丧失。这就是只有举贤之名而无用贤之实造成的。把选将举贤与治国治军联系起来,是颇具眼光的。'贤'字最早见于《周礼》和《尚书》。如《周礼·地官》就有'以贤制爵则民慎德'的说法,《尚书·大禹谟》也有'野无遗贤,万邦咸宁'、'任贤勿贰,去邪勿疑'的记载。这里的'贤'字同《六韬》的'贤'字一样,都是作为人才的一种代称。从先秦诸子到历代的许多思想家、政治家,每论及治国治军之道,都无不论及用贤问题。孔子可以说是明确提出'举贤'主张的人。他在回答仲弓如何管理政事的问题时,就曾直截了当地说'举贤才'。墨子更提出'尚贤者,政之本也'的主张。但是,由于历史和阶级的局限,对这个体面、动听的口号,真正付诸实践的并不多。因为,在君位的人如果喜欢任用世俗所称道的人,这就为那些结党营私的人提供了方便,必然要出现'多党者进,少党者退',以致'群邪比周而蔽贤,忠臣死于无罪,奸臣以虚誉取爵位'等现象。要避免这种情况,就必须坚持'将相分职,而各以官名举人'和'按名督实,选才考能'的原则和方法,才能达到'实当其能,名当其实'的目的,从而真正用贤使能。"

②其失在君好用世俗之所誉:意谓造成偏失的原因在于国君喜欢使用一般人所称赞的人。世俗,一般人。誉,称赞,赞美。又,敦煌写本"君"下重一"君"字,"誉"作"善"。

③而不得真贤也:敦煌写本作"不得其真贤之实"。

④何如:《群书治要》本作"好用世俗之所誉者何也",敦煌写本作"好用世俗之善者何如"。

⑤"君以世俗之所誉者为贤"四句:意谓国君以一般人所称赞的为贤人,以一般人所批评的为不贤之人,这就导致党羽多的会得到提拔,党羽少的会遭到黜退。毁,与"誉"相对,批评,诽谤,讲别人的坏话。施子美曰:"如以世俗毁誉,而为贤不肖,则朋党之说进,而忠臣贤士无所容矣。昔者齐威王可谓不惑于毁誉也,召即墨大夫语之曰:'自子之居即墨也,毁言日至,然吾使视即墨,田野辟,人民给,官无事,是子不事吾左右以求助。'召阿大夫语之曰:'自子守阿,誉言日至,然吾使人视阿,田野不辟,人民贫馁。赵伐鄄,子不救。卫取薛陵,子不知。是子厚币事吾左右以求誉也。'是日烹阿大夫及左右常誉者,封即墨大夫以万家。是则威王知以为贤不肖者,不在于世俗之毁誉矣。善乎孟子之言曰:'左右皆曰贤,未可也;诸大夫皆曰贤,未可也;国人皆曰贤,然后察之,见贤焉,然后用之。'是则举贤者,必欲得其实而后可也。"刘寅曰:"君以世俗之所称誉者为贤,以世俗之所谤毁者为不肖,世俗无知人之明,所誉者未必贤,所毁者未必不肖。人君不能别白,则多树朋党者进,少树朋党者退。"又,《群书治要》本"贤"作"贤智";"君以世俗之所誉者为贤"句之上有"好听世俗之所誉者,或以非贤为贤,或以非智为智,或以非忠为忠,或以非信为信"五句。敦煌写本"好听世俗之所誉者"作"君好听世俗之所誉言,世俗言者","或以非贤为贤"以下四句与《群书治要》本同。

⑥若是则群邪比周而蔽贤:比周,坏人相互勾结,结党营私。又,邪,敦煌写本作"奸"。

⑦国:敦煌写本作"国君"。

⑧将相分职,而各以官名举人:意谓将帅与宰相分清职责,各自根据不同职位的用人标准去推举人才。朱墉引《合参》曰:"相举百

职,将举将才,既无举而不当之病,亦无冒滥越俎之嫌,而国家收用贤之功。"又引张江陵曰:"国之所以不治,皆由于将相之不和。将相不和则各怀二心,从此分门别户,各树私党,又焉能公举贤人?"张文儒说:"在中国古代最高统治集团内,将与相是分担不同职责的。相的职能是经国济世,将的职责在统军御敌。然而,在此之前,也就是春秋时代和战国前期,将与相往往由同一个人担任。齐国管仲、魏国吴起、吴国伍子胥等,都是出将入相的人物。当时之所以会这样,一是由于国家规模较小,兵力较少;二是君主集中权力的需要。只是到后来,随着经济发展,兵员增加,战争规模扩大以及通过长期兼并最后出现了几个大国,使得在客观上将、相必须分开,君主本人也顺乎潮流分别选用适合于为相和为将的人物,如赵国的廉颇和蔺相如即是。这样,才使得整个统治机器呈良性运转。从《六韬》里看出,书的作者显然主张将、相分职。……也就是说,将和相分开,各司其责,循名督实,非实不用,是选用贤才的关键所在。"

⑨按名督实:意即按照岗位标准去考察工作情况。督,督察,考察。又,《群书治要》本及《太平御览》卷四〇二引《六韬》皆作"察"。

⑩考:《太平御览》卷四〇二引《六韬》作"任"。

⑪令实当其名,名当其实:当,适合。又,此二句《太平御览》卷四〇二引《六韬》作"名实俱得也"。

⑫则得举贤之道也:朱墉引《开宗》曰:"此言举贤者当循名核实而各收其用。"朱墉《全旨》曰:"此章名实二字,一篇之主。处士盗虚声而鲜实效,朝廷进朋党而抑单寒,真才不出,功效不收,以致互相引援,互相排挤,酿成患害,祸且中于国家,此用人之大病也。惟各举所知,不生侵忌,督责其实,考试其能,则无锢蔽植私之弊矣。"又,此句《群书治要》本作"则得贤人之道",此句之下有"文王曰善哉"五字;敦煌写本同。

【译文】

文王问太公道:"国君致力于推举贤人却没有收到实效,世间乱象愈演愈烈,以致国家陷入危亡,原因是什么呢?"

太公答道:"是由于推举贤人却不加使用,这是有推举贤人的虚名却没有使用贤人的实效。"

文王问道:"造成这种偏失的原因在哪里?"

太公答道:"造成这种偏失的原因在于国君喜欢使用一般人所称赞的人,因而没有得到真正的贤人。"

文王问道:"为什么呢?"

太公答道:"国君以一般人所称赞的为贤人,以一般人所批评的为不贤之人,这就导致党羽多的会得到提拔,党羽少的会遭到黜退。如果真的这样,那么众多坏人就会相互勾结,阻挡贤人的升迁,忠臣无罪却惨遭杀戮,奸臣凭借虚名捞取爵位,所以导致世间乱象愈演愈烈,国家不免陷于危亡。"

文王问道:"怎样才能推举出贤人?"

太公答道:"将帅与宰相分清职责,各自根据不同职位的用人标准去推举人才,按照岗位标准去考察工作情况,选拔出人才,考核出能力,让官员的能力与官位相符,官位与能力一致,能这样做就是掌握了推举贤人的方法。"

赏罚第十一

文王问太公曰:"赏所以存劝,罚所以示惩①。吾欲赏一以劝百,罚一以惩众,为之奈何?"

太公曰:"凡用赏者贵信,用罚者贵必②。赏信罚必于耳目之所闻见,则所不闻见者,莫不阴化矣③。夫诚畅于天地,通于神明，而况于人乎④？"

【注释】

①赏所以存劝，罚所以示惩：意谓赏赐是为了存德劝善，刑罚是为了警示恶行。施子美曰："赏罚二柄，励世磨钝之术。有功不赏，有罪不诛，虽唐虞不能化天下，况于治兵驭众之际，独能舍是哉？是以孙子则有'赏罚孰行'之说，尉子则有'明赏决罚'之说，卫公则有'先爱后威'之说，言二者不可偏废也如此。然人君执权以驭臣下，不徒设也，有意存焉。赏罚者权也，劝惩者意也。《传》曰：'赏当功则臣下劝。'非赏以示劝乎？《书》曰：'罚及汝身弗可悔。'非罚以示惩乎？……赏罚惟可以示劝惩，故赏一可以劝百。罚一必欲可以惩众，以其所及者寡而所化者众也。欲人有所感化，则所以用是权者。"国英曰："赏虽牧养小卒，微劳必录，如陈馀之厮养卒是也。罚虽贵近之人，有犯必惩，如孔子之诛少正卯是也。孙子云：赏贵小，罚贵大。所以能赏一劝百，罚一惩众。"

②凡用赏者贵信，用罚者贵必：意谓赏赐贵在讲求信用，惩罚贵在一定要实行。必，表示一定要实行。施子美曰："惟诚则人必有所劝惩矣。信其赏者，言赏之不虚也；必其罚者，言罚之不疑也。齐威王一烹阿大夫，赏即墨大夫，而诸侯以服。汉宣帝一信赏必罚，而单于请臣。信必之效，其施于天下也如是，况驭军乎？此汤于誓众之际，既曰'大赉汝'、'奴戮汝'，而后继之曰'朕不食言'者，盖欲示其信必也。"

③"赏信罚必于耳目之所闻见"三句：意谓要对耳朵能听到、眼睛能看到的事情做到奖赏守信与惩罚必行，这样对于人们没有听到、见到的事情，就无一不潜移默化了。阴化，潜移默化。施子美曰："惟其信必，故其所用，虽及于人之所闻见，而所不闻见者，亦将得于闻见，而有所劝惩矣。何者？天地虽远，神明虽幽，而诚

之所至,尚可以感格之,况于赏罚之用既诚,人独不为之阴化邪?"

④"夫诚畅于天地"三句:意谓诚信能畅行于天地之间,通达于神灵之处,更何况是人呢。朱墉引《翼注》曰:"赏信罚必,至公无私,至实无伪,是之谓诚。天地神明,极是至公至正的。人君之赏罚全以至诚行之,是其至公至正,一与天地神明相合,而何不畅满之有?"又引《指南》曰:"天地无私,神明无欺,无私无欺即诚也。赏信罚必全以至诚之道行之,则我之所赏是天地鬼神之所欲赏,我之所罚是天地鬼神之所欲罚,岂不畅快?"又引《开宗》曰:"此言赏罚必信而后可以劝惩。"朱墉《全旨》曰:"此章言赏罚必信,可以极天地之大而无所不通。信赏必罚,人每知之,人又实昧之,欲穷于耳目之外而遗于闻见之真,则人未必其通畅。惟于所见闻毋吝惜,毋留刑,则赏罚之所及者显为服,而赏罚之所不及者默然化矣。"

【译文】

文王问太公道:"赏赐是为了存德劝善,刑罚是为了警示恶行。我打算用奖赏一个人来鼓励一百个人,处罚一个人来警示众多的人,这样做怎么样呢?"

太公答道:"赏赐贵在讲求信用,惩罚贵在一定要实行。要对耳朵能听到、眼睛能看到的事情做到奖赏守信与惩罚必行,这样对于人们没有听到、见到的事情,就无一不潜移默化了。诚信能畅行于天地之间,通达于神灵之处,更何况是人呢?"

兵道第十二

武王问太公曰:"兵道如何?"

太公曰:"凡兵之道,莫过乎一。一者能独往独来①。黄帝曰②：'一者阶于道，几于神③。'用之在于机，显之在于势，成之在于君④。故圣王号兵为凶器，不得已而用之⑤。今商王知存而不知亡，知乐而不知殃。夫存者非存，在于虑亡；乐者非乐，在于虑殃。今王已虑其源，岂忧其流乎⑥？"

【注释】

①"凡兵之道"三句：意谓用兵的原则，最重要的莫过于军事指挥权的集中统一。指挥权统一了，才能使部队不受羁绊，所向披靡。独来独往，指军队不受羁绊，所向披靡。施子美曰："'一'之为说，或以为心，谓用兵之道，不过乎守之以心。以兵法考之，有所谓攻守一法，有所谓奇正一术，有所谓车步骑三者一法也，是则'一'者兵之至理也。且以圣人之道，尚欲以'一'贯之，侯王之治，亦欲以'一'正之，则'一'者其至理也。兵之为道，不离乎至理之间，所以谓之莫过于'一'也。惟抱乎'一'则可以自用，而不为人所制，故能独往独来者，言无所制也。尉子亦曰：'独往独来者，伯王之兵也。'是理也，即道也。"刘寅曰："'一'者，诚实而专一也。惟其诚实而专一，故能独往独来，犹言独出独入，谓无敌也。"朱墉引《指南》曰："'一'者，心也。凡理者俱从心出，即如兵道变化多端，而总不外乎一心之运用。故黄帝阴符、太公丹书、孙吴兵法，总是相传以心，即尧、舜、禹、汤、文、武、周公、孔子，一脉相承，亦只是此心。故谓'一'者心也，心一而兵道无有逾于此者矣。"又引《佐议》曰："'独往独来'，是极形容行军用兵操纵自我之妙，却要紧抱'一'字。盖惟宰制运用悉出神明，斯智虑筹画超神入微，上不制于天，下不制于地，中不制于人，而能独往独来也。"又引许济曰："兵之精微处，曰道；兵之变化处，曰神。是道与神，本心所运用，谓'一'不可以阶几，则别无所以至道入神者矣。今用兵诚能独往独来于心焉，则所行曲当而所用不测，虽未

能即与道合,而可以阶至于道,虽未能即与神化,而可以进于化境矣。"孔德骐说:"'一',就是指挥权的统一、专一。强调'凡兵之道,莫过于一','一者能独往独来','一者阶于道,几于神','一合一离,一聚一散',等。就是说,用兵要集中兵力,集中指挥,行动一致。部队之'合'、'离'、'聚'、'散',都要在统一的号令下进行,不得各行其是。部队的行动如能达到'一'的要求,用兵就能达到'道'的境地。"吴如嵩等著的《中国军事通史》第三卷《战国军事史》说:"'一'即统一、专一。将帅统兵在外,有机断指挥的权力,能'独专而不制',不受国君牵制,能主动灵活地决定作战行动,驾驭战争规律,达到出神入化的境地。而运用集中统一的指挥权在于随机应变,体现集中统一的指挥权在于造成有力的战略形势。《立将》对将帅的用兵指挥提出:'见其虚则进,见其实则止,勿以三军为众而轻敌,勿以受命为重而必死。'又说:'军中之事,不闻君命,皆由将出。临敌决战,无有二心。若此则无天于上,无地于下,无敌于前,无君于后。'上不限于天,下不阻于地,前无敌人敢于阻挡,后无君主从中牵制,其指挥权完全集中在主帅一人之手。"《武经七书注译》曰:"对于'一心'二字,历来有两种解释:一种是'一心者一众心也',意思是'统一意志',也就是《孙子·始计》所谓'令民与上同意'的意思。第二种解释是:一心,即事权专一,也就是《尉缭子·兵谈第二》'上不制于天,下不制于地,中不制于人'的意思。"按,本书倾向于第二种说法,但又不同于某些论者所谓兵权应集中于在外领兵的将帅之手的看法,认为《六韬》此处指的是兵权应统一于国君之手,故而下文才有"成之在于君"的表述。君王只有牢牢掌控军队的指挥权,才能真正拥有无上权威。

②黄帝曰:周凤五在《敦煌唐写本〈太公六韬〉残卷研究》一文(载《幼狮学志》1985年第4期)中说:"《太公六韬》的政治理论是黄

老之学的理论,它主张'法法',亦即以'法'为政治行为的最高指导原则,而'法'的来源是'天'。书中明引'黄帝曰',且有许多阐发老子思想的文字。这些迹象显示《太公六韬》书中不但有兵法,而且还有不少西汉初年盛行的'黄老之学'。由《汉书·艺文志》将《太公六韬》笼统归入'太公二百三十七篇',列在诸子略道家类这一事实,也可以证明上述对《太公六韬》性质的理解是正确的。"

③一者阶于道,几于神:意谓指挥权一旦统一,就能掌握用兵的规律,接近神秘莫测的境界。阶,上达,到达。几,接近。邵鸿、徐勇说:"(《六韬》)作者实际上是把'贵一'的思想,看成是兵学的最高准则和境界。"又说:"用兵贵一的军事思想,是《六韬》军事学说中的一个卓越见解。世界战争史上无数事例都证明了,军队的统一、集中与协调,是胜利的根本保证。在我国古代兵家著作中,很多都论及这一问题,其中《尉缭子·兵权》'兵以静固,以专胜'与《六韬》贵一之论尤为近似(专,专一。所以《淮南子·兵略训》化用此句作'兵静则固,专一则胜')。但它们均不及《六韬》的'一'字凝练、深刻和含义丰富。《六韬》以道家特有的哲学思想融构自己的兵学理论,因此能发他人所未发,言他人所难言。"

④"用之在于机"三句:意谓运用这一用兵原则的关键在于把握时机,发挥这一原则的关键在于因势利导,成功实践这一原则的关键在于国君。

⑤故圣王号兵为凶器,不得已而用之:按,在对待战争的态度上,《六韬》的这一表述沿袭了以《老子》为代表的道家学派和《尉缭子》的慎战思想。《老子》第三十一章曰:"兵者不祥之器,非君子之器,不得已而用之,恬惔为上。胜而不美,而美之者,是乐杀人。夫乐杀人者,则不可以得志于天下矣。"《尉缭子·武议第八》曰:"故兵者,凶器也;争者,逆德也;将者,死官也。故不得已

而用之。"

⑥今王已虑其源,岂忧其流乎:意谓现在君王您已思虑治国的根本
问题,难道还会忧虑枝节问题吗? 源,水源,这里指治国的根本
问题。流,河流,这里指治国的枝节问题。

【译文】

武王问太公曰:"用兵的原则是什么?"

太公答道:"用兵的原则,最重要的莫过于军事指挥权的集中统
一。指挥权统一了,才能使部队不受羁绊,所向披靡。黄帝说:'指挥
权一旦统一,就能掌握用兵的规律,接近神秘莫测的境界。'运用这一
用兵原则的关键在于把握时机,发挥这一原则的关键在于因势利导,
成功实践这一原则的关键在于国君。所以圣王将战争称为凶器,在不
得已的情况下才使用它。如今商王只知国家依然存在,却不知已濒临
灭亡,只知享乐,却不知祸殃。这种存在不代表长久存在,一定要考虑
国家有可能灭亡;这种欢乐不意味着真正的欢乐,一定要考虑未来可
能遭受祸殃。现在君王您已思虑治国的根本问题,难道还会忧虑枝节
问题吗?"

武王曰:"两军相遇,彼不可来,此不可往,各设固备,未
敢先发,我欲袭之,不得其利,为之奈何?"

太公曰:"外乱而内整,示饥而实饱,内精而外钝①。一
合一离,一聚一散。阴其谋,密其机,高其垒,伏其锐士,寂
若无声,敌不知我所备②,欲其西,袭其东③。"

武王曰:"敌知我情,通我谋,为之奈何?"

太公曰:"兵胜之术,密察敌人之机④,而速乘其利,复疾
击其不意⑤。"

【注释】

①"外乱而内整"三句：意谓部队要做到表面看起来混乱不堪，实则内部严整有序；士卒看起来饥饿，实则吃得很饱；是精锐之师，但表面看起来却迟钝愚笨。施子美曰："形人之说，兵家之要术也。赢师以示，楚人以胜。形人是用，越人以伯。曳柴以从，可以胜齐。曳柴伪遁，可以胜楚。是则不有以误敌，不足以胜敌也。孙子十三篇，大抵以形人为上，如曰'形人而我无形'，如曰'形兵之极，至于无形'，如曰'形之而敌必从之'，皆形人之说也。外乱内整，示饥实饱，与夫精钝离合散聚，皆所以形之也。"

②"阴其谋"六句：意谓要隐匿自己的计谋，秘藏自己的事务，加高自己的壁垒，埋伏好自己精锐的士卒，阵地上寂静若无声响，敌人不知我军的防备部署。施子美曰："既有以形之，必有以取之。自阴谋密机之下，又所以取之也。兵之未用，则其为计也，不可使人窥。兵之既用，则其为用也，不可使人知。阴其谋者，所以秘其计也。密其机者，所以藏其用也。高其垒，所以固守。伏其锐，寂若无声，所以示弱。在我者既无形之可见，则在敌者必急于所备，故敌不知所备，而可以计取矣。"

③欲其西，袭其东：陈亚如在《〈六韬〉论》一文（载《上海师范大学学报》1992年第2期）中说："'欲其西，袭其东'，其意义不止于调动敌人，也用于直接打击敌人之目的，后世所谓'声东击西'，为一般将帅所习用，例如前汉周亚夫破吴王濞军，'吴奔壁东南陬，亚父使备西北，已而其精兵果奔西北，不得入'（《汉书·周亚夫传》）。作为一条军事原则，实脱胎于《六韬》。按本条的意义有异于战术的性质，而臻于战略的范畴，因而也就更具有普遍的指导意义。"

④密察敌人之机：朱墉引《指南》曰："敌人之机，指敌人意欲乘袭我之机，言一速一疾之间，正弈家所谓先着也。"

⑤而速乘其利,复疾击其不意:按,相近的表述亦见于《六韬·临境
第三十七》,即"发我锐士,潜袭其中,出其不意,攻其无备"。强
调在战争过程中争取主动、出奇制胜,这是对《孙子兵法》思想的
继承。《孙子兵法·计篇》曰:"兵者诡道也,故能而示之不能,用
而示之不用,近而示之远,远而示之近……攻其无备,出其不
意。"施子美曰:"用兵之法,大抵乘机。不乘其机,而徒欲以力
争,胜负何自而决邪? 孙子有曰:'兵之情主速,乘人之不及。'又
曰:'出其不意。'是皆乘机之说也。李靖曰:'兵,机事,以速为
神。'吴明彻曰:'兵贵在速。'亦乘机之说也。太公之意,非欲使
武王得其机而乘之乎? 既得其机,复加以速,宜其可以击其不意
也。"朱墉引《开宗》曰:"此言用兵当有先虑,密图其机,而又密察
敌人之机,以完上文未竟之旨。"朱墉《全旨》曰:"此章言兵道莫
微于'一'。'一'者,独来独往,潜天潜地,神明变化,可以独运而
不可以众解,可以密藏而不可以轻泄者也。故非得机,则'一'胡
由用? 非得势,则'一'胡从显? 非得君,则'一'胡能成? 下节复
言外乱内整,示饥实饱之诡道。诡正所以成其'一'也。速乘疾
击,胜术先操于我,无非一心之敏捷。"钮先钟:"这一篇的篇名为
《兵道》,其内容即分析用兵之道,放在《文韬》中是明显地不太适
当,吾人认为应该放在第二卷《武韬》之内为宜。但从该书的编
排上来看,文武二韬每篇的引语都是'文王问',而以后四韬每篇
的引语则均为'武王问',这似乎可以算是一种规律。但《文韬》
中的《兵道》篇,以及《武韬》中的《三疑》篇为例外,其篇首的引语
均为'武王问',而非'文王问'。因此,也许比较合理的想法是这
两篇本来都是属于《龙韬》,以后不知是由于什么原因而被误置。
这当然只是一种揣测,不必深究。至于《兵道》篇的内容……这
一段中最难懂的就是'一'字,用现代术语来解释,即为'主动'。
简言之,用兵必须保持主动,然后始能独往独来,制人而不制于

人。在此不仅提到'黄帝',而且也说'兵为凶器',可以暗示《六韬》与《尉缭子》在思想上有相当的渊源,也可能是同一时代。这一篇最后又说到'外乱而内整,示饥而实饱,内精而外钝',这就是孙子所说的'诡道'。至于'兵胜之术,密察敌人之机,而速乘其利,复疾击其不意',则无异照抄孙子的'兵之情主速,乘人之不及,由不虞之道,攻其所不戒也'(《孙子·九地》)。"黄朴民说:"兵道,即用兵的基本原则和方法。本篇主旨有以下几点:一是强调'凡兵之道,莫过乎一',就是用兵要集中兵力,统一指挥。部队的行动如果能够做到'一'的要求,就能'独往独来',达到'阶于道,几于神'的境界。二是'存'与'亡'以及'乐'与'殃'虽然是对立的,但它们在一定的条件下又可以相互转化。因此,应该存时虑亡,乐时虑殃,灵活用兵,促使形势向有利于自己的方面转化。三是在两军相遇、双方势均力敌的情况下,要取得胜利,必须示形动敌,欺骗敌人,声东击西。四是兵贵神速,击敌不意。通过料敌虚实来明察战机,一旦战机出现,就应该捕捉和利用,'速乘其利,复疾击其不意'。"

【译文】

武王问道:"两军相遇,敌人不能来攻,我军也不能反击,双方各自设置坚固的防御工事,都不敢首先发起进攻,我军想偷袭敌人,却不具备有利条件,该怎么办呢?"

太公答道:"部队要做到表面看起来混乱不堪,实则内部严整有序;士卒看起来饥饿,实则吃得很饱;是精锐之师,但表面看起来却迟钝愚笨。无论合拢还是分离,无论聚集还是散开,都要隐匿自己的计谋,秘藏自己的意图,加高自己的壁垒,埋伏好自己精锐的士卒,阵地上寂静若无声响,敌人不知我军的防备部署,要攻击西边的敌人,却先袭击东边的敌人。"

武王问道:"敌人若了解我军的实情,掌握我军的计谋,该怎么办呢？"

太公答道："用兵获胜的方法在于周密地侦察敌人的情况，先迅速凭借有利形势捕捉战机，再出其不意地对敌人予以猛烈打击。"

武韬

《武韬》为《六韬》全书的第二部分,共由以下五篇组成:

《发启第十三》首先论述了伐商时机是否已经成熟的问题。作者提出应从"天道"与"人道"两方面加以考察,但从文中所描述的商王朝朝野上下的"亡国之征"来看,他更看重的是人道,认为殷商已到"亡国之时",周人可出大兵讨伐。其次,此篇提出了"全胜不斗,大兵无创"的命题,这既是对《孙子兵法》"不战而屈人之兵"、"全国为上"、"全争于天下"思想的继承与发展,同时也延续了以老子为代表的道家厌恶杀戮的人道主义精神。"鸷鸟将击,卑飞敛翼;猛兽将搏,弭耳俯伏;圣人将动,必有愚色",则表达了道家"贵雌守柔"的斗争哲学。再次,认为要让天下人获利而不是掠夺他们的利益,这样才能拥有天下,所谓"利天下者,天下启之;害天下者,天下闭之";并重申了"天下者非一人之天下,乃天下之天下也"的观念,要求君王与天下百姓同舟共济,同享天下。最后,指出军事斗争高度复杂,异常隐秘,非常规思维活动所能把握,所谓"道在不可见,事在不可闻,胜在不可知"。

《文启第十四》,与上一篇相比,本篇的道家思想色彩更为浓重,充分论述了道家的圣人之道,其内容包括了遵守天道、无为而治、贵因守静、顺应民意、因势利导、见始察终、不繁刑扰民、不与人争等。

　　《文伐第十五》阐述了十二种"文伐"之法。所谓"文伐"指的是用政治、外交等非军事手段打击敌人。十二种方法主要针对的是敌方的国君及其近臣、忠臣、乱臣等，他们是掌握敌人政治、军事大权的核心人物。此篇指出可以通过贿赂、欺骗等诡诈手段以收买、迷惑、离间他们，从而达到"不战"而削弱、瓦解敌人力量与意志的目的。

　　《顺启第十六》指出君主想要夺取天下，必须具备六个条件，即宏大的器量、诚信、仁慈、恩惠、权力、遇事果断不疑惑，还重申了"利天下者，天下启之；害天下者，天下闭之"、"天下者非一人之天下，唯有道者处之"的理念。该篇"天下"一词一共出现多达二十九次，显示了作者希望君王奋发有为、一统天下的宏大理想。

　　《三疑第十七》，与本部分前四篇不同，本篇是虚拟的姜太公与周武王的对话。姜太公针对周武王的"三疑"——所谓"恐怕力量不能攻克强敌，恐怕不能离间敌人的亲信，恐怕不能瓦解敌人的民众"，提出了相应的对策，即"因之，慎谋，用财"。"因之"，就是因势利导。对手强大，可"养之使强"，不妨助力对方，表面上让它变得更加强大，实际上让它陷入"太强必折、太张必缺"的覆辙。这里遵循的是道家"将欲歙之，必固张之；将欲弱之，必固强之；将欲废之，必固兴之；将欲取之，必固与之"（《老子》第三十六章）的斗争哲学。"慎谋"，即慎用计谋。围绕这一观点，此篇还进一步提出了"凡谋之道，周密为宝"的精辟之论，给出了许多阴谋手段，如贿赂敌君的宠臣、闭塞敌国的耳目，用美色、厚利、美味、娱乐去迷惑、摧毁敌人。"用财"，指的要舍得花费钱财。此篇认为不仅要舍得花钱去贿赂敌君的宠臣，还要舍得把钱财花在百姓身上，这样才会赢得民心，进而赢得人才，夺取天下。

发启第十三

　　文王在酆召太公曰[①]："呜呼！商王虐极，罪杀不辜[②]，公尚助予忧民③，如何④？"

　　太公曰："王其修德以下贤，惠民以观天道⑤。天道无
殃⑥，不可先倡；人道无灾⑦，不可先谋。必见天殃，又见人
灾，乃可以谋⑧。必见其阳，又见其阴，乃知其心⑨；必见其
外，又见其内，乃知其意⑩；必见其疏，又见其亲，乃知其情⑪。
行其道，道可致也⑫；从其门，门可入也⑬；立其礼，礼可成
也⑭；争其强，强可胜也⑮。全胜不斗，大兵无创，与鬼神
通⑯。微哉！微哉！

【注释】

①文王在酆召太公：酆，即酆京，鄗京，在今陕西长安西南沣水两
　岸。又，太公，银雀山竹简本作"太公望"。

②商王虐极，罪杀不辜：虐极，暴虐到极点。又，此二句银雀山竹简
　本作"啻（商）王猛极秋罪不我舍"，句上有"谋念哉"一句。《群书
　治要》本无"虐极"二字。

③公尚助予忧民：尚，庶几，犹言也许可以，常带有祈使语气。
　《书·汤誓》："尔尚辅予一人，致天之罚！予其大赉汝。"又，此句
　银雀山竹简本作"女（汝）尝助予谋务"。公尚，《群书治要》本作
　"汝尚"。

④如何：银雀山竹简本与《群书治要》本均作"今我如何"。

⑤王其修德以下贤，惠民以观天道：意谓君王要修养德行，礼贤下
　士，施惠民众，观察天象吉凶。观天道，意即观察天象吉凶。天
　道，指显示征兆的天象。施子美曰："夫欲伐人者必先尽其在己。
　修德以下贤，惠民以观天道，此尽其在己之事者。盖惟修己，而
　后可以待人。惟得民，而后可以应天。贤，有德者也，修德于己，
　而后贤者归之，故修德乃可以下贤，此修己以待人也。人之所

欲,天必从之。惠足以及人,乃可以合天,故惠民以观天道,此泽民以应天也。文王有徽柔懿恭,此文王之所以修德也。文王惟修是德,此闳夭、散宜生之徒所以为用也,非以下贤乎?发政施仁,必先四者,此文王之所以惠民也。文王惟能惠民,此天道之所以乃眷西顾——非观天道乎?"朱墉《直解》曰:"惠民,子惠兆民也;观天,观天道之向背也。"又引《指南》曰:"当殷周之际天道已显,示以兴周之象,但太公难以明言,只得以惠民事急为启陈其实。惠民之君即可以转移天道。"又引《醒宗》曰:"以周之至仁伐纣之至不仁,尚且言惠、言观天道,可见圣人用兵出于不得已也。"国英曰:"修德下贤,'贤'字亦重看。贤臣足以图治安,泯祸乱,知而不用与不知同,用而不当与不用同。惟真知善用,斯天殃人灾,庶几不作。若误用小人,所谓灾害并至,善者亦无如之何矣。"又,银雀山竹简本与《群书治要》本"修德"均作"修身",且均无"以"字。

⑥天道无殃:天象没有预示祸殃。

⑦人道无灾:人间的迹象没有预示灾祸。

⑧"必见天殃"三句:施子美曰:"此言商虽可伐,而天殃人灾未见,不可以先举事也。昔者尧之去四凶,尧非不能去之也,而必待舜而去之者,盖当舜之世,则其恶已暴,天人之所共愤,然后可以除之也。是以越之伐吴,吴未发而先发,而范蠡亦以天时人事告之。越王不从,卒有会稽之厄。惟天殃人灾既见,然后徐而图之,无不可矣。"刘寅曰:"必见上天之降殃,又见下民之生灾,乃可以谋而为之。天殃,如日月失明、星辰逆行、夏霜、冬雷、春凋、秋荣之类是也。人灾,如五谷不熟、饥馑荐臻、盗贼滋炽、奸宄窃发之类是也。"又,必见天殃,又见人灾,银雀山竹简本作"必见其殃,又见其灾"。

⑨"必见其阳"三句:意谓必须既看到商王在公开场合的言行,又看

到他在私下里的表现，才能知晓他的内心。阳，指公开场合。阴，指私密场合，私下里。施子美曰："敌之所蕴，虽若难知，而吾之所测，各以其术。心也，意也，情也，皆敌之所蕴也。心有所思，意有所欲，情有所发，心、意、情三者，同出而异用。主之于内者心也。传曰：'心之官则思。'此心也，在心为志，意与志一也。传有所谓'志意修'，此则意之所存，自心而出，必有所欲也。若夫情，则有所触而后发。传有所谓'情发于中'，此则情之所触而发也。自其内而言之，则心为之主，意为之用，而情则有所形矣。此心、意、情之别也。三者固为难知，而吾之测之，各有其术。故知其心则何以哉，即其阴阳而可以知之也。阳者，其显而可见者也。阴者，其隐而难知者，所未为之事也，即其所已为，皆心之所思也，故即是而可以知其心。"刘寅曰："阳，显明之地；阴，幽暗之处。显明之地所为者，皆暴虐之事；幽暗之处所为者，皆淫恶之行；乃知其心之昏惑也。"

⑩"必见其外"三句：意谓必须既看到商王对外的治国安民表现，又看到他的朝廷内部百官是否清廉，才能知晓他的意图。施子美曰："欲知其意则何以哉？即其内外而可以知之也。外而人民田野，内而朝廷百官。始而观其外，见其田野辟，万民安，则外治矣。次而求于内，见其朝廷清，百官正，则内治矣。既观其外，又观其内，若是者皆志之所寓也，故可以知其志。"刘寅曰："必见其外之所行，又见其内之所养；外之所行者皆贼虐之政，内之所养者皆邪僻之非，乃知其意之迷乱也。如纣，外则杀忠贤而贼谏辅，内则肆酗昏而耽色欲，心神昏惑，志意迷乱，从可知矣。"又，银雀山竹简本此三句位于"必见其阳，又见其阴，乃知其心"之前，"意"作"遂"。

⑪"必见其疏"三句：意谓必须看到商王疏远哪些人，亲近哪些人，才能知晓他的实情。施子美曰："欲知其情则何以哉？即其亲疏

可知也。疏者，所疏远者也。亲者，所亲近者也。既观其疏，又观其亲，则其所去取者，其贤佞可知也。是乃情之所好恶也；故因是可以知其情。"刘寅曰："必见其疏远者离叛，又见其亲近者放逐，乃知其情之向背也。如纣，远则江、沱、汝、汉之间，悉从文王之化；近则微子去、箕子奴，人情之向背，亦从可知矣。"按，刘寅将"疏"、"亲"解释成"疏远者离叛"、"亲近者放逐"，又将"情"解释成"情之向背"，亦通。又，疏，银雀山竹简本作"人"。

⑫行其道，道可致也：意谓遵行吊民伐罪之道，就能获得道的真谛。朱墉《直解》曰："其道，吊民伐罪之道也。"又，道可致也，银雀山竹简本作"道可至"。

⑬从其门，门可入也：意谓追求称王天下的理想，就能实现这种理想。从，跟随，追随，追求。门，这里喻指称王天下的理想。朱墉《直解》曰："其门，王天下之门也。"

⑭立其礼，礼可成也：意谓制订合理的军国制度，这种制度就能成功。朱墉《直解》曰："礼，军国之制度也。"

⑮争其强，强可胜也：意谓敢与强敌竞争，就可战胜强敌。朱墉引《开宗》曰："此乃言不得已而争强，正妙在不争之间。"又，此句银雀山竹简本作"争强者，争胜者也。全胜可得"。

⑯"全胜不斗"三句：意谓完全彻底的胜利应无需通过战斗就能获得，强大的军队应征服了敌人而自身却毫发无损，其中的道理十分神秘，与鬼神相通。创，杀害，这里是杀戮的意思。施子美曰："此以计取而不用于兵也。法曰：争胜于白刃之前者，非良将也，是则斗而后胜，未免于劳民。若夫以全胜之，则无用于战斗矣。法曰：上兵伐谋。是则用兵而至于杀伐者，非善用者也。故大兵则无伤，故无创。文王之因垒降，此全胜不斗也。大禹班师而苗格，此大兵无创也。乃若高皇战于荥阳，战于垓下，则非不斗之全胜也。至于惠帝之世，疮痍始瘳，岂无创之大兵乎？"刘寅曰：

"全胜不在战斗，在胜于无形；大兵无欲伤残，在完吾士众。能胜于无形而兵无伤残，是其智与鬼神通，所以重言微哉微哉，而叹其妙也。"朱墉引《合参》曰："奉天伐罪，救民水火，是谓大兵无创，无伤残也。与鬼神通，言其精微奥妙，求无弗得，思无弗胜也。圣人以仁义为感孚，故师之所至，自然人归天与。"又引《句解》曰："大兵者是除残之兵也，是伐暴之兵也，是救民水火之兵也。"《中国历代军事思想》说："《六韬》的国家战略思想，与它的'不得已而用之'的战争观密切相连。它继承了《孙子兵法》中'不战而屈人之兵'的全胜思想，主张在强大实力基础上，不经激烈的战斗就获得全面的胜利，使自己的军队不受损耗、伤亡。它说：'全胜不斗，大兵无创。'认为'善战者，不得张军；善除患者，理于未生；善胜敌者，胜于无形，上战无与战。故争胜于白刃之前者，非良将也'。这种战略思想，自孙武时形成战略最高理想境界的原则以后，到战国时，已基本上成为大多数军事家们的信条，而且更成为中国古代军事思想的传统战略思想。但是，《孙子兵法》没有、在此之前的军事家们也没有论及达到这一战略目的的具体措施，仅提出'伐谋'、'伐交'两条抽象原则。《六韬》总结了吕尚在灭商战争中的谋略运用，吸取了纵横家们的谋略思想，将《孙子兵法》中《谋攻》、《用间》等篇中有关内容综合消化，提出了《文伐》的十二条措施，实质上就是运用非武力的政治、外交等手段，分化瓦解敌人的十二种'心理战'或谋略战的方法。"

【译文】

文王在酆宫召见太公道："唉！商王暴虐至极，随意定罪，滥杀无辜，您也许可以帮我一起为百姓忧虑，该怎么做才能救民于水火呢？"

太公答道："君王要修养德行，礼贤下士，施惠民众，观察天象吉凶。天象没有预示祸殃，您就不能先行倡导征伐；人间的征兆没有预示灾祸，您就不能先行谋划战争。必须既见到上天降下祸殃，又见到下民遭灾,才可以谋划。必须既看到商王在公开场合的言行,又看到他在私下里的表现,才能知晓他的内心;必须既看到商王对外的治国安民表现,又看到他的朝廷内部百官是否清廉,才能知晓他的意图;必须看到商王疏远哪些人,亲近哪些人,才能知晓他的实情。遵行吊民伐罪之道,就能获得道的真谛;追求称王天下的理想,就能实现这种理想;制订合理的军国制度,这种制度就能成功;敢与强敌竞争,就能战胜强敌。完全彻底的胜利应无需通过战斗就能获得,强大的军队应征服了敌人而自身却毫发无损,其中的道理十分神秘,与鬼神相通。微妙啊! 微妙啊!

"与人同病相救,同情相成,同恶相助,同好相趋①。故无甲兵而胜,无冲机而攻②,无沟堑而守③。大智不智,大谋不谋,大勇不勇,大利不利④。利天下者,天下启之⑤;害天下者⑥,天下闭之。天下者非一人之天下,乃天下之天下也⑦。取天下者,若逐野兽⑧,而天下皆有分肉之心⑨。若同舟而济,济则皆同其利,败则皆同其害⑩。然则皆有启之,无有闭之也。无取于民者,取民者也;无取于国者,取国者也;无取于天下者,取天下者也。无取民者⑪,民利之;无取国者⑫,国利之;无取天下者,天下利之⑬。故道在不可见,事在不可闻,胜在不可知。微哉! 微哉⑭!

【注释】

①"与人同病相救"四句:意谓对臣下的病痛感同身受,就能获得相互救援;与臣下情意相投,双方就能互相成就;与臣下憎恶相同,双方就能互相帮助;与臣下爱好一致,双方就能奔向同一个目标。施子美曰:"论制敌之道者,莫若得人之心。与人同病相救、同情相成、同恶相助、同好相趋者,皆所以得其心也。同病相救

者,此所以同其患难也,此传之所谓疾病扶持之说也。同情相
成,此所以辅其所欲为也,若传之所谓兴助利氓之说也。同恶相
助者,此相助以去其所恶也。传有所谓所恶与之去,是也。同好
相趋,以就其所欲也,传有所谓所欲与之聚也。"朱墉引《题矩》
曰:"上下同心,则不必有藉资而自获攻守之效。"国英曰:"四
'同'字是上下一体,休戚相关。与孟子所谓'出入相友'数句同
意。人心如石,自不待坚甲利兵而始胜。故前人有'撼山易,撼
岳家军难'之语。如此虽无冲机、无沟堑而或攻或守,无不恃其
心法,是谓仁者无敌。"又,与人同病相救,银雀山竹简本作"与民
人同惠(德),同利相死";《群书治要》本作"与民同利,同病相
救"。

②冲机:此指兵器,器械。冲指的是冲撞敌城的战车,机指的是弓
弩上发射箭的机关。

③沟堑:银雀山竹简本作"渠詹",《群书治要》本作"渠堑"。盛冬铃
说:"'渠詹'即'渠幨',是守城一方张设在城上以防矢石的一种
设备。疑本作'渠詹(幨)',后误'詹'为'堑',宋本又改'渠'为
'沟'。"

④"大智不智"四句:意谓有大智慧的人不炫耀自己的智慧,有大谋
略的人不炫耀自己的谋略,有大勇气的人不炫耀自己的勇气,获
得大利的人不炫耀自己的利益。按,《六韬》此处所论"大智"、
"大谋"、"大勇",略近于《孙子兵法》所谓"古之所谓善战者,胜于
易胜者也,故善战者之胜也,无智名,无勇功,故其战胜不忒"。
不同在于前者侧重于大智大勇者的谦逊低调,后者强调的是善
战者谋略之高超,非常人所能领悟。施子美曰:"论圣人之德,固
无以复加,而求至德之极,则不知其所极。智也,谋也,勇也,利
也,皆圣人之德也,谓之大智、大谋、大勇、大利,则其德之无以复
加也。自其大德而求之,似不难见也。然其至也,至于不智、不

谋、不勇、不利,是又其至德之极,不可得而知也。且应事不可以无智,大智则无乎不知,智而不明,其智是以不智。料敌不可以无谋,大谋则无乎不周。谋而不泄,其谋是以不谋。决胜不可以无勇,大勇则莫之敢当。勇而不恃,其勇是以不勇。恤民不可以无利,大利则无乎不及。利而不居,其利是不利。若是者,皆其德之至妙,而不可知其极也。昔武王渡孟津而观政于商,其智为甚大也。阴谋修德,其谋为甚大矣。一怒而安天下,其勇为甚大也。散财发粟,其利为甚大也。武王虽有是四者,而未尝自以为大,故天下亦莫知其所以为大也。武王惟不自有其大,此天下所以归之而亦莫之知也。此传所以曰'圣人不自大,故能成其大',其以此欤?"朱墉引《大全》曰:"大智者,韬藏敛晦,人自不觉也。今人有智谋勇利,方且骄矜炫耀矣。"

⑤利天下者,天下启之:意谓让天下人获利的,天下人就会与他一起开创事业。启,开拓,开创。施子美曰:"圣人待天下以至公之心,则天下必趋圣人以归往之心。盖圣人之于天下,非以为己利也,将以利天下也。天下之民抚之则后,虐之则仇。故利天下,则天下启导之。"朱墉引《开宗》曰:"此言忧民不自用其智谋勇利,而天下自以智谋勇利启之也。"又,利天下者,银雀山竹简本与《群书治要》本均作"利人者"。

⑥害天下者:银雀山竹简本与《群书治要》本均作"害人者"。

⑦天下者非一人之天下,乃天下之天下也:《群书治要》本作"天下非一人之天下也"。

⑧取天下者,若逐野兽:银雀山竹简本作"天下如遂(逐)野鹿";《太平御览》卷九〇六引《太公六韬》作"取天下若逐野鹿";《意林》卷一引《六韬》"野兽"亦作"野鹿"。

⑨而天下皆有分肉之心:《群书治要》本作"得之而天下皆有分肉"。

⑩"若同舟而济"三句:意谓如同与臣下同船渡河,渡过河大家一同

获利，船沉了大家一起遭殃。国英曰："'同舟而济'比得最为亲切。盖天下者，乃君与臣民共有之天下。共有之天下，则当共保之。济则同利，臣民不致受其害；败则同害，臣民不得享其利。世人但以天下属之君，而不察安危祸福之相关，无一人能异于众也。知此可以作忠义之气。"又，《群书治要》本"败"上有"舟"字。

⑪无取民者：银雀山竹简本与《群书治要》本皆无"无"字。

⑫无取国者：银雀山竹简本与《群书治要》本皆无"无"字。

⑬无取天下者，天下利之：刘寅曰："人君无取于民者，其实取民者也。无取于民者，不夺民之利也；取民者，得民心之归也。民心归，岂有不利者哉？所谓行仁义而自无不利者也。故无取于民者民利之，无取于国者国利之，无取于天下者天下利之。民利之者民归之也，国利之者一国归之也，天下利之者天下之人归之也。民归之，一国归之，天下归之，此所以天下启之也。"朱墉引《开宗》曰："此言不取以为取者，其举动出见闻知觉之外。"又，银雀山竹简本与《群书治要》本皆无"无"字。

⑭"故道在不可见"五句：意谓所以道理之高妙在于一般人看不到，事情之机密在于一般人听不到，获胜之机巧在于一般人不懂得。微妙啊！微妙啊！按，《六韬》在这里指出军事斗争高度复杂，异常隐秘，非常规思维活动所能把握。《孙子兵法》亦有类似言论，如其《虚实篇》曰："故善攻者，敌不知其所守；善守者，敌不知其所攻。微乎微乎，至于无形；神乎神乎，至于无声，故能为敌之司命。"施子美曰："兵之所资以为用者，虽有不同，而兵之所以隐于无迹者，皆其所贵。道也，事也，胜也，此兵之所用，始终有不同也，而其不可见，不可闻，不可知，则皆欲其无迹焉。道也者，所以修之己而以倾人者也。道而可见，则道不足用矣。事也者，见于所行而以制人者也。事而可闻，则事不足持矣。胜也者，所以决其成败而胜人也。胜而可知，则胜无自成矣。大抵兵闻则议，

见则图，知则困，故道欲不可见，事欲不可闻，胜欲不可知。始则晦其道，次则密其事，而终则藏其胜，此其始终之序也。昔者武王之图商也，阴谋修德以倾商政，则其为道也不可见矣。其事多兵权奇计，则其为事也不可闻矣。至于牧野之战，倒戈之徒，一北而成功，则其胜又乌可知邪？是三者惟欲其无迹，故其为用也，既微而又微，故曰：‘微哉！微哉！’言其微妙之至也。”刘寅曰：“故道之妙，在众人之不可见；事之密，在众人之不可闻；胜之巧，在众人之不可知。微哉！微哉！叹其妙之至也。”朱墉引张泰岳曰：“道以兵道，言不可见，是秘密而使人不知也。惟其不知，正所谓深于道者也。”又引陈大士曰：“以强胜弱，以众胜寡，皆胜之有可知者也。惟不恃其强众，而独行其绥安拯救之心，以为吊民伐罪之举，其胜自出于意料外者。”吴如嵩等著的《中国军事通史》第三卷《战国军事史》说：“《六韬》十分重视隐蔽战略企图，强而示之弱，所谓‘道在不可见，事在不可闻，胜在不可知’（《发启》）。高明地隐蔽企图要像凶禽猛兽那样，袭击目标之前采取敛翅低飞、贴耳俯地的姿态。《军势》中写道：‘夫先胜者，先见弱于敌而后战者也。’又说：‘用莫大于玄默。’用兵以玄秘静默、不露声色为上，这样才能实现战略企图。”

【译文】

“对臣下的病痛感同身受，就能获得相互救援；与臣下情意相投，双方就能互相成就；与臣下憎恶相同，双方就能互相帮助；与臣下爱好一致，双方就能奔向同一个目标。能做到这些，即使没有铠甲与士兵也能战胜敌人，没有战车与机弩也能向敌人发起进攻，没有沟垒也能防守御敌。有大智慧的人不炫耀自己的智慧，有大谋略的人不炫耀自己的谋略，有大勇气的人不炫耀自己的勇气，获得大利的人不炫耀自己的利益。让天下人获利的，天下人就会与他一起开创事业；让天下人受害的，天下人就会阻塞他的事业。天下不是某一个人的天下，而是天下人的天下。获取天下,就像追逐野兽,而天下人都有分尝肉味的心愿。如同与臣下同船渡河,渡过河大家一同获利,船沉了大家一起遭殃。遵循这样的道理去行事,臣下就会都来开拓君王的事业,而不会阻塞君王的事业。不掠取百姓利益的人,就能获取民心;不掠取国家利益的人,就能获得国家;不掠取天下利益的人,就能获得天下。不掠取民众利益的,民众就会让他获利;不掠取国家利益的,国家会让他获利;不掠取天下人利益的,天下人会让他获利。所以道理之高妙在于一般人看不到,事情之机密在于一般人听不到,获胜之机巧在于一般人不懂得。微妙啊! 微妙啊!

"鸷鸟将击,卑飞敛翼①;猛兽将搏,弭耳俯伏②;圣人将动,必有愚色③。今彼殷商④,众口相惑,纷纷渺渺⑤,好色无极⑥,此亡国之征也⑦。吾观其野,草菅胜谷⑧;吾观其众,邪曲胜直⑨;吾观其吏,暴虐残贼⑩,败法乱刑。上下不觉⑪,此亡国之时也⑫。大明发而万物皆照,大义发而万物皆利,大兵发而万物皆服⑬。大哉! 圣人之德。独闻独见,乐哉⑭!"

【注释】

①鸷鸟将击,卑飞敛翼:鸷鸟,凶猛的鸟,如鹰、雕等。卑飞,低飞。又,敛,银雀山竹简本及《群书治要》均作"翕"。

②猛兽将搏,弭耳俯伏:银雀山竹简本"猛兽将搏"作"虎狼将狭(逸)","弭"作"弭","俯伏"作"固伏"。《群书治要》本"搏"作"击","弭"作"俛"。

③圣人将动,必有愚色:意谓圣人将要展开军事行动,一定会显出愚笨的表情。施子美曰:"愚也者,所以藏其智而不用也。盖将欲取之,必固予之,将欲张之,必固翕之。将以动其用,可不隐其

用乎？此圣人将动，所以必有愚色也。此文王之所以遵养时晦者，盖将以示其愚也。"刘寅曰："明圣之人将有所动，必有如愚之色。此盖欲文王遵养时晦以待之耳。"又，银雀山竹简本"必有愚色"句下有"唯文唯德，孰为之戒？弗观，亚（恶）知其极"四句。《群书治要》本此二句下有"唯文唯德，谁为之惑？弗观弗视，安知其极"四句；愚，作"过"。

④殷商：《武经七书直解》本作"有商"。

⑤纷纷渺渺：意即动荡不已。朱墉《直解》曰："纷纷，紊乱之貌。渺渺，无穷之貌。"又，银雀山竹简本作"誻（誻）誻謾（默）謾，恬惔（淡）随意。"

⑥好色无极：意即荒淫无度。又，好色，银雀山竹简本作"好道"。

⑦此亡国之征也：银雀山竹简本此句上有"是胃（谓）龏（龏）文"四字；征，作"声"。

⑧草菅（jiān）胜谷：意即野草比谷物长得旺。菅，一种多年生的草。又，银雀山竹简本与《群书治要》本皆作"茅"。

⑨吾观其众，邪曲胜直：银雀山竹简本作"吾观其众人，群曲笑直"；《群书治要》本作"吾观其群，众曲笑直"。

⑩吾观其吏，暴虐残贼：银雀山竹简本作"吾观其君子，众贼枉直"。残贼，《武经七书直解》本作"残疾"。

⑪上下不觉：银雀山竹简本作"上不知觉"。

⑫此亡国之时也：银雀山竹简本作"亡国之则也"。

⑬"大明发而万物皆照"三句：意谓日月散发光辉，便能普照万物，正义的事业开展起来，便能让万物获利，大军行动起来，便能让万物顺服。大明，指日月。施子美曰："圣人之德，各有所寓。而有生之类，各得其欲。大明也，大义也，大兵也，皆圣人之德也。自其明示天下之际而言，则谓之大明。自其正天下之不正者言之，则谓之大义。自其为天下除残贼而言之，则谓之大兵。大明

发而万物皆照者，盖大明则无所不照，故虽蓬屋之下，暗室之中，容光必照，此大明发而万物所以皆照。大义发而万物皆利者，盖仁义固所以利之也。况大义既发，则无所不利，故室家得以相庆，百姓得以按堵，此大义发而万物所以皆利也。及推是而为大兵，则万物皆服。盖仁人之兵，无敌于天下。今大兵既发，则所向者莫不风闻而靡，宜其万物皆服也。昔者武王之克商也，其德可谓至矣。观其明誓告于汝众，则其明亦大矣。故光于四方，不复减于文王之丕显，是则万物皆照可知也。以至义伐不义，则其义亦大矣。故仁及草木，积成周家之忠厚，则万物之利也可知矣。以至牧野熊罴之士，驱驰于商郊，此则大兵之发也，虽前徒可使倒戈攻于后，则其服也为如何？"王联斌在《〈六韬〉的军事伦理思想》一文（载《军事历史研究》1994 年第 6 期）中说："发圣明在于光照天下，申大义在于利及天下，举雄师在于服顺天下。所谓举义兵、兴义战，实在于'利'与'服'而已。'利'与'服'这两个方面是相辅相成，缺一不可的。对天下只是'利'之而不能'服'之，是惟'王道'而轻'霸道'的悲剧；反之只是'服'之而不能'利'之，是惟'霸道'而背'王道'的无义之战。《六韬》的这种'王道'与'霸道'相结合的义战观，是对春秋战国以来义战思想的继承和发展，尤其是对荀子的'王霸合一'说颇有直接传承意义。"又，大明发而万物皆照，银雀山竹简本作"明发，万物皆发"，此句上有"大上好化（货），群臣好得"，"得"下残断；大义发而万物皆利，大兵发而万物皆服，作"仁发，万物皆利。兵发，万物皆服"。《群书治要》本无"大明"句至本篇尾数句，而有如下文字："夫上好货，群臣好得，而贤者逃伏，其乱至矣。"

⑭"大哉"四句：意谓圣人的德行真伟大啊！只有他独自一人能够了解把握，他真高兴啊！施子美曰："是三者惟极其大，此圣人之德所以为大也，故曰'大哉圣人之德'。惟极其大，故独闻独见，

不与众同,而其乐可知也。所以为乐者,以其谋出于己,可以成天下之功而济天下之大事,故乐也。"朱墉引王汉若曰:"'大哉!圣人之德',承上三句赞叹之。大明普遍,万物皆照;大义诞敷,万物皆利;大兵一举,万物皆服。此正见圣人之德大也。"朱墉引《合参》曰:"独见独闻有不为众议所摇夺之意,惟不为众议摇夺,所以伐暴救民,真有人所不及知而己所独闻独见者也。"孔德骐说:"《发启》一开头就假借文王在国都召见太公吕望,指出'商王虐极,罪杀不辜',要求吕尚帮助他筹划如何推翻商王朝统治,把人民从水火之中拯救出来的问题。那么,用什么方针来实现这一政治目的呢?'全胜不斗,大兵无创'的思想,就是它对这一问题的答案。这和孙子所说的'全国为上'、'全争于天下'、'利可全'的思想是一致的。取得全胜的过程,就是运用政治战略的过程。主要有两点:一是要进行战略侦察。侦察内容包括天道、人事、政情、社情等,然后加以分析判断,就可以掌握战略时机是否成熟。二是要做好争取敌国人民的工作。说明利害关系,'若同舟而济,济则皆同其利,败则皆同其害',这样就可以把敌国人民争取过来。同时,对自己的战略计划还必须保密,强调'道在不可见,事在不可闻,胜在不可知'。如果过早地暴露自己,就不能达成自己的战略目标。所说'鸷鸟将击,卑飞敛翼;猛兽将搏,弭耳俯伏;圣人将动,必有愚色',是对保守军事机密,隐蔽自己企图和行动的生动描绘。以上这些方面都做到了,就能达到'无甲兵而胜'、'大兵发而万物皆服'的目的。"钮先钟说:"这一篇颇有哲学意味,其思想来源似出于道家,但也与孙子相通。例如:'大智不智,大谋不谋,大勇不勇,大利不利。利天下者天下启之,害天下者天下闭之。'与孙子所谓'无智名,无勇功'的观念有所暗合。而其'故道在不可见,事在不可闻,胜在不可知。微哉,微哉,鸷鸟将击,卑飞敛翼;猛兽将搏,弭耳俯伏;圣人将动,必有愚色'之言,更可能是导源于孙子所谓'鸷鸟之击,至于毁折者,节也'的观念。"黄朴民说:"本篇论述吊民伐罪、发动讨伐不义战争的基本前提和争取天下的基本策略,有以下几个要点:一是要对内'修德以下贤,惠民以观天道'。二是要正确认识战略形势,通过对天道、人道以及'心'、'意'、'情'等各方面的观察,来把握战略时机是否成熟。三是强调'全民不斗,大兵无创',以实力为后盾,不战而屈人之兵,这样就可以'无甲兵而胜,无冲机而攻,无沟堑而守'。四是要夺取天下,必须收揽民心,与民同利。五是要巧妙隐蔽自己的战略企图,'大智不智,大谋不谋';'道在不可见,事在不可闻,胜在不可知';'圣人将动,必有愚色'。六是指出商王朝灭亡的征兆已经出现,灭亡商朝的战略时机已经成熟。'大明发而万物皆照,大义发而万物皆利,大兵发而万物皆服。'这时只要振臂一呼,必定群起响应,遂可摧枯拉朽,成就大业。"又,银雀山竹简本"独闻独见"上有"□乎"二字,"乐哉"下有"圣人"二字。

【译文】

"凶狠的禽鸟将要发动袭击,一定会低飞收翼;凶猛的猛兽将要搏击猎物,一定会帖耳伏地;圣人将要展开军事行动,一定会显出愚笨的表情。现在在那个殷商国度,民众议论纷纷,困惑不安,社会动荡不已,国王荒淫无度,这是亡国的征兆。我观察殷商的原野,野草比谷物长得旺;我观察殷商的民众,邪恶的人比正直的势力大;我观察殷商的官吏,都是暴虐凶残的恶徒,纷纷败坏法规扰乱刑律。殷商上下对国家的乱象浑然不察,这是到了他们该亡国的时候了。日月散发光辉,便能普照万物,正义的事业开展起来,便能让万物获利,大军行动起来,便能让万物顺服。圣人的德行真伟大啊!只有他独自一人能够了解把握,他真高兴啊!"

文启第十四

文王问太公曰:"圣人何守①?"

太公曰:"何忧何啬,万物皆得②;何啬何忧,万物皆遒③。政之所施,莫知其化;时之所在,莫知其移④。圣人守此而万物化⑤。何穷之有?终而复始。优之游之,展转求之⑥;求而得之,不可不藏;既以藏之,不可不行;既以行之,勿复明之。夫天地不自明,故能长生;圣人不自明,故能名彰⑦。古之圣人⑧,聚人而为家,聚家而为国,聚国而为天下,分封贤人以为万国,命之曰大纪⑨。陈其政教,顺其民俗,群曲化直,变于形容⑩。万国不通⑪,各乐其所,人爱其上⑫,命之曰大定⑬。呜呼!圣人务静之⑭,贤人务正之⑮。愚人不能正,故与人争⑯。上劳则刑繁,刑繁则民忧,民忧则流亡。上下不安其生,累世不休,命之曰大失⑰。天下之人如流水,障之则止,启之则行,静之则清⑱。呜呼,神哉!圣人见其所始,则知其所终⑲。"

【注释】

①守:遵守,遵循。

②何忧何啬,万物皆得:意谓圣人既不忧虑什么也不吝啬什么,宇宙万物都会自得其所。啬,吝啬。朱墉曰:"忧、啬,皆欲累之也。欲之未遂,为欲所牵引,故多忧。欲之既遂,为欲所系啬,故多啬。未得所欲则惟恐不得,故忧。既得所欲,则私之于己,而不公之于人。"又,银雀山竹简本"何忧何啬"句上有"于乎(呜呼)"二字;"忧(憂)"作"爱"。

③遒:劲健,强劲,强壮。又,银雀山竹简本作"费"。竹简整理者指出:"简本'爱'、'费'二字为韵。宋本误'爱'为'忧(憂)',因又改'费'为'遒',以就'忧'字之韵。"又说:"'费'疑当读为'肥',《广雅·释诂二》:'肥,盛也。'"盛冬铃说:《说文·贝部》:'费,散财用也。'此当即用本义。"一说聚也。

④"政之所施"四句:意谓对于圣人实施的政令,没有人知道它是如何潜移默化的;如同对于四时变化,没有人知道时令是如何暗中更替的。时,季节,指春、夏、秋、冬。刘寅曰:"政之所施,而人莫知其化;时之所在,而人莫知其移;所谓圣人无为而成治,天道无为而成事也。"

⑤圣人守此而万物化:意谓圣人遵守无为而治的原则,适应宇宙万物的自然转化。朱墉引《合参》曰:"'守此'谓守此无为而治也,'万物化'即万物皆得。万物皆道之,谓天道无为而成化,圣人无为而成治。"又引《题矩》曰:"此心能守之而不使有骄奢淫佚之事,则万物自因之而化矣。"又引《指南》曰:"毕竟守此还是守心。"

⑥优之游之,展转求之:意谓圣人从容自如,反复探索无为而治的统治原则。朱墉《直解》曰:"优游,自如之貌,不欲速也。万物未化,俟其自成也。展者,转之半。转者,展之周。反覆以求,不忘所有事也。"

⑦"夫天地不自明"四句:意谓天地从不炫耀自己的功德,所以长生不衰;圣人从不炫耀自己的功德,因而声名昭彰。自明,意即不炫耀自己的功德。按,《老子》第七章曰:"天长地久。天地所以能长且久者,以其不自生,故能长生。是以圣人后其身而身先;外其身而身存。非以其无私邪? 故能成其私。"第二十四章曰:"企者不立,跨者不行,自见者不明,自是者不彰,自伐者无功,自矜者不长。"施子美曰:"此言功不可为己有也。以功为功者,其

功小；不以功为功者，其功大。天地之于万物，所以为资始而资生也。天地之功亦大矣，而天地未尝指是以为己功。天地惟不以是为功，此其功所以大而无穷也。故万物虽生而有终，至于天地，则长生而无或终极也。传曰：'天不言而四时行，地不产而万物化。'是则天地岂自明其功乎？天地长久，其以此矣。圣人拟天地而参诸身，故凡所为亦天地若也。圣人出而应世，使天下万物各得其所，各遂其生，其功亦大矣。圣人岂肯指是以为己功邪？故不自明其功。惟不自明其功，此所以其名益彰也。当尧之世，含哺鼓腹之民，熙熙陶陶，而于尧之为君，莫之能名，则尧不自以为功矣。此尧之所以能为五帝之盛帝也。文王之世，发政施仁，惠鲜鳏寡，而文王之为君，方且不识不知，则文王亦岂认以为己功邪？文王不以为己功，此文王之所以为三王之显王也。"刘寅曰："夫天地惟其不自明也，故能长生万物；圣人惟其不自明也，故能名誉彰显。医书有云，天明则日月不明，言天不自明，故日月得而明也。若天之精气呈露而自明，日月亦不能明矣。谓天地隐德弗曜，而万物得以长生；圣人隐德弗曜，而名誉得以彰显也。"朱墉引《大全》曰："不自明者，谓隐德弗耀也。天明，则日月不明，言天不自明，故日月得而明也。若天之精气呈露而自明，则日月不能明矣。圣人随藏随行，是以体暗名彰，与天地同贞，明若大德。薄其藏，骤猎表著，非圣人矣。"又引《开宗》曰："此言圣人之行与天地同光。"又，不自明，故能明彰，银雀山竹简本作"弗复明，故名声章（彰）"。

⑧古之圣人：银雀山竹简本作"古者"。

⑨分封贤人以为万国，命之曰大纪：意谓分封贤人让他们成为各国的诸侯，这叫做国家政治的大纲领。大纪，国家的大纲纪。朱墉引《翼注》曰："万国非可一人而治，分以为治者，势也。但所治非贤，究必至于分争，故圣人为天下图永久，务选择贤哲，以为万国

诸侯。"又,此二句银雀山竹简本作"分而封贤,以为万,名曰大",
"万"下、"大"下当有脱字。

⑩"陈其政教"四句:意谓圣人宣传政治教化,顺应民风习俗,将众
多不良习气改造成正直,移风易俗。变于形容,意即移风易俗。
形容,指长期形成的不良习俗。朱墉《直解》曰:"形容,旧所习染
也。"又,此四句银雀山竹简本作"别其正(政),正(政)教稍变,法
俗不同,群曲曲化,变于刑(形)容"。

⑪万国不通:意即各国风俗不同。朱墉《直解》曰:"不通,俗各殊
尚也。"

⑫人爱其上:银雀山竹简本作"民忧下止"。

⑬命之曰大定:刘寅曰:"大定者,天下之大平定也。"

⑭圣人务静之:按,《老子》第十六章曰:"致虚极,守静笃。……夫
物芸芸,各复归其根。归根曰静,静曰复命。"第二十六章曰:"重
为轻根,静为躁君。……轻则失根,躁则失君。"第四十五章曰:
"躁胜寒,静胜热。清静为天下正。"《吕氏春秋·君守》曰:"得道
者必静。静者无知,知乃无知,可以言君道也。"施子美曰:"治之
所尚者异,则治之所成者亦异。圣贤之心,均于求治也,而治之
所尚,则有道有义焉。圣人者,道之管也。圣人惟以道化人,故
其为化,一本于无为。此所以务有以静之也。"朱墉引王汉若曰:
"'静之','之'字指天下言,'静'对纷扰看。或扰以干戈,或扰以
征敛,或扰以刑罚,或扰以嗜欲。民生愈促,而国势亦因之不安
矣。"国英曰:"圣人务静,静而后能安,是大智不智,大谋不谋,身
分才识深远,不动声色,转乱为治,转危为安,无诛邪伐暴之形,
而消未萌之患,古今治国平天下者胥不外此。"

⑮贤人:银雀山竹简本作"愚人"。

⑯愚人不能正,故与人争:意谓昏君不能端正自己的行为,所以才
与民众争利。按,《老子》第二十二章曰:"夫唯不争,故天下莫能

与之争。"第七十三章曰："天之道,不争而善胜,不言而善应,不召而自来,繟然而善谋。"第八十一章曰："天之道,利而不害;圣人之道,为而不争。"朱墉《直解》曰："愚人,后世人君也;与人争,用权势制人也。"又引尤尺威曰："愚人,即今时人君,其与人争,亦只是不能正己以率物,而强致其向化也。"又,此二句银雀山竹简作"愚弗能正,故与民争生"。

⑰命之曰大失:刘寅曰："大失者,国家之政令大失也。"又,命,银雀山竹简本作"名"。

⑱"天下之人如流水"四句:意谓天下人心如同流水,阻塞它就会停止,开放它就会流动,让它保持安静就会清澈。障,阻碍,阻塞。施子美曰："物有自然之势,民有自然之性。民心无常其已久矣,而其性则有自然者,譬之流水焉,或行,或止,或清,皆其势之必然也。止非自止也,不之决也,障而后止。行非自行也,不之遏也,启之而后行也。至于静而不之扰,则必还其清矣,此其势也。至于民之为性,亦固静也。古之论治国者,谓若烹小鲜,慎勿扰之,则天下之人,必贵于安静也。安静则治,亦犹水之静而清也,此性之自然也。苟或拒之则必止,导之则必行,亦犹水也。昔之论以民为鉴者,尝谓人无于水鉴,当于民鉴,则民性所存,尤过于水也,可不欲使之清乎? 人性之欲静也如此。"朱墉引《明说》曰："以流水喻天下人者,正见人心向背不常,可以后,亦可以仇。"又引《翼注》曰："抚则后,虐则仇,从古不易,而无如晚近之主,拂民以从欲。惟圣人则善于防微杜渐。"又,银雀山竹简本与《群书治要》本"静之皆清"前皆有"动之则浊"四字,此处误脱。

⑲圣人见其所始,则知其所终:朱墉引《指南》曰："其始其终,是就民心向背处说。见其始向,即知其终之必归;见其始背,即知其终之必去也。圣人不止是能见,惟圣人能主张挽回,使有向无背。"

【译文】

文王问太公道:"圣人应该遵守什么思想原则?"

太公答道:"圣人既不忧虑什么也不吝啬什么,宇宙万物都会各得其所;圣人既不吝啬什么也不忧虑什么,宇宙万物都会茁壮生长。对于圣人实施的政令,没有人知道它是如何潜移默化的;如同对于四时变化,没有人知道时令是如何暗中更替的。圣人遵守无为而治的原则,适应宇宙万物的自然转化。宇宙哪有什么穷尽? 运动变化周而复始。圣人从容自如,反复探求规律;探求已得,不可不藏于心中;已经藏在心中,不可不去实行;已经实行了,就无需阐明。天地从不炫耀自己的功德,所以长生不衰;圣人从不炫耀自己的功德,故而声名昭彰。古代的圣人,将众人聚集一起组成家庭,将众多家庭聚集一起组成国家,将众多国家聚集一起组成天下,分封贤人让他们成为各国的诸侯,这叫做国家政治的大纲领。圣人宣传政治教化,顺应民风习俗,将众多不良习气改造成正直,移风易俗。各国习俗虽不相同,但各自都乐其所在,人人敬爱君上,这叫做国家政治的大安定。唉! 圣人致力于清静无为,贤君致力于端正行为。昏君不能端正自己的行为,所以才与民众争利。国君劳碌不堪,刑律必然繁多;刑律一旦繁多,人民就会忧惧;人民一旦忧惧,就会流散逃亡。上下生活都不安定,长期动荡不安,这叫做国家政治的大失败。天下人心如同流水,阻塞它就会停止,开放它就会流动,让它保持安静就会清澈。唉,真神妙啊! 圣人一旦看见事物的开端,就能了解它的结局。"

文王曰:"静之奈何?"

太公曰:"天有常形,民有常生。与天下共其生,而天下静矣①。太上因之,其次化之,夫民化而从政②,是以天无为而成事,民无与而自富,此圣人之德也③。"

文王曰："公言乃协予怀，夙夜念之不忘，以用为常④。"

【注释】

①"天有常形"四句：意谓上天有恒常不变的现象，民众有恒常不变的生活。与天下百姓共同遵循繁衍生息的准则，天下就会清静。刘寅曰："天有恒常之形体，民有恒常之生意。天之常形，谓春而生、夏而长、秋而成、冬而藏也。民之常生，谓春而耕、夏而耘、秋而敛、冬而息也。能与天下共其生生之理，而天下自静矣。"朱墉引《注疏》曰："其生民之生也，苟上不能体民之生而共之天下，即从此多故矣，亦安得其静乎？惟上自思其生，即思下之所以生，必不使己饱而民饥，己暖而民寒也，己逸而民劳也，则天下之人必各安其居、各乐其业，而相亲相爱，不期静而自静矣。总见欲天下之静，不必于民生外求之，须知是极易的事，又是极难的事。'共'字内有许多实际处，不可空空言'共'也。"又引《句解》曰："'共'字是以天下之生还之天下意，因之即务静也，化之即务正也。"又引《醒宗》曰："衣食财物天下所恃，以有生者也。惟人主独敛之，以自生而不与天下共生，则天下且起而叛之矣。"又引《开宗》曰："此言民心向背无常，惟与天下共其生，而后天下可静。"又，银雀山竹简本"常"作"恒"；"共其生"作"同生"。盛冬铃说："当从银雀山竹简本作'恒'，此作'常'，系后世讳改。"

②"太上因之"三句：意谓最好的方法是顺应民心以统治人民，其次是通过政教手段以感化人民，民众受到教化就会服从政令。因，顺应。刘寅曰："太上者因民而成治，其次者用化以成俗，夫民化于下而从人君之政。"按，"因"是战国秦汉黄老道家思想中的一个重要范畴，涵盖了政治、经济、军事等领域。《管子·心术上》曰："道贵因。"《吕氏春秋·贵因》曰："三代所宝莫如因，因则无敌。"《决胜》曰："凡兵，贵其因也。因也者，因敌之险以为己固，

因敌之谋以为己事。能审因而加胜,则不可穷矣。胜不可穷之谓神,神则能不可胜也。"《史记·货殖列传》曰:"故善者因之,其次利道之,其次教诲之,其次整齐之,最下者与之争。"《六韬》除了此处论及"因"外,还在《三疑第十七》中说:"武王问太公曰:'予欲立功,有三疑:恐力不能攻强、离亲、散众,为之奈何?'太公曰:'因之,慎谋,用财。'"

③"是以天无为而成事"三句:意谓上天看起来似乎无所作为而万物自会生长,民众看起来并未获得施予而生活自能富足,这就是圣人的德行。按,《老子》第五十七章曰:"故圣人云:'我无为,而民自化;我好静,而民自正;我无事,而民自富;我无欲,而民自朴。'"施子美曰:"盖天之生斯物也,本以无心也。天而有心,则劳而不遍矣,孰若任以无为而化以无迹,使事自以成耶? 孔子曰:'四时行焉,百物生焉。'此天以无为而成事也。民无与而自富,是又至治无功也。老子曰:'我无欲而民自富。'则欲民之富殖者,不可或求其功也。求所以富之,则反以劳之矣。此所以无与其事而使彼自富也。昔者尧之为君,法天而治也。大哉尧之为君,惟天为大,惟尧则之,则尧之于民,一如天也。天惟以无为而成事,故尧之于民亦然。当尧之世,百姓皆曰:'帝力何有于我?'问之在朝,在朝不知。问之在野,在野不知。若是则尧之所以无心于民者,一如天之于物也。故曰尧仁如天。"刘寅曰:"事,犹物也。民无所与而自致富,谓不夺其时,薄其赋敛,使民安其田野,家给人足,是无与而自富。"朱墉引尤尺威曰:"'无与'兼'不能与'、'不必与'二意说。不有以困苦之,则自家给人足;如必待与而后富,其富反易穷矣。"又引徐象卿曰:"民原自有富,我不取便是与。言'无与',直是我无取也。"《中国历代军事思想》说:"《六韬》在治国施政方针上,也吸取了道家学派'无为而治'的思想,认为'天下之人如流水,障之则止,启之则行,静之则

清'、'圣人务静之',说'天无为而成事,民无为而自富'等等。这种'小国寡民'的政治思想,与它所主张的目的在于'取天下'的政治思想等是矛盾的。所以《六韬》虽是兵书,但就其思想学派而言,带有浓厚的杂家色彩,这是战国后期百家争鸣而又互相吸取、融合的历史真实反映。"又,银雀山竹简本"无与"作"无以予之",此下又有"是胃(谓)顺生"四字;"此圣人之德也"作"以此角圣人之□"。

④"公言乃协予怀"三句:意谓你的言论甚合我意,我一定每天早思晚念,永不忘怀,把它作为治理天下的准则。协,合。朱墉《全旨》曰:"此章见圣人之治天下,总一无为之化,不多事以扰民,而民自相安于无事。圣人非无所守,操持于形迹,日求万物之治而不得其治,常守于无为,无心于万物,而万物不知其所以化而万物自化,此其量直与天地同其悠久,且不居其功,善藏其用,亦与天地匹休焉。然圣人亦非一无所事也,集贤人以为万国统纪所由成,陈政教以顺民俗,平定所由,始因性而化,立表率物,圣世所以无扰也。彼劳力烦刑,令上下不安其生,只见其大失而已,又乌能与人争哉?民心原自无常也,而生生之理亦在其身,圣人见始知终,不过还民之所应有,使农在畎亩,妇在机杼,不必有所赐与而自富,故惟是因之化之,即'静之'之谓也,此真治国之常经也。"孔德骐说:"人君在施政治理国家时,要使人民不知不觉地适应客观外界的变化,这就是无为而治的政治。这种治世之道,必须千方百计地去寻求,牢牢地掌握和精心地运用。这是为政最根本的道理。要实行无为而治,它十分强调要顺乎自然,合乎民心。众愿不可违,民心不可欺,要顺从民间的风俗。天下人民心理的向背,如同流水一样,阻碍它就会止而不行,疏导它就可以流行不止,静澄它就清明不浊。圣贤若能认识和掌握这个道理,使人民的生活像天体运行和春秋四季的更替一样有条不

素,那么,实现长治久安就不难了。但是从政治上治理好国家,始人心归顺,也不是容易的事。国家、社会、人民,总会有邪恶、乖异的东西产生,这就需要施以教化,做'群曲化直'的工作。为此,《六韬》提出,在做法上需要注意三个问题:一是所谓'圣人务静之,贤人务正之;愚人不能正,故与人争'。即古语所说正人先正己的道理。二是'太上因之,其次化之',就是要因势利导,尽量通过教化而使人归顺,反对采用强制手段以折服人。三是不能刑罚繁多,刑罚繁多则民心忧惧,民心忧惧就会流离逃亡,上下不安。这几个方面做到了,就会出现'各乐其所,人爱其上'的局面。"黄朴民说:"本篇论述治理国家的大政方略。作者主张君王清静无为,顺应民俗,使民各乐其所,具有相当浓厚的道家思想影响。具体而言,文中指出要使国家长治久安,首先必须实行无为而治的政策,只要顺其自然,合乎民心,就能使国家长治久安。其次是对民众要实行教化,进行'群曲化直'的工作。为此要注意正人先正己,'圣人务静之,贤人务正之',强调因势利导,通过教化使人心归顺,'太上因之,其次化之',同时应简省刑罚。这样,'民化而从政','无为而成事'。"

【译文】

文王问道:"怎样使天下清静?"

太公答道:"上天有恒常不变的现象,民众有恒常不变的生活。与天下百姓共同遵循繁衍生息的准则,天下就会清静。最好的方法是顺应民心以统治人民,其次是通过政教手段以感化人民,民众受到教化就会服从政令,所以上天看起来似乎无所作为而万物自会生长,民众看起来并未获得施予而生活自能富足,这就是圣人的德行。"

文王说:"你的言论甚合我意,我一定每天早思晚念,永不忘怀,把它作为治理天下的准则。"

文伐第十五

文王问太公曰："文伐之法奈何①?"

太公曰："凡文伐有十二节②:

"一曰,因其所喜,以顺其志,彼将生骄,必有奸事③。苟能因之,必能去之④;

"二曰,亲其所爱,以分其威⑤。一人两心,其中必衰。廷无忠臣,社稷必危⑥;

"三曰,阴赂左右,得情甚深,身内情外,国将生害⑦;

"四曰,辅其淫乐,以广其志,厚赂珠玉,娱以美人⑧。卑辞委听,顺命而合⑨。彼将不争,奸节乃定⑩;

"五曰,严其忠臣,而薄其赂⑪。稽留其使,勿听其事⑫。亟为置代,遗以诚事,亲而信之,其君将复合之⑬。苟能严之,国乃可谋⑭;

"六曰,收其内,间其外,才臣外相,敌国内侵,国鲜不亡⑮;

【注释】

①文伐:指采用政治、外交、经济、文化等非军事手段打击敌人。施子美曰:"天下不可以力争也。我以力斗,彼以力拒,成败若何而决,必也伐之以文,然后足以成其事。兵虽以武为用,而必以文为本。文者,谋之所寓也。"朱墉《直解》曰:"文伐者,是以谋伐人也。盖我用谋,而人之国因以倾,城因以堕,兵因以败,此即如用兵去攻他一般,所以言伐。"朱墉引焦澹园曰:"有武事之功而无武事之迹。"又引金千仞曰:"不用干戈,专用谋略,故曰文。虽不

用干戈,犹如以干戈伐他一般,故曰文伐。"孔德骐说:"所谓'文伐',……它同孙子说的'伐谋'、'伐交'一样,都属于政治、外交斗争的范畴,是谋略作战,但又离不开军事斗争,而且是配合军事斗争的。因为它的目的是分化瓦解敌人,加深敌人的分裂,扩大和利用敌人内部的矛盾。在这个问题上,《六韬》比《孙子》进了一步。这表现为两点:一是提出了进行'文伐'的十二项方法;二是阐述了军事斗争与政治斗争的相互关系。关于进行'文伐'的方法,孙子只提出了'伐交'这个基本手段和做法,而对具体方法未加阐述。成书较晚的《六韬》补充了这方面的内容,与春秋战国取得了丰富的战争经验有关。"《中国历代军事思想》说:"《六韬》的文伐思想,不仅继承了兵家的传统谋略思想,其中还吸取了道家学派'柔弱胜刚强'的思想。是'将与歙之,必固张之,将欲弱之,必固强之,将欲废之,必固兴之,将欲夺之,必固与之'的具体运用。由于《逸周书》说'善战不斗,故曰柔武',所以人们又称这种谋略为'柔武'战略。"

②凡文伐有十二节:节,种,项。朱墉《直解》曰:"节,条目也。"施子美曰:"十二节,言有十二度也。其节度若是其多者,盖未战而胜者,得算多也,是以大夫种之教越图吴,则有七术;陈平之为汉图楚,则有六奇;以至荀彧以十败料袁,李靖以十策图铣,皆欲以多为贵也。多则无所不备,此文伐之法,所以有十二焉。"

③"因其所喜"四句:施子美曰:"其一则因其所喜而顺之,不可或之逆也。若是则可以奉其志而逢其恶,故骄心由是生,奸事由是见。"朱墉《直解》曰:"因所喜,如智伯喜地,韩魏因而与之,东胡喜马,冒顿因而献之是也。"按,奸,底本原作"好",误。据《武经七书汇解》本改。

④苟能因之,必能去之:施子美曰:"吾于此必有以因之,乃可以肆其志而成其事,故因之则可以去之,盖欲顺以成事也。汤之于葛

也,为其无以为牺牲,则遗之牛羊;无以为粢盛,则使亳众为之耕。若是者,皆欲因而去之也。"朱墉引《开宗》曰:"此首揭文武之事,在因敌国所喜,骄其志而去之。"

⑤亲其所爱,以分其威:亲,亲近,这里是拉拢的意思。分,分散,这里是削弱的意思。朱墉《直解》曰:"亲,交好也。所爱,敌君宠幸之臣也。"施子美曰:"彼之所亲幸之臣,既为我所亲,则必背其君而罔其民,故君之威势以是而分。"

⑥"一人两心"四句:施子美曰:"一人两心,则一心为我所役,故两心。若是则国中必衰,而忠臣亦为之陷,所以社稷危亡也。此越人之遗吴太宰嚭,而终于杀伍员以亡其国也。"刘寅曰:"若廷无忠臣以诤之,社稷必至于危亡矣。如张仪入楚,楚欲杀之。仪赂靳尚说郑袖而免之,因劝楚与诸侯连衡以事秦之类是也。"朱墉《直解》曰:"一人两心,所爱之一人怀二心也。其中必衰,尊君之念因而衰薄也。"又引《开宗》曰:"此言亲其所爱之臣,以分其忠。"

⑦"阴赂左右"四句:施子美曰:"其三则结其左右以探其情。彼之左右所亲信者,既阴以赂而遗之,则彼必告以其情,故得情甚深。彼为我所诱,则其身虽在彼国,而其情则惟我之恋,故身内而情外,若是则其君为所蔽,故国将生害,此亦越范蠡使人遗吴太宰嚭而终以克吴也。"刘寅曰:"阴赂彼国之左右、近臣,得其情与我甚深。彼身虽在内而情却在外,其国必将生害矣。如秦人赂赵之郭开,越人赂吴之伯嚭是也。"朱墉引《开宗》曰:"此言赂其左右以夺其情。"又引王元翰曰:"得情,得敌国之情事也。甚深者,曲折周知也。"

⑧"辅其淫乐"四句:施子美曰:"其四则因其所好,而以逢之。彼惟志在于淫乐,吾则辅之而使贪于乐。彼惟好货,吾则赂之以珠玉。彼惟好色,吾则娱之以美人。"朱墉引张江陵曰:"如越以西

施献吴,列士以上皆有赂是也。"

⑨卑辞委听,顺命而合:朱墉《直解》曰:"卑辞,卑逊我之言词也。委听,委曲听从彼之役使也。而合,以求合于彼也。"施子美曰:"彼之心既为我所役,而吾又能卑辞以下之,委身以听之,顺其命而迎合其意,若是则彼必自以为得计,而不与吾争耳。"

⑩彼将不争,奸节乃定:奸节,指敌君图谋我方的奸险用意。定,安定,安宁,停歇。施子美曰:"彼惟不争,则彼之奸事可得而预知之矣,故奸节乃定。此如散宜生、闳夭之徒,遗纣以美女以出文王。太王遗狄人以珠玉皮币,皆所以成其奸节也。"朱墉曰:"彼将不与我争,奸雄之节自皆宁定而不复起矣。"朱墉引《开宗》曰:"此言助淫乐以定其奸。"

⑪严其忠臣,而薄其赂:严,敬,尊敬。这里的意思是表面尊敬他,实则离间他与国君的关系。施子美曰:"其五则离其君臣之情。彼之忠臣,彼之所取信也。忠臣不可以财诱,故严之而以间其君,使其君不之信,赂有所不爱,故薄其赂。"朱墉引陈孝平说:"严忠臣,如刘先主得荆州,严敬周瑜而委曲以达其诚是也。既严重之,又薄赂之,所谓两离之也。"

⑫稽留其使,勿听其事:意谓拖延敌国的忠臣出使我国时停留的时间,不处理他的事务。稽留,拖延停留的时间。听,治理,处理。

⑬"亟为置代"四句:亟,赶快,急切。置,放到一边,放弃,这里是贬黜的意思。代,代替,更换。俟,期待。施子美曰:"彼有使至谕吾以事,吾则背其事而不从其命,则彼之计无所施,而其君必不之信矣。既有以间之,必有以代之。故亟为置代,以夺其位,而使其使以为反间,待之以诚事告之,则彼之君必我信而离彼矣。若不能置代,而其君复亲而使之,则必复与之合。若是则其情虽离而亲犹未离也。"朱墉《直解》曰:"置代,彼既疑所使之臣,则必亟数弃置之,代换之。遗以诚事,我则佯遗之以诚信之事,令彼

与我亲厚而信任之。将复合，俟其君复来求合也。"

⑭苟能严之，国乃可谋：施子美曰："苟能严而间之，则君臣异志，故其国可谋。此正如汉之间亚父，因其使至于易其所以待之者，果使项王疑之，而亚父去矣。"朱墉引《开宗》曰："此言谋去忠臣，在疑其所信，亲其所疏。"

⑮"收其内"五句：间，离间。施子美曰："其六则内收其大臣之心，而外致其间。彼大臣既心向于我，则必外而相助于我，而不为其君谋国，此国所以少有不亡者，此亦越赂吴太宰嚭也。"朱墉《直解》曰："外相，阴助于我也。"朱墉引翁鸿业曰："外相内侵，如秦使张仪相魏，而以兵伐之，魏终以亡是也。"又引《开宗》曰："此言离其在外之才臣而以兵侵其国内。"

【译文】

文王问太公道："怎样使用政治、外交等非军事手段打击敌人？"

太公答道："使用政治、外交等非军事手段打击敌人的方法有以下十二种：

"一，依照敌人的喜好，顺从他的心愿，他将会心生傲慢，必定干出邪恶的事情。如果利用敌人的这一弱点，就必能除掉他；

"二，拉拢敌君的宠臣，以削弱他的威力。宠臣一旦怀有贰心，他的忠君意识必定会淡薄。敌人朝中没有忠臣，国家必定陷入危亡；

"三，暗地贿赂敌君的近臣，深入全面地掌握敌情，近臣身在国内，感情却向着国外，敌国必将发生患害；

"四，助长敌君荒淫享乐的行为，以扩大他的生活欲望，用贵重的珠玉贿赂他，送美人让他欢娱。对他言辞卑逊，曲意逢迎听从役使，顺从他的命令，迎合他的想法。他将不会与我们争雄，图谋我方的奸险用意于是就会停歇；

"五，表面尊敬敌国的忠臣实则离间他与敌君的关系，有意给他微薄的礼物。拖延他出使我国时停留的时间，不处理他的事务。极力撺掇敌君贬黜忠臣，改派他人出使，随后我方故意给新来的使者透露一些真实的国事信息，让他感觉我方亲近他信任他，他会期待他的国君与我们重新建立和谐关系。如果能以这种方式尊敬忠臣却达到除掉他的目的，就可以谋取敌国了；

"六，收买敌君的朝中近臣，离间他出任在外的大臣，有才能的大臣暗中帮助外国，敌人入侵国内，这种国家很少能不灭亡；

"七曰，欲锢其心，必厚赂之，收其左右忠爱，阴示以利，令之轻业，而蓄积空虚①；

"八曰，赂以重宝，因与之谋，谋而利之。利之必信，是谓重亲，重亲之积，必为我用。有国而外，其地大败②；

"九曰，尊之以名，无难其身，示以大势，从之必信。致其大尊，先为之荣，微饰圣人，国乃大偷③；

"十曰，下之必信，以得其情。承意应事，如与同生。既以得之，乃微收之。时及将至，若天丧④；

"十一曰，塞之以道。人臣无不重贵与富，恶死与咎。阴示大尊，而微输重宝，收其豪杰。内积甚厚，而外为乏。阴纳智士，使图其计。纳勇士，使高其气。富贵甚足，而常有繁滋，徒党已具，是谓塞之。有国而塞，安能有国⑤？

"十二曰，养其乱臣以迷之，进美女淫声以惑之，遗良犬马以劳之，时与大势以诱之，上察而与天下图之⑥。

"十二节备，乃成武事⑦。所谓上察天，下察地，征已见，乃伐之⑧。"

【注释】

①"欲锢其心"六句：欲锢其心，意即想要抑制敌君的争雄志向。锢，蔽塞，抑制。轻，轻视，忽视。施子美曰："其七则必有以惑其上下。诱之以利以锢其心，使其君惟利是慕，而无远虑，此则晋遗虞以璧乘，而反以图虞也。收其左右忠爱之心，阴示以利，使其臣贪于利，而不恤其国，此亦越遗太宰而以图吴也。其君既交征利，则必忽于农事，而国无蓄积空虚。"朱墉引张江陵曰："使彼轻弃四民之本业而空其蓄积，如裴矩说隋炀帝造船伐高丽是也。"又引《开宗》曰："此言锢蔽其心而令其国贫困。"

②"赂以重宝"九句：重亲，意即加深彼此的亲密关系。朱墉《直解》曰："重亲，重结彼此之亲好也。"施子美曰："其八则赂其将而图其国。将者，国之辅也，今而赂以重利，以诱其心，资之以谋，以役其心，则彼必我信，是谓重亲。重亲者，吾能重彼之所亲，使反彼而亲我也。既重其所亲，积之以久，则彼之心，其信我也坚，故必反为我间。若是则彼之国，虽彼之所有，而已外附于我矣，故其地必大败。昔汉入崤关，谓秦将者贾孺，乃遗以重宝，秦将乃与连和，而高祖始得以入关矣。"朱墉引赵克荣曰："与敌臣通谋，使为我用，如金人之重亲秦桧是也。"又引《开宗》曰："此言赂谋以结敌国，使听于我而为我用。"

③"尊之以名"八句：大势，指权倾天下的地位。大尊，意即给敌君以很高的尊崇，使其妄自尊大。微，隐匿，这里是假装的意思。偷，苟且，懈怠。施子美曰："其九则尊而骄之，以侈其志。尊之以名，示以大势，致其大尊，荣饰圣人，皆所以骄之。尊之以名，则予之以高名。无难其身，则使之安其乐。……示以大势，亦所以尊之也。从之必信，又所以顺之也。彼既喜其势之尊，而信吾之信己，则其志必骄矣。致其大尊，亦所以归之以至尊也。先为之荣名，而微以圣人饰而归之，则彼必自负矣。既尊之以名，而

复示之以势者,盖名则如称王称帝也,势则以其形势之大也,而致其大尊者,又以其为尊之极也。微饰圣人,使之言其德可以当,是崇高富贵也。以是骄之,则彼必恃其尊崇,而不加意于其国,宜其国之偷而弊也,谓之大偷之甚也,此正六国帝秦因以亡,唐高祖奉书李密,而李密因以败。其国岂不偷乎?"

④"下之必信"八句:既以得之,乃微收之,朱墉引汪殷武曰:"相信相应而密收之,如刘玄德之待吕布是也。"又引《开宗》曰:"此言与之相信好,而后乃密收之。"施子美曰:"其十则欲得其情而以渐取之。下之以信,则彼必惟我之听,其情可得矣。既得其情,则不可逆之,故承意应事,以致其从,如与同生,示无害彼之心。若是则彼之情既为我得矣。既得而骤以去之,则彼必暴至,故当微而收之以渐,使不自觉悟。及其危亡将至之时,如天丧之而已,亦不之知。此正高祖之于项羽,当项王欲王关中,则假项梁语以无他意。王汉中则烧栈道以示无还心,其所以下之得其情,承意以应其事,非欲与之俱生乎?而汉王于此亦不以骤取之,方且养其奸而滋其恶,至于垓下之役,乃追而取之,且使羽有天亡之悔,非得其情而以渐取之,使之不自觉乎?"

⑤"塞之以道"十八句:塞之以道,意即采用各种方法闭塞敌君的视听。咎,灾祸。繁滋,指被收买的敌国人臣滋生蔓延,力量不断壮大。徒党,指被收买的敌国大臣势力。施子美曰:"其十有一则骄其心而诱其臣,以为闭塞之道。盖人情无不欲富贵恶死咎,吾则因其所欲而收之,以至于纳勇智之士,皆所以诱其臣也。阴示大尊,又所以骄之而使不疑也。乃微输重宝,收其豪杰,则彼之为臣者,慕吾之利,必归于我,而吾又当厚其所积以为养士之资,而外则阴收其士心。有智谋者,吾则纳之而使图其计;有勇力者,吾则纳之而使高其气。使彼各足于所欲,极其富贵而至于繁滋,则彼之臣皆乐为吾用。吾得其人,则吾之徒党已备,而可

以图彼之国,是彼为我所塞矣。塞者以其闭塞之,而使不知其臣之为己用,国之为己图也。有国而塞则必坏矣,安能复有其国?此亦高祖之于项羽,遣隋何以召黥布,筑将坛以拜韩信,陈平、张良之徒,皆乐为之谋,陈豨、樊哙之徒,皆力为之用。高祖惟有以收楚之臣而用之,则高祖之徒党已具矣,宜其可以拒项羽而取天下也。"朱墉引《开宗》曰:"此言收彼豪杰智勇以益吾徒党,使彼有国而无人,终于无国。"又,死,《武经七书直解》本作"危"。

⑥"养其乱臣以迷之"五句:大势,指看似对敌国十分有利的争斗形势。施子美曰:"十有二则养其乱臣者,彼之所亲信而委用者也,养以迷之则彼必为之惑,进美女淫声以惑之,盖美女易以蛊人之心,淫声易聋人之耳,其进以惑之,则彼必为之变。遣良犬马以劳之,盖驰骋田猎,易使人心狂,故遣之以是,所以劳之。彼之心既为众感所乱,而吾复将以大势诱之,则彼必自安其乐,而不虑其他。机既若是,而天时未可知。又上察天时,而下与天下图之,盖欲卜之天人之心而以取之也。在纣之时,有恶来、飞廉以为之臣,而散宜生之徒,又求美女以进之,而太公方且告文王以惠民,以观天道,则应天顺人之举,其在是欤?"又,刘寅曰:"'上察'以下疑有阙文误字。"

⑦十二节备,乃成武事:施子美曰:"此盖言伐之以文,既尽其术,则用之以武,斯可以成功。伐人本以武也,而必先之以十二节者,盖刚不足以制刚,制刚者柔,强不足以胜强,胜强者弱。用之以文而可以成武事,此以柔弱制刚强之道也。"朱墉引王圻曰:"十二宗皆肆毒阴残之事,'备'字见得件件不可少之意,'乃成'二字最宜着眼,见所以谋敌者,节节得计,乃成阴杀之事。此所以谓之文伐也。"又引周鲁观曰:"伐之之事未周,故敌得免其危亡之害。而惟其备焉,则所事既工而用意实惨,有不必假其兵革之威而可坐收其用武之效。"《中国历代军事思想》指出"十二节"的内

容，"归纳起来，主要有三类：一是投其所好。根据敌国君王的个性心理特征，针对他的那些能产生有害后果的爱好、展望、志趣，如贪利、好色、喜奉承、爱虚荣等的弱点、缺点，尽可能予以满足，并故示恭顺，以促使他的弱点、缺点不断发展，从而产生骄傲轻敌、沉湎酒色、忽视生产、荒疏国务等的错误。二是贿买敌臣。根据封建统治阶级的群体心理特征，针对'人臣无不重贵与富'的思想，'赂以重宝'，'收其豪杰'，使其'身内情外'，'心为我用'。三是进行离间。'收其内，间其外'，拉拢其宠臣，使中伤忠臣，以引起敌统治集团的相互疑猜，破坏其内部团结，并塞其言路。在实施上述谋略的同时，自己则抓紧战机，收揽人才，施行仁政，扩大政治影响，发展经济，增强战争潜力，整军制械，扩充军事实力。在敌人日渐衰微、自己日渐强盛的情况下，伺机出兵，一举消灭敌国"。刘庆在《〈六韬〉与齐国兵学》一文中说："《孙子》所提出的'不战而屈人之兵'全胜战略，既有受华夏民族否定暴力、倡导和平思想传统影响的一面，也有不能完全摆脱周朝礼乐文明束缚的另一面。但由于齐桓、管仲霸业已成为历史陈迹，'全胜'更多地体现为一种军事行为的价值判断和用兵理想境界，而不具备实际意义。《六韬》在伦理观上是完全赞同《孙子》观点的。《发启》篇言：'全胜不斗，大兵无创。'《军势》篇言：'上战无与战。'但它并没有因此陷入理想主义的泥潭，所提出的'文伐十二节'，或阴赂敌之左右，或娱以美人犬马，或养其乱臣贼党，或塞其言路贤谋，极尽阴毒刻薄之能事，以搞乱敌国内部，削弱其战斗力为宗旨。至'十二节备，乃成武事。所谓上察天，下察地，征已见，乃伐之'（《文伐》篇），对《孙子》语焉不详的'伐谋'内容作了深入具体的阐述，还将全胜战略与实战战略紧紧联系在一起。这样，伐谋伐交也就不再仅仅是全胜战略的两个理想层次，而是实战的辅助和准备手段。证之《鹖冠子·武灵王》

所提出的以'用计谋'、'因人事'为'战克'做准备,待'其国已素破,兵从而攻之'的主张,可知战国中后期全胜战略已经发生了质的变化,《六韬》正是这种新的战略思潮的代表。"

⑧"所谓上察天"四句:意谓所谓上察天时,下察地利,各种征候都已显现,就可以讨伐敌人了。施子美曰:"孙子曰:'校之以计而索其情。曰主孰有道,天地孰得。'则所谓上察天、下察地者,乃所以校其天地之孰得也;征已见则危亡之证可见,正主孰有道之说也。若是则成败决矣,故乃伐之。"刘寅曰:"文王之所以为文者,纯亦'不已'、'而已'、'缉熙敬止'而已,虽兴兵而伐密、伐崇,亦'顺帝之则'而已。故《诗》称之曰:'无然畔援,无然歆羡,诞先登于岸。'又曰:'不闻亦式,不谏亦入'、'不显亦临,无射亦保',所谓诈谋诡道,岂文王之所用心哉?古之圣人'行一不义,杀一不辜,而得天下皆不为也','文王三分天下有其二,以服事殷',孔子称其'至德'。顾不义之事,文王肯为之乎?文王以太公为师,而问文伐之法,太公喋喋以谋诈告之,亦独何心哉!不惟文王厌听而太公亦难以启齿矣!以文王之世,周、召方兴二南之化,而太公以此诈谋启之,春秋战国之时又将如之何哉?呜呼!此书之所以难尽信也。先儒亦曰,尚父本有道者,《谋》、《言》、《兵》二百三十一篇,岂近世有为太公术者所增加欤?今以此篇文辞考之,的非三代圣君贤相授受之言,恐是周吏依仿而为之耳。学者宜详辩之。"朱墉《全旨》曰:"此章文伐等事皆出于阴谋取胜,其心皆不正,岂以文王之圣而用此哉?太公言此,亦岂欲文王用此哉?然圣人不为奸,而未始不知奸,则奚不可详言之以使暗主知悟也?惜乎!太公之言具在,而后世暗主犹明明为人所中而不知,是真愚之甚者也。此如医家诸般病症,皆已道破,而人自犯之耳。或曰养其乱臣,因崇侯虎是也。进美女淫声,有莘氏之女是也。遗犬马,进骊戎之文马是也。即此一节,太公不

已身行之乎?"按,刘寅、朱墉论及太公"文伐",文多迂腐,不能或不愿相信太公曾行"阴谋"之事。且不论《六韬》中的"太公"与"文王"绝不能与历史人物姜尚、周文王画等号,单谈历史上身为政治家、军事家的姜尚,其真实面目必与儒家所设计的理想"贤相"形象相距甚远,他是完全有可能如《史记·周本纪》所述,在辅佐周文王、武王时采用了"进美女淫声"、"遗犬马"等手段的。钮先钟说:"在《六韬》全书中,这是具有特殊重要性的一篇。'文伐'是《六韬》所首创的名词,其意义即为使用各种不同的非军事性手段来打击敌国。孙子所说的'伐谋'和'伐交',实际上也都可以算是'文伐'。这一篇对于'文伐'的方法,分为十二节来加以详细讨论。概括地说,即使用各种阴谋来减弱敌方的国力,破坏其团结,妨害其政务的正常运作。对于十二节的内容不必细述,因为都是些世俗所熟知的方法,例如贿赂、美人计等,但此种观念本身却深值重视。因为所谓国家战略(大战略)的运用本来就是以非军事因素为主,如能以非军事手段达到目的,则又何必使用武力。进一步说,'文伐'也可以作为发动战争的准备。'文伐'若已奏效,则也就能'胜于易胜'。所以,此篇的结论曰:'十二节备,乃成武事。所谓上察天,下察地,征已见,乃伐之。'此与《韩非子·亡征》篇中的观念也非常接近。也就是说必须等到对方已经出现败亡的征候,然后才发动军事行动(乃成武事)。"

【译文】

"七,想要抑制敌君的争雄志向,一定要用大量财货贿赂他,收买原本忠诚于他的左右宠臣,暗中给他们好处,让他轻视生产事业,终致国家积蓄耗光;

"八,用价值连城的宝物贿赂敌君,趁机与他携手共谋,所图谋的要有利于他。一旦对他有利,他一定会信任我们,这就能加深彼此的亲密关系。亲密关系不断加深,他就能被我们所利用。他有国家大权却被

外国利用,必定大败丧国;

"九,用显赫的名号尊崇敌君,不让他遭受危难,给他权倾天下的地位,顺从他,让他对我们坚信不疑。给他至高无上的尊崇,使他妄自尊大,先是让他深感荣耀,再假装恭维他是圣人,他就会大大地懈怠国事;

"十,对敌君态度谦卑,必定能取得他的信任,以获得他的友善之情。顺从他的意图办事,与他如同亲生兄弟一般亲密。已经得到他的充分信任,就秘密夺取他的利益。时机到了,就让他灭亡,如同上天灭亡他一样;

"十一,采用各种方法闭塞敌君的视听。人臣没有哪一个是不看重显贵与富裕,而厌恶危难与灾祸的。暗中允诺他们以尊贵的高位,偷偷送给他们贵重的宝物,用这些手段来收买敌君的英雄豪杰。我国物资积蓄非常丰厚,但表面上却显得很贫乏。暗地收纳智士,让他们出谋划策。暗地接纳勇士,让他们高扬士气。他们富贵的愿望已经得到很大的满足,常能得到滋养蔓延,力量不断壮大,势力遂得以形成,这样就能闭塞敌君的视听。敌君虽有国家,但耳目视听却被堵塞,又怎能保住他的国家?

"十二,培养叛乱臣子以迷惑敌君,进献美女淫乐以惑乱敌君,赠送良狗好马以劳顿敌君,常用权倾天下的地位诱惑敌君,其后观察天时,与天下人图谋攻取他的国家。

"以上十二种手段都能妥善运用,就可以发动对敌人的军事行动了。所谓上察天时,下察地利,各种征候都已显现,就可以讨伐敌人了。"

顺启第十六

文王问太公曰:"何如而可为天下?"

太公曰:"大盖天下,然后能容天下①;信盖天下,然后能约天下②;仁盖天下,然后能怀天下③;恩盖天下,然后能保天下④;权盖天下,然后能不失天下⑤;事而不疑,则天运不能移,时变不能迁⑥。此六者备,然后可以为天下政⑦。故利天下者,天下启之;害天下者,天下闭之⑧;生天下者,天下德之⑨;杀天下者,天下贼之⑩;彻天下者,天下通之⑪;穷天下者,天下仇之⑫;安天下者,天下恃之⑬;危天下者,天下灾之⑭。天下者非一人之天下,唯有道者处之⑮。"

【注释】

①大盖天下,然后能容天下:意谓以宏大的器量覆盖天下,这样做了以后就能容纳天下。施子美曰:"圣人之于天下也,惟有无所不覆之道,则天下之于圣人也,亦有无所不服之心。圣人所以覆天下者,不一而足。有大焉,有信焉,有仁焉,有恩焉,有权焉,皆所以覆天下也。大盖天下者,以其德之大而无所不及也。圣人惟以是德而盖之,故能遍覆包含而无所殊,是以能容天下也。此无他,有容德乃大也。惟有容,乃足以见其德之大,则以大盖之,岂不足以容天下乎?"刘寅曰:"量之大,覆盖天下,然后能包容天下。"朱墉引周鲁观曰:"盖天下亦非有笼罩之术,有自然旁洽一世意。"又引《句解》曰:"大如大海汪洋,百川细流,污秽不洁之物皆纳其中。"

②信盖天下,然后能约天下:意谓用诚信覆盖天下,这样做了以后就能约束天下。约,约束,束缚。施子美曰:"信盖天下者,以其诚之至而可以结之也。圣人惟以是诚而结之,故能使之附丽系属而不散,是以能约天下也。此无他,信见信也。惟信乃足以见信,则以信盖之,岂不足以约天下乎?"朱墉引《翼注》曰:"信者勿二勿欺,以真心实意与天下相感孚也。约,即范围不过之意。天

下惟我所为,而不能逃吾之约束。"又引邓伯莹曰:"无荡性轶志越礼犯伦之人也。人君开诚布信,非为约束天下而设,但至诚充塞,自能使天下之心截然齐一。"

③仁盖天下,然后能怀天下:意谓用仁慈覆盖天下,这样做了以后就能安抚天下。怀,安抚。施子美曰:"仁盖天下,此圣人之仁政可以及之也。圣人惟以是仁政而盖之,故能使之归往趋赴之不暇,是以能怀天下也。盖民罔常怀,怀于有仁。民惟怀于有仁,则以仁盖之者,岂不足以怀之乎?"朱墉引许济曰:"仁者心之德。倘百念而有一念之偏,斯仁不足以盖天下矣。必大公无我,无一人不在其所爱之中,然后能感格人心,而天下尽在怀柔之内矣。怀犹襁褓也,天下之人怀之,如父母之于子,抚循怀抱而不忍相离。小民之所以以歌孔迩咏怗冒也。"又,怀,《群书治要》本作"求"。

④恩盖天下,然后能保天下:意谓用恩惠覆盖天下,这样做了以后就能保住天下。施子美曰:"恩盖天下,此圣人之恩惠足以及之也。圣人惟推是恩以盖之,故能使之亲附固结而不忍去,所以能保天下也。盖推恩足以保四海,惟推恩足以保四海,则以恩盖之,岂不足以保之乎?"又,保,《群书治要》本作"王"。

⑤权盖天下,然后能不失天下:意谓用权力覆盖天下,这样做了以后才能不失去天下。施子美曰:"权盖天下者,此圣人之势足以制之也。圣人惟以是势而制之,故可以维持天下而使之奔走服从,所以能不失天下也。盖国柄不足以借人。借人国柄,则失其权。权足以盖之,岂不能不失天下乎?"邵鸿、徐勇说:"'大'强调的是对异己的容纳,也是取天下必须注意到的方面;'权'则强调了'势'对于巩固君主专制集权统治的重要性。这两者也是《六韬》思想的组成部分,而且前者似乎有儒家仁恕之道的影响,后者则显然出自慎到及法家的重势一派,故我们在此又看到了《六

韬》思想中的兼容特色。"

⑥"事而不疑"三句：意谓遇事果断不疑惑，犹如天命不可改变，时令更替不能变易。天运，指天命。施子美曰："道既足以覆之，则其举之也必可以成功，故事可以往而不疑，虽天之运不能移易，时之变不能迁徙，盖以其事可以决往，功可以必成，天时不能易也。此无他，天官时日不若人事。人事既至，天必从之。虽有运变，何足怪邪？"邵鸿、徐勇说："这一论断，与'祸福在君，不在天时'，堪称先秦时期唯物主义思想的典范，足与《荀子·天论》等同类名作相媲美。可见《六韬》不仅是一部先秦优秀军事学著作，同时也是一部有重要思想史价值的子书。"又，则天运不能移，时变不能迁，《群书治要》本作"然后天下恃"。

⑦此六者备，然后可以为天下政：意谓上述这六个条件齐备，都按照这样做了就可以治理天下政事了。施子美曰："惟备是六者，则天下必为己有矣，故可以为天下政。为天下政者，盖若是则可以为政于天下，以天下之权归于己也。昔者武王之兴也，承文之丕谟，扬己之丕烈，则其大足以盖天下矣。盟津之会，不期者八百国，则其信足以盖天下也，不忘远不泄迩，则其仁足以盖天下也。发财散粟，列爵分土，则其恩足以盖天下也。箕子告之以惟辟作福，惟辟作威，则其权足以盖天下也，天下安得而不归乎周？则其所以容之、约之、怀之、保之、不失之也明矣。至于牧野之役，三千一心，虽雷雨晦明，群公尽恐，而太公乃折著焚龟，示以必往，诚以事不可疑，虽天运时变，不能迁移也。武王惟备是六者，所以能为天下王而制天下政也。周家八百载之业，其基于此矣。"朱墉引王汉若曰："'备'字是不遗漏缺欠意。'可为天下政'，谓使天下来行之也。全是要人君以心运道、以法运政之意。奉而行之谓之政，言我欲天下奉而行之，必我有以使天下奉之，而后可以为政。备者，言六者缺一不可也。"又引《醒宗》曰："六

者备,如天之日月风雨露雷、地之流行坎止、四时之春夏秋冬也。"

⑧"故利天下者"四句:意谓让天下人获利的,天下人就会与他一起开创事业;让天下人受害的,天下人就会阻塞他的事业。按,这四句又见于《发启》。施子美曰:"此言上有以适天下之欲,则天下皆欲其王己,故启之以取天下之路。利者人之所欲也,因所利而利之,彼岂不吾启邪? 若夫不有以利之而反害之,则彼必失其所欲,岂欲其王己邪? 故必闭之而使不得有为于天下。"朱墉引陈明卿曰:"'利'字非若私恩小惠。王者以民生自有之利还之天下,如不违农时而无苛政厚敛之举,则利于天下者无穷矣。"

⑨生天下者,天下德之:意谓使天下人得以生存的,天下人就会感激他。德,感激。施子美曰:"此言上有以遂天下之性,则天下悦之,故以是而为德。生者,民之性命之所存也。俾天下各正其性命,彼岂不原其所归而德己邪?"朱墉引许维东曰:"生天下,凡制田、里教、树畜、饮食、衣服、惠爱、嗷咻,皆是。"

⑩杀天下者,天下贼之:意谓使天下人遭到杀戮的,天下人就会除掉他。贼,杀,除掉。施子美曰:"若夫杀之则不有以生之,而民不获保其性命矣,故必贼之而亦使之不共存于天下。"

⑪彻天下者,天下通之:意谓能使天下人明晰表达见识的,天下人就会归顺他。彻,明,显明。通,顺,归顺。朱墉《直解》曰:"彻,识见明朗也。通,向顺也。"施子美曰:"此言上以情示乎下,则天下必以其情而达之。彻者,彻其情而示之以无所隐也。彼见上以情示之,则亦必以情应之,此所以天下通之也。

⑫穷天下者,天下仇之:意谓使天下人生活困窘的,天下人就会憎恨他。施子美曰:"若夫不彻以示之而困穷之,使不得言,则天下亦不以情告,而反尤怨之矣。"

⑬安天下者,天下恃之:意谓使天下人生活安定的,天下人就会依

靠他。施子美曰:"言有以因其俗,则彼必资是以乐其业。安者使之安止其所,生水安水,生陵安陵。彼既获其安,则必归所恃,此天下所以恃之也。"

⑭危天下者,天下灾之:意谓使天下人陷入危殆的,天下人就会把他看成祸害。施子美曰:"若夫不有以安之,而反有以危之,则彼不安于其所,而思祸变之作,此所以灾之也。"

⑮天下者非一人之天下,唯有道者处之:意谓天下不是某一个人的天下,只有道德高尚的人,才能治理好天下。处,处理,治理。施子美曰:"惟非一人之天下,故天下不能私一人,而一人亦不能求天下。必其有以施之,而后天下以是报之。苟非其道,必不能之矣,故惟有道者乃能处之。昔者文武之兴,仁政之施,所以利天下也。救民水火,所以生天下也;明誓之告,所以彻天下也;一怒之威,所以安天下也。文武之君,惟以是施之,宜天下启之、德之、通之、恃之而咸与归之也。文武之君,非有道之主,则亦何以能处此也? 此《书》称武王曰有道曾孙,宜其可以处此也,天下安得不周?"朱墉引《开宗》曰:"此言王者之道必有包括天下气象,而后天下可以惟我所为,惟我所处。"朱墉《全旨》曰:"此章言人君欲有为于天下,不于天下求之也。贵有六者之全德,苟有一二之未全,虽强天下以从我,而亦有所不能。故治己所以治人,观民先于观我,环至而立效,有非可以勉强所能得者也。复推出人心向背之机,总由于己德之厚薄,更见策励人君处。"张烈在《〈六韬〉的成书及其内容》一文中说:"'天下者非一人之天下,惟有道者处之'的明君观,这种观点出自《逸周书》。《逸周书·殷祝解》云:'汤放桀,而复薄三千诸侯大会。汤退,再拜,从诸侯之位,汤曰:"此天子位,有道者可以处之。天下非一家之有也,有道者之有也。"'这种观点完全被《六韬》所因袭了。"钮先钟说:"这一篇所讨论者是一个非常广泛的问题,即'何如而可为天下政'? 简言

之,也就是如何能够建立世界秩序,似乎是儒家'平天下'观念的引申。其所提出的理论为:……'大盖天下然后能容天下,信盖天下然后能约天下,仁盖天下然后能怀天下,恩盖天下然后能保天下,权盖天下然后能不失天下,事而不疑,则天运不能移,时变不能迁。此六者备,然后可以为天下政。'这的确是一种具有宏观的理论,其关键在于一个'盖'字。换言之,必须重视整体,重视全局。"又,唯有道者处之,《群书治要》本作"唯有道者得天下也"。

【译文】

文王问太公道:"怎样做才可以治理好天下呢?"

太公答道:"以宏大的器量覆盖天下,这样做了以后就能容纳天下;用诚信覆盖天下,这样做了以后就能约束天下;用仁慈覆盖天下,这样做了以后就能安抚天下;用恩惠覆盖天下,这样做了以后就能保住天下;用权力覆盖天下,这样做了以后才能不失去天下;遇事果断不疑惑,犹如天命不可改变,时令更替不能变易。上述这六个条件齐备,都按照这样做了就可以治理天下政事了。所以让天下人获利的,天下人就会与他一起开创事业;让天下人受害的,天下人就会阻塞他的事业;使天下人得以生存的,天下人就会感激他;使天下人遭到杀戮的,天下人就会除掉他;使天下人能够明晰表达见识的,天下人就会归顺他;使天下人生活困窘的,天下人就会憎恨他;使天下人生活安定的,天下人就会依靠他;使天下人陷入危殆的,天下人就会把他看成祸害。天下不是某一个人的天下,只有道德高尚的人,才能治理好天下。"

三疑第十七

武王问太公曰①:"予欲立功,有三疑:恐力不能攻强、离亲、散众,为之奈何②?"

太公曰:"因之,慎谋,用财③。夫攻强必养之使强,益之使张,太强必折,太张必缺④。攻强以强,离亲以亲,散众以众⑤。

"凡谋之道,周密为宝⑥。设之以事,玩之以利,争心必起⑦。欲离其亲,因其所爱,与其宠人⑧。与之所欲,示之所利。因以疏之,无使得志⑨。彼贪利甚喜,遗疑乃止⑩。

"凡攻之道,必先塞其明,而后攻其强,毁其大,除民之害⑪。淫之以色,啖之以利,养之以味,娱之以乐⑫。

"既离其亲,必使远民,勿使知谋,扶而纳之,莫觉其意,然后可成⑬。

"惠施于民,必无爱财,民如牛马,数喂食之,从而爱之⑭。

"心以启智,智以启财,财以启众,众以启贤,贤之有启,以王天下⑮。"

【注释】

①武王:银雀山竹简本作"文王"。

②恐力不能攻强、离亲、散众,为之奈何:意谓恐怕力量不能攻克强敌,不能离间敌人的亲信,不能瓦解敌人的民众,我该怎么做呢?散,分散,瓦解。施子美曰:"古之伐人国者,必有隙可投,有衅可乘,而后可以取之。今以其势求之,则其势强而不弱;以其情求之,则其情亲而不离;以其兵求之,则其兵众而不寡。若是则敌未有隙也,未有衅也,其何以能决胜而立功邪?此武王所以疑其不能攻之、离之、散之也。"

③因之,慎谋,用财:意谓要做到因势利导,慎用计谋,舍得花费钱

财。因之，因势利导。因，顺应，利用。慎谋，慎用计谋。用财，舍得花费钱财。施子美曰："强固难攻也，然有攻之道。项楚之势，始非不强，及张良之计行，而楚强不足恃矣。楚之君臣始非不亲，及陈平之计行，而楚亲不自信矣。楚之子弟，始非不众，及楚歌之声一闻，而楚众无复为楚矣。是则武王之所疑者皆不足疑矣。大抵欲伐人之国者，必因之而后可以成功。法有所谓践墨随敌、因形用权者，皆所以因之也。少师侈则请羸师以张之，绞人贪则纵采樵以诱之，所谓因者此也。因敌固可以制敌，然所以料敌则有谋，所以役人则有财。谋不可泄。马邑之役，匈奴觉之而去，此不能谨其谋也。财不可吝。卫国之民受甲者，皆不欲战，此不能用其财也。能因敌而制之，加以谨谋用财，则敌国可取矣。"朱墉引《明说》曰："因彼之强，慎我之谋，用我之财。"

④"夫攻强必养之使强"四句：意谓攻克强敌必须养护它，使它强大起来，必须增强它，使它壮大起来，太过强大就必会遇挫，太过壮大就必有失误。施子美曰："夫攻强之道，非强固可攻也，以有术也。尪羸者寿考，盛壮者暴亡。人既有所恃，而吾复养而益之，则彼之有所恃者，必将骄矣。骄则怠，怠则败，此所以可攻也。彼强矣，吾从而养之使强盛，此乃将欲取之，必因予之也。益之而使张大，此乃将欲禽之，必因张之也。彼既恃其强，乐其张，则必轻于自用，而忘其所戒。此所以必折必缺也。太强而折者，以其过于强则必折也。太刚而缺者，以其过于刚则必缺也。虢以骄而复有为田之胜，则晋之所以养之益之者极矣。亡夏阳不惧而又有功，天夺之鉴。此则强而必折，刚而必缺也。虢之亡也，可不求于此？"又，益之使张，银雀山竹简本作"哀盈使张"。

⑤"攻强以强"三句：意谓用让敌人愈加强大的方式去攻克强敌，用收买敌人亲信的方式去离间他的亲信，用争取敌人民心的方式去瓦解他的民众。施子美曰："此因之之说也。夫敌必有可见之

形,而后有可取之理,而不在于他求也,即彼之形因而制之耳。彼强矣,吾因其强而以攻之;彼亲矣,吾因其亲而以离之;彼众矣,吾因其众而以散之。以强攻强,则必有奇计以益之,而后其强可攻也。卑辞厚币,奉书推尊,皆所以益其强而攻之也。以亲离亲,则必有货赂以诱之,而后其亲可离矣。收其左右,赂以重宝,皆所以离其亲也。以众散众,则必有恩惠以及之,而后其众可散也。发政施仁,散财发粟,皆所以离其众也。太公养之使强,益之使张,此则以强攻强也。畀其所爱与其宠人,此则以亲离亲也。惠施于民,必无爱财,此则以众散众也。"朱墉引《大全》曰:"以强攻强,晏婴巧试之而毙公孙捷、田开疆、古冶子。以亲离亲,嬴秦阴间之而困信陵君。以众攻众,吕蒙阳结之而袭荆州。"钮先钟说:"以上所云是一种非常高深微妙的战略原理,也代表道家'物极必反'的哲学思想。任何国家扩张过度则必然会自动崩溃。所以,'凡攻之道,必先塞其明,而后攻其强'。简言之,即使其丧失理智(明),作盲目的扩张,以授我可乘之机。"

⑥凡谋之道,周密为宝:施子美曰:"谋以周密为贵。周,备也。密,秘也。阴其谋,密其机,此兵家之要法也。……盖计者兵之所用,而神者计之所贵。法曰'将谋欲密',其以此欤?"朱墉引王汉若曰:"兵之道,以谋为主。谋之道,以周密为主。谋而不周,则所虑不密。不密,则所计必疏,虽谋不成矣。'宝'字正极言贵周密之意。"又引陈孝平曰:"《易》曰机事不密则害成,《书》曰匪谋弗成。使谋不周密则失之疏忽,岂能以成天下之事乎?"又引《句解》曰:"无一事不算定之谓周,无一计有可窥之谓密。"又,周密,银雀山竹简本作"周微"。

⑦"设之以事"三句:意谓巧施迷局以误导敌人,贿赂财货以玩弄敌人,这样敌人争斗的欲望就会被挑起。设,施行。施子美曰:"善为谋者,必设之以事,玩之以利,而以激其争心。设之以事者,谓

本无此事而伪设之,所以误敌也。玩之以利者,谓彼本有贪心,而吾复以利乐之。彼既为吾所役,则必与吾争,此争心之所以起也。夫善为兵者,初不可激而怒也。今彼为我所役,而欲与我争,则彼非善者也,斯可得而利之也。汉王以梁王反书示项羽,设之以事也;封秦府库以遗项羽,玩之以利也。汉王惟以是设之,此项王所以必欲与之争而后已,非争心由是而起乎?”又,银雀山竹简本“必”作“乃”,此三句下有“其亲乃止”四字。

⑧“欲离其亲”三句:意谓想要离间敌君信任的忠臣,必须依靠他喜爱的奸臣与受他宠幸的小人。国英曰:“离亲之法虽不出‘五间’、‘文伐’之中,然变化奇正,如五色五味,相生靡穷。昔齐王私与范雎金而间须贾,张良奉玉斗而间范增,卒使亲者疏,合者离,是古人巧计,学者当慎防离亲之谋而堕敌计。”

⑨因以疏之,无使得志:意谓他们就会进谗言使敌君疏远忠臣,不让忠臣实现抱负。施子美曰:“既有以谄其所宠爱之人,则其君之所亲者固可得而疏间之矣,无使得以伸其志之所欲。”

⑩彼贪利甚喜,遗疑乃止:意谓他们获利后会非常高兴,就会不再对我们产生怀疑。施子美曰:“彼所宠爱者既为利所谄而喜于利,则必无疑于我矣,故遗疑乃止而无少疑也。太宰嚭为越所遗,而吴王之志不获申矣。岂非其心为利所惑,故轻于君而不复致疑于我哉?”一说:一旦敌君有所怀疑,我们的计谋就中止不用。朱墉《直解》曰:“遗疑,令彼君生疑忌也,乃止吾谋,即止而不用也。”

⑪“凡攻之道”五句:意谓若要攻克强敌,首先必须闭塞敌君的耳目,其后必须攻克他的强大军队,摧毁他的庞大国家,铲除民众的祸患。大,指国家。施子美曰:“凡攻之道,此又伸言攻强之道也。必塞其明而后攻其强、毁其大者,盖人惟明于机则不可得而倾,必先塞其明,使彼不知其或亡,而欲恣其所为,则彼虽强可得

而攻,虽大可得而毁。越人于吴,必去其直谏之臣,而卜以贷粟之事,所以塞其明也。夫然后因其伐齐之举与夫黄池之会,而吴之强大,为可谋矣。"

⑫"淫之以色"四句:意谓用女色迷惑他,用厚利诱惑他,用美味供养他,用音乐腐蚀他。啖(dàn),利诱,引诱,诱惑。施子美曰:"不有以养成,则其恶不彰,而民心不离。淫以色,啖以利,养以味,娱以乐,皆所以养成之也。太公于文伐十二节,有所谓辅其淫乐以广其志,厚赂珠玉,娱以美人,是亦将以逢其欲而去之也。彼既得以遂其所欲,则其亲者离矣。"又,银雀山竹简"娱之以乐"句下有"异之以□"一句。

⑬"既离其亲"六句:意谓已经离间敌君的亲信,还必须使他疏远民众,不要让他知道我们的计谋,挽扶敌君,把他推入陷阱,而敌国上下均未察觉我们的意图,这样做了以后就可以取得成功了。扶而纳之,莫觉其意,意即诱导敌君,把他推入陷阱,而敌国上下均未察觉我们的意图。扶,挽扶,这里是诱导的意思。纳,收入,这里是推入陷阱的意思。朱墉《纂序》曰:"令彼不知不觉如扶而纳之吾之阱中,上下皆莫觉其意。"施子美曰:"既离其亲,岂复有意于民?故必使远民,言使之不亲民事也。是谋也,乃阴谋也,不可使人知。是谋一行,则可以挤之于危亡之地,故扶而纳之,莫觉其所以挤之之意,则吾之志始可得而有成矣。此正太公以阴谋之说告武王,而与之倾商政也。"又,银雀山竹简本"纳"作"入","成"作"试"。

⑭"惠施于民"五句:意谓施恩于人民,一定不要吝惜钱财,民众就像牛马,要经常喂养它们,民众才会追随与爱戴你。施子美曰:"欲施惠于民,必不可以爱财。盖财可以聚民也。无财不可以为悦。《易》曰:何以聚民?曰:财。则惠民者不可以爱财也。盖民如牛马,必有以饲之,而后可以用之。数喂食之,所以爱也。饲

而不爱之，则彼必悖而不驯，故必当爱之。"又，银雀山竹简本"惠施"作"施惠"，且句上有"敬之才（哉）"三字。

⑮"心以启智"六句：意谓用思考开启智慧，用智慧开启财富，用财富赢得民心，用民心赢得贤才，能够拥有贤才，就可以依靠他们称王天下了。施子美曰："财固可以得民也，而所以理财则出于圣人之心术。圣人推是心以开启其智，用是智以开启其财，则所以理是财者本于圣人之心术也。圣人惟以是心术而理财，故用财而可以得人心。因财以致众，因众以致贤，皆财之所由启也，人心其有不归之乎？人心既归，则因之而可以成王业。盖贤人之心，盖为我所致，则必与吾共兴王于天下矣。盖得贤则可以立邦家之基，宜其可以王天下也。太公之于文武，其所以告之者皆此意也。观其告文王，则有所谓'以饵取鱼，鱼可杀。以禄取士，士可竭'，推而至于以国取天下，天下可毕。是亦以财启众，以众启贤，以贤王天下之意也。而其终篇，有所谓乐哉，圣人之虑，兹非以心启智之意乎？太公既以是意而告文王，岂非欲使之成其志于天下？周家社稷之立，太公之立欤！"朱墉《全旨》曰："此章总是临事而惧、好谋而成之意。因武王攻强、离亲、散众之问，对此因之、慎谋、用财，所以释三疑也。'攻强以强'三句，皆是因之之事，而慎谋、用财，又所以运其因利制权之妙。三节、四节、五节，分疏离亲、攻强、散众皆当出于一慎。至攻强而言先塞其明者，凡强每生于明，惟明故能强也。欲攻其强，必先养之色、利、味、乐，蔽惑其聪明，而后强可攻。凡众之聚，皆以其亲。既离其亲，众将自远，令彼不知不觉纳于吾谋之中。凡谋如是，又何功之不成哉？若国以民为本，民以财为命，民从无不爱财者。我不私其所爱，则民必转而爱我，而又何强不攻、何亲不离、何众不散哉？而财又有所由生而递相开启者也，非智无以开财之源，故心开智而智开财。众庶需财最急，故财开众焉；贤人爱众甚殷，故

众开贤焉；王非贤无以辅，故贤开王焉。凡此皆由得财为用，欲立功者可不知所以用财哉！"黄朴民说："本篇论述的是攻强、离亲、散众的三种策略。指出攻强以强，离亲以亲，散众以众。具体说来，就是因之、慎谋、用财。因之，就是因势利导，对强敌'养之使强，益之使张'，助长敌人的气焰。使敌人忘乎所以，自取败亡。慎谋，就是责在周微，以谋制敌，离间敌君亲信。用财，就是以利乱敌，舍得花费财物，收买敌国臣民，从而达到攻强、离亲、散众的目的。"又，此六句银雀山竹简本作"……以叚（假）众，众以叚（假）贤，……叚（假）则有（又）叚（假）……叚（假）则有（又）叚（假），以王天下"。

【译文】

武王问太公道："我想建立功勋，却有三点疑虑：恐怕力量不能攻克强敌，恐怕不能离间敌人的亲信，恐怕不能瓦解敌人的民众，我该怎样做呢？"

太公说："要做到因势利导，慎用计谋，舍得花费钱财。要攻克强敌必须养护它，使它强大起来，必须增强它，使它壮大起来。太过强大就必会遇挫，太过壮大就必有失误。用让敌人愈加强大的方式去攻克强敌，用收买敌人亲信的方式去离间他的亲信，用争取敌人民心的方式去瓦解他的民众。

"在使用计谋的方法当中，以思虑周密最为重要。巧施迷局以误导敌人，贿赂财货以玩弄敌人，这样敌人争斗的欲望就会被挑起。想要离间敌君信任的忠臣，必须依靠他喜爱的奸臣与受他宠幸的小人。送给这些人想要的好处，许给这些人贪图的利益。他们就会进谗言使敌君疏远忠臣，不让忠臣实现抱负。他们获利后会非常高兴，就会不再对我们产生怀疑。

"若要攻克强敌，首先必须闭塞敌君的耳目，其后必须攻克他的强大军队，摧毁他的庞大国家，铲除民众的祸患。用女色迷惑他，用厚利诱惑他，用美味供养他，用音乐腐蚀他。

"已经离间敌君的亲信，还必须使他疏远民众，不要让他知道我们的计谋，搀扶敌君，把他推入陷阱，而敌国上下均未察觉我们的意图，这样做了以后就可以取得成功了。

"施恩于人民，一定不要吝惜钱财，民众就像牛马，要经常喂养它们，民众才会追随与爱戴你。

"用思考开启智慧，用智慧开启财富，用财富赢得民心，用民心赢得贤才，能够拥有贤才，就可以依靠他们称王天下了。"

龙韬

【题解】

《龙韬》为《六韬》全书的第三部分,共由以下十三篇组成:

《王翼第十八》,在我国乃至世界军队建设思想史上第一次论述了辅佐主帅打赢制胜的军事参谋总部的组织架构与人员构成。这个机构由72人组成,分工细致,周密完备,分别负责作战、宣传、间谍、天文、通信、工程、医务、军需等各方面。这与西方十七世纪以后才出现的参谋部的功能与作用十分接近,表明在《六韬》成书时期我国军队建设与军事学术的早熟状况。

《论将第十九》,指出将帅的选用合适与否,直接关乎国家的生死存亡,国君在这方面要高度重视。本篇提示国君在选拔将领时,要考察其是否具备"五材",警惕其是否存有"十过"。"五材"指的是勇、智、仁、信、忠,与孙子的"将者,智、信、仁、勇、严也"略有不同,多了一条——"忠",显示了新的时代条件下君主与将帅关系的特点。君主对军权要绝对掌握,对将帅要绝对控制,将帅对君主必须忠诚不贰。"十过"指的是十种缺点,即"勇而轻死"、"急而心速"、"贪而好利"、"仁而不忍人"、"智而心怯"、"信而喜信人"、"廉洁而不爱人"、"智而心缓"、"刚毅而自用"、"懦而喜任人",本篇分析了各种缺点所可能造成的不利后果。此篇被《群书治要》本收录于《武韬》。

《选将第二十》，告诫君主选拔将领时一定不能只看表象，并列出了外在表现与内在品质不相符合的十五种情况，提醒君王不要被一个人外在的优秀品质与良好素质所迷惑。此外，本篇还给出了"问之以言"、"穷之以辞"、"与之间谋"、"明白显问"、"使之以财"、"试之以色"、"告之以难"、"醉之以酒"等八种深入考察将领的方法。此篇被《群书治要》本收录于《武韬》。

《立将第二十一》，叙述了任命大将的肃穆庄严的仪式过程、君主对大将的郑重嘱托以及大将的慷慨表态。国家有难，君主一旦把军权交给将军，就意味着将社稷安危系其一身。此时君主应对将军充分信任，将军则应对君主绝对忠诚，所谓"二心不可以事君，疑志不可以应敌"。有了这个前提，才能落实"军不可从中御"的思想。将军在外有自主决断的权力，身在朝中的君主不要掣肘干扰，"军中之事，不闻君命，皆由将出"。将军重任在肩，要做到避实击虚，不轻敌自大，不一味死拼，不轻视部下，与士兵同甘共苦，这样才能战胜强敌，国泰民安。

《将威第二十二》，指出将领树立权威、显示英明以及做到令行禁止，其关键在于"杀贵大，赏贵小"、"刑上极，赏下通"。敢于诛杀权贵，就能树立将威；能够奖励卑贱，就会树立英明形象。如此审慎地实施刑罚，就能在全军上下做到令行禁止。

《励军第二十三》，指出了三种将领激励士兵斗志的方法。一是成为"礼将"，将领与士兵同寒暑，了解士兵的冷暖；二是成为"力将"，将领与士兵同劳苦，了解士兵的艰辛；三是成为"止欲将"，将领与士兵同饥饱，了解士兵的需要。将领做到了以上三点，才能调动士兵冲锋陷阵的战斗热情，在战场上做到斗志昂扬，争先恐后，好死乐伤。

《阴符第二十四》，介绍了君主与大将互相传递信息时使用的一种秘密通讯工具——阴符。阴符的形制一共有八种，每种尺寸不同，内容有别。君主与大将要保证阴符的隐秘性，不能让敌人识破秘密。

《阴书第二十五》，介绍了来往于君主与大将之间的一种秘密书信——阴书。每次传递时将一封信分成三份，由三人传递，传递者不了解书信内容。这样，敌人即使再聪明智慧也识破不了其中的秘密。

《军势第二十六》，揭示了较为丰富的用兵思想。首先，"事莫大于必克"。对于用兵者而言，打赢谋胜是第一要义。将领要有高超的智谋，要掌握两军态势，要懂得奇正之术，要清楚最高级的胜利是"无与战"，即孙子所谓"不战而屈人之兵"。其次，"用莫大于玄默"。将领要了解军事指挥艺术非一般语言所能阐释，这要求将领能够摆脱常规思维定势的束缚，深入幽奥玄妙的军事天地，用心感悟，深入揣摩，独立判断，才能捕捉克敌制胜之道。第三，"动莫神于不意"。《孙子兵法·计篇》曰："兵者，诡道也。……攻其无备，出其不意。"《六韬》此篇对孙子"出其不意"的思想予以进一步的强调。第四，"谋莫善于不识"。计谋不能被敌人识破，要胜敌于无形。《孙子兵法·虚实篇》有言："微乎微乎，至于无形。神乎神乎，至于无声，故能为敌之司命。"本篇呼应了这一思想。第五，"用兵之害，犹豫最大"。将领在决策的时候要无所畏惧，当断则断，不能迟疑。

《奇兵第二十七》，描述了二十六种出奇制胜的作战思路与激励士气的治军策略，指出善用兵者要能创造"神势"，要懂得"战攻之策"、兵力分合之术以及治乱兴衰之道，要具备"仁"、"勇"、"智"、"明"、"精微"、"常戒"、"强力"等素质，并再次强调了将帅之于国家的重要作用，所谓"故将者，人之司命，三军与之俱治，与之俱乱。得贤将者，兵强国昌，不得贤将者，兵弱国亡"。

《五音第二十八》，表现的是兵阴阳家的思想，认为可用五音和五行相配来判断敌情。本篇充满迷信色彩，缺乏理性精神。

《兵征第二十九》，指出在战前就能从士气的高低与否、军阵的整乱与否、军纪的严弛与否，判断出某支军队是强大还是疲弱，预测出大战的结果是大胜还是大败。这是有一定道理的。至于谈到用"望气"的方法来判断能否攻克城邑，其观点则属荒诞，不足凭信。

　　《农器第三十》，认为"用兵之具，尽在人事也"，农民种地用的各种农具，到战时都可以转用为兵器；农业生产、组织与管理技术，以及土木、水利工程经验，也可以分别转用到军事斗争的相关领域，做到平战结合，寓兵于农，兵农合一。统治者要想实现富国强兵的目的，就要从老百姓的农耕生活中汲取治国智慧。

王翼第十八

　　武王问太公曰："王者帅师，必有股肱羽翼，以成威神①，为之奈何？"

　　太公曰："凡举兵帅师，以将为命②。命在通达，不守一术③。因能受职，各取所长，随时变化，以为纲纪④，故将有股肱羽翼七十二人⑤，以应天道⑥。备数如法，审知命理⑦，殊能异技，万事毕矣。"

【注释】

①"王者帅师"三句：意谓君王统帅军队，必有将官辅佐，以使君王具有不凡威势。股肱，比喻辅助君王的将官。股，大腿，从胯到膝盖的部分。肱，胳膊从肘到肩的部分。羽翼，喻意同"股肱"。朱墉引王汉若曰："'股肱羽翼'，概指大将偏副说。'必有'、'以成'四字，正见王者威神，资人赞助意。"又引《大全》曰："兵凶器，战危事，天子自将以威不轨，以讨不庭，机务不能以独理，必有大将以总其兵之纲，必有副将以司其兵之目，而王者神武不杀之威赖以成矣。"孔德骐说："这里所说的'股肱'、'羽翼'，是指在主帅左右并协助主帅参预谋划的人。就是说，将帅左右要有一批通晓兵法、善于筹策的人。这说明，司令部组织是从实践中产生

的。……分别管理作战、宣传、间谍、天文、通信、工程、医务、军需等方面的参谋业务。这种业务分工,直接地影响到后世军制的发展。"

②凡举兵帅师,以将为命:意谓君王发兵统帅军队,要把将帅当成主宰军队命运的人。命,司命,命运的主宰者。施子美曰:"盖将者,民之司命,死生之所系也。故举兵帅师之际,必以将为命。"

③命在通达,不守一术:意谓身为命运主宰者的将领,要有掌握全局的本领,不能只专精某一技能。通达,指具有掌握全局的本领。守,掌管,掌握。又,此二句《太平御览》卷二七三引《六韬》作"在其通达,不在一术也"。

④"因能受职"四句:意谓要做到因材授职,各取所长,随时变化调整,以此作为用人方面的制度。纲纪,制度,法规。施子美曰:"至于用人之际,则不可或拘其才,故因能受职,各取所长,使得以尽其能而任其事,才之大者则大用之,小则小用之,长于智者为谋主,长于骑者为骑将,长于步者为步将。凡此皆因能而授以职也。至于驱之以应敌,则又因宜而定其制。时可用汉则示之以汉,以为之制;时可用蕃则示之以蕃,以为之制。凡此又因时所宜,变化而应之,以为之制也。纪纲者,法度之谓也。昔光弼之为将也,自牙将以下,如廷玉、惟正之徒,各以能称职者,以光弼能因所长也。至于应敌之际,擒日越则留希德以野次,克周挚则与廷玉、惟正以铁骑,是又因时变化,而以为之纲纪也。将之贵乎得人也如此。"朱墉引汪氏曰:"在朝之纪纲乃一定而不变者也,在军之纪纲乃变化而无定者也。变化无定之纪纲,固不可先时而为之,尤不可后时而为之也,惟贵乎随时以为之。大智者大用之,小智者小用之,莫不随时以为审量。大勇者大用之,小勇者小用之,莫不随时以为权衡。材者用之以材,技者用之以技,能者用之以能,术者用之以术,莫不随时以为任。使一军有一军

之纪纲,奇正攻守殊其用;一事有一事之纪纲,刚柔强弱异其施;一日有一日之纪纲,阴阳饮食适其宜。"国英曰:"王者以将相为股肱,将相以偏裨为羽翼。盖相能燮理阴阳,教民忠义,挈其纲而人乐为用。将能整率军旅,节制赏罚,事有纪而各尽其才。夫用人之道,贵量能授职,使贪使诈皆能得其所宜,其权在将相。平日应事治民,经纬不紊,教化克行,则文事武备均至矣。是为得其纲纪。"

⑤ 故将有股肱羽翼七十二人:孔德骐说:"率军打仗,要有将帅;将帅要实施指挥,就要建立起自己严密的指挥系统。《龙韬·王翼》所列举的'股肱羽翼七十二人',内分不同的参谋业务,组成一个比较周密完备的指挥机构。在这个机构中,包括作战筹画、气象观察、地理测量、粮糗供应、金鼓旗号、敌情侦察等机构和人员。有了这些参谋业务,就能'以应天道,备数如法,审知命理……万事毕矣'。这实际上是我国最早的司令部组织,也是世界最早的类似参谋部性质的组织。在欧洲,公元1640年前后首先在普鲁士开始出现参谋勤务的萌芽,1653年进一步发展为类似参谋部的'后勤总监',1786年死去的腓特列大王实际就是普鲁士军队的统帅兼参谋长。不久,法国的柏蒂埃·路易·亚历山大,被拿破仑委任为总参谋长,并使参谋部组织得到进一步的发展和完善(参见谢国良著:《拿破仑战争》第34—35页,上海人民出版社,1985年出版)。由此看来,参谋机构的创设,我国比欧洲早二千多年。"《中国历代军事思想》指出:"《六韬》的军队建设思想,突出的发展是第一次论述了司令部的编成。它认为统帅是军队命运的主宰者,必须通晓用兵之道,掌握全盘情况,不能只会某一专长。因而,统帅身旁必须有一批各有专长的人员,参谋预划,辅佐统帅处理各种情况。……从所列举的七十二人的任务看,几乎包括了近代司令部的所有参谋业务。这是战争规

模极为扩大、军事学术高度发展的反映;也说明中国早在距今两千二三百年前,就已有了如此完备的指挥机构,这是世界战争史上最早的司令部或类似参谋部性质的军队组织。"

⑥以应天道:天道,指自然界一年间的七十二候。候是古代的计时单位。古人将五天定为一候,一年共有七十二候,参谋人员的七十二之数由此而定。施子美曰:"官不徒设,必取之天数,而以为建官之制。天有七十二候,而将置股肱羽翼七十二人,所以应天道也。昔者周之世,建官三百六十员,人惟见其三百六十也,而不知成周之制取之周天三百六十度也。东汉之世,云台之像二十有八,人惟见其二十有八也,而不知东汉之制取之二十八宿之数。盖建官之法,非有所私也,必有所取象也,其术如此。"朱墉引姚氏曰:"天以一气运于上而岁功成,将以一心运于中而战功立。天之所以为天者,一气也,至于行四时、宣八风,则非止于一气。将之所以为将者一心也,至于用群策、用群力,则非止于一心。天之于物,雷之动也,风之散也,雨之润也,日之暄也,春之道生也,夏之道养也,秋之道成也,冬之道藏也,无非天以一气运行,而七十二候所由分,此天道也。知者效谋,勇者效力,犹天之以雷动,以风散,以雨润,以日暄也。贤者在位,能者在职,犹天之以春生,以夏养,以秋成,以冬藏也。"

⑦审知命理:意即清楚为将者肩负的使命。施子美曰:"命理者,将理也,以将为命,故谓之命理。"

【译文】

武王问太公道:"君王统帅军队,必有将官辅佐,以使君王具有不凡威势,该怎么做呢?"

太公答道:"君王发兵统帅军队,要把将帅当成主宰军队命运的人。身为命运主宰者的将领,要有掌握全局的本领,不能只专精某一技能。要做到因材授职,各取所长,随时变化调整,以此作为用人方面的制度,所以将帅需要有七十二个参谋辅助他,以顺应一年的七十二候。将领能效法天道配备参谋人数,清楚为将者肩负的使命,发挥各类人才的特殊才能,就能使各项任务圆满完成。"

武王曰:"请问其目。"

太公曰:"腹心一人,主潜谋应卒,揆天消变,总揽计谋,保全民命①;谋士五人,主图安危,虑未萌,论行能,明赏罚,授官位,决嫌疑,定可否②;天文三人,主司星历,候风气,推时日,考符验,校灾异,知天心去就之机③;地利三人,主三军行止形势,利害消息,远近险易,水涸山阻,不失地利④;兵法九人,主讲论异同,行事成败,简练兵器,刺举非法⑤;通粮四人,主度饮食蓄积,通粮道,致五谷,令三军不困乏⑥;奋威四人,主择材力,论兵革,风驰电击,不知所由⑦;伏鼓旗三人,主伏鼓旗,明耳目,诡符节,谬号令,闇忽往来,出入若神⑧;股肱四人,主任重持难,修沟堑,治壁垒,以备守御⑨;通材三人,主拾遗补过,应偶宾客,论议谈语,消患解结⑩;权士三人,主行奇谲,设殊异,非人所识,行无穷之变⑪;耳目七人,主往来听言视变,览四方之事,军中之情⑫;爪牙五人,主扬威武,激励三军,使冒难攻锐,无所疑虑⑬;羽翼四人,主扬名誉,震远方,摇动四境,以弱敌心⑭:游士八人,主伺奸候变,开阖人情,观敌之意,以为间谍⑮;术士二人,主为谲诈,依托鬼神,以惑众心⑯;方士二人,主百药,以治金疮,以痊万病⑰;法算二人,主计会三军营壁、粮食、财用出入⑱。"

【注释】

①"腹心一人"五句：意谓一人担任腹心，主要职责是密谋军务，应付突发事变，观测天象，消除变异，统揽全军谋划，保全民众生命。潜谋应卒（cù），意即密谋军务，应付突发事变。潜，秘密地，偷偷地。卒，同"猝"，突然。揆天消变，意即观测天象，消除变异。揆，度量，观察，观测。施子美曰："此则将之所赖以定大计者也。汉王之良、平，萧王之寇、邓，皆腹心之臣也。主潜画计谋以应仓促，揆度天心，消去时变，以其司大计之所定，故计谋在所总揽，而民命以之保全。"

②"谋士五人"八句：意谓五人担任谋士，主要职责是图谋安危，思虑尚未发生之事，议论人的德行才能，申明赏罚标准，授予各种官职，决断疑难问题，裁决事情可做与否。施子美曰："谋士五人，此则谋主也，有智者皆可为之。此田忌之孙膑，韩信之左车，皆谋士也。主图安危，虑未萌，此则论成败之所在也。论行能，此则较人才之长短也。明赏罚，此则公驭人之权也。授官位，此则原用人之法也。决嫌疑，定可否，又所以为胜败之政而收其成功也。"

③"天文三人"七句：意谓三人担任天文，主要职责是掌管天文历法，观测风云天象，推究时辰和日子的吉凶，考察祥瑞是否与人事相符，核验灾异预兆，了解天心向背的苗头。星历，指天文历法。候风气，意即观测天象吉凶。候，观测。风气，指古代的一种占候之法。推时日，意即推究时日吉凶。古人迷信，以为时日有吉凶，常以卜筮决之。时日，时辰和日子。考符验，意即考察祥瑞是否与人事相符。校灾异，意即核验灾异预兆。知天心去就之机，意即把握天意向背的时机。天心，天意。去就，向背。机，苗头或预兆。施子美曰："天文三人，此则观天象以察时变也。成周之际，有太史之官，大师报天时与大师同车，此则天文

之职也。主司星历，则以观星辰之变动。候风气，则以察时风之逆顺。推时日，以观其数。考符验，以观其证。校灾异，以从其变。即是数者，则天心之去就可知矣。故以此知天心去就之机。天之所与，吾则取之，所以应天也。"又，天心，底本原作"人心"，误。据《武经七书直解》本改。

④"地利三人"六句：意谓三人担任地利，主要职责是了解大军行进与驻扎的地形状况，分析利弊消长，清楚空间距离的远近与地理形貌的险易，查明河水的充沛干涸与山地的艰难险阻，不能丧失地理环境的优势。消息，消长，消失与增长。息，增长，递增。施子美曰："地利三人，则择地利以处军，如卫青之张骞，知地利者也。主行军营垒之事，故三军行止、形势、利害、消息，可与不可，皆听从之。远近险易之形，与夫水涸山阻不利之地，亦皆知之。惟知地利，故不失其利。"

⑤"兵法九人"五句：意谓九人担任兵法，主要职责是讨论研究各种战法的异同，分析作战成败的原因，查验兵器是否熟练使用，侦察检举军中的不法行为。简练，这里是查验兵器是否熟练使用的意思。简，考察，查验。练，使熟练，训练。刺举，侦察检举。施子美曰："兵法九人，此则韬钤之士，晓兵法者也。彼惟能晓兵法，故可使讲论异同，行事成败，此则论胜负也。简练兵器，则欲便于用也。刺举非法，则刑罚不用命者也。凡此者，兵法之所次，故使之主之。"

⑥"通粮四人"五句：意谓四人担任通粮，主要职责是谋划将士饮食和粮草物资，保证粮运通畅，征收五谷军粮，使军队的粮食供给不匮乏。度（duó），考虑，谋划。施子美曰："通粮四人，此则运粮食之职也。故主度饮食蓄积，通粮道，致五谷，以足其用，使三军不至于困乏，以其能足粮食也。"

⑦"奋威四人"五句：意谓四人担任奋威，主要职责是选拔勇士，研

究军备,保证军队能风驰电掣般快速行动,让敌人不知我军从何而来。材力,勇力,勇士。兵革,指军备。施子美曰:"奋威四人,此选锋之士也。故材力之士在所择,兵革之士在所论,其奔击之速,如风驰电掣,人不知其所出。"

⑧"伏鼓旗三人"七句:意谓三人担任伏鼓旗,主要职责是熟练掌握军鼓与军旗的使用,使军中士兵明白军鼓与军旗的号令含义,有意制造虚假的传令凭证,传递虚假的军中号令,让敌人感到我军往来突然,出入行动犹如神灵般变化莫测。伏鼓旗,意即熟练掌握军鼓与军旗的使用。伏,通"服",复习,熟练地掌握。明耳目,意即使军中士兵明白军鼓与军旗的号令含义。诡符节,意即有意制造虚假的传令凭证。符节,指古代朝廷传达命令或征调兵将用的凭证,双方各执一半,以验真假。阍(yǎn)忽,突然。施子美曰:"伏旗鼓三人,此则勇力之士也,故使之伏旗鼓。明耳目,盖旗鼓军之耳目也。惟伏旗鼓,故可以明耳目。诡符节,谬号令,所以惑敌也。惟能惑敌,故阍忽往来,出入若神,敌不得而制之。"

⑨"股肱四人"五句:意谓四人担任股肱,主要职责是保卫军事重地,守护要害工程,挖掘壕沟,修筑城墙,以完备军队的防御工事。任重持难,《武经七书注译》曰:"规划保卫重地,守护要害工程。"施子美曰:"股肱四人,此则代举复者也,必其能力于治事也。故主任重持难,言代将任重难之事。修沟堑,治壁垒,所以为守御之备。"

⑩"通材三人"五句:意谓三人担任通材,主要职责是指出将帅的疏漏,弥补他的过错,接待外国的使者宾客,与之讨论谈判,消除外交隐患,解决国际纠纷。应偶,应对,接待。施子美曰:"通才三人,此则智略之士也。故主拾遗补过以辅助之,应偶宾客,论议谈语,以代应对之职。消患解结,以除危难之事。"

⑪"权士三人"五句：意谓三人担任权士，主要职责是实行诡诈谋略，实施奇异绝技，不让敌人识破，使我军行动变化无穷。奇谲，诡诈。设殊异，实施奇异绝技。设，实施。施子美曰："权士三人，此则通变之士也。行奇谲，设殊异，则主为奇谋以误敌也。奇谋所出，人不可知，故非人所识，而独运之于无穷之中，故能行无穷之变。"

⑫"耳目七人"四句：意谓七人担任耳目，主要职责是往来刺探军情，观察各种变化，纵览天下大事，掌握敌军情况。施子美曰："耳目七人，所以广闻见也，故主往来，听言视变，四方之事，军中之情，皆所当察，故在所览。"

⑬"爪牙五人"五句：意谓五人担任爪牙，主要职责是宣扬军威，激励士气，使我军冒着危险攻克强敌，没有任何疑问顾虑。施子美曰："爪牙五人，所以敌忾也，故主扬威武，以激励三军，使敢于进战，可以冒难攻锐。无所疑虑，言可使之必往战也。"朱墉引《大全》曰："'主扬威武'二句，用兵以激励士气为先，然主将不能自为激励，故必用爪牙五人，使之各司一军，临时主扬威武，所以激励三军，使之冒难攻锐，无所疑虑也。"

⑭"羽翼四人"五句：意谓四人担任羽翼，主要职责是宣扬将帅的威名，使之声震远方，动摇周边邻国的军心，以削弱敌人的斗志。施子美曰："羽翼四人，所以张声势也，故主扬名誉，震远方。摇动四境，以警摄之，故敌可弱。"朱墉引叶伯升曰："'主扬名誉'二句，盖名誉者，主将之先声也。先声最足以夺敌人之气，所以行军用人必得羽翼四人，播扬主将，立名誉，以流传于远方，使之闻名而震惊恐惧也。如'军中有一韩，西贼闻之心胆寒；军中有一范，西贼闻之惊破胆'是也。"

⑮"游士八人"五句：意谓八人担任游士，主要职责是窥察敌人奸细，侦察敌情变化，观察敌军意图，进行间谍活动。伺奸候变，意

即窥察敌人奸细,侦察敌情变化。伺,窥察,探察。候,窥伺,侦察。开阖人情,意即掌握人心向背的情况。朱墉《直解》曰:"开阖人情,或向或背也。"开阖,张与闭,这里指人心的向与背。施子美曰:"游士八人,此说士也,故主伺奸候变,以开阖人情,是人心不疑。观敌之意,以为间谍,是又因敌之情而惑之也。"

⑯"术士二人"四句:意谓两人担任术士,主要职责是故意制造诡异,依托鬼神,以迷惑敌人的军心。施子美曰:"术士二人,此巫卜之职也,欲假是以成其事,故主为谲诈,依托鬼神,以惑众心。"

⑰"方士二人"四句:意谓两人担任方士,主要职责是管理各种药品的使用,以医治创伤,治愈百病。金疮,指兵器造成的创伤。施子美曰:"方士二人,此医疗之职也,故主百药,以治金疮,痊万病。"

⑱法算二人,主计会三军营壁、粮食、财用出入:意谓两人担任法算,主要职责是计算军队营垒、粮食的总体开销以及钱财物资的出入情况。施子美曰:"法算二人,此善会计者也,故主计会营壁,所以度地也。计会粮食、财用出入,所以理财也。"朱墉引《开宗》曰:"此言王者欲得股肱羽翼以成威神,当法天道,随时变化,以为纪纲。不可徒守一术,因详其实也。"朱墉《全旨》曰:"此章见王者用兵以任使人才为主,军中钜细之务,一人难以独理,而人才有短长,势又弗能以兼营,若不列科目则庶事有不备之虞,不分轻重则委托多乖违之失,故必别其等类而后纪纲不紊,定其数目而后职守无侵,斯足为军旅之司命也。股肱惟腹心最重,腹心有主,而后可以定谋,谋立而天时、地利、兵法备焉。兵备不可无粮,粮足而后威奋,威奋而将主旗鼓上备。股肱、通才、权士充其选,耳目、爪牙、羽翼呈其用,游士、术士间其外,方士、算士理其内,列目一十八,等计七十二人,则才全事举,而天人合德矣。"

【译文】

武王说道:"请允许我询问一下这方面的具体内容。"

太公说"一人担任腹心,主要职责是密谋军务,应付突发事变,观测天象,消除变异,统揽全军谋划,保全民众生命;五人担任谋士,主要职责是图谋安危,思虑尚未发生之事,议论人的德行才能,申明赏罚标准,授予各种官职,决断疑难问题,裁决事情可做与否;三人担任天文,主要职责是掌管天文历法,观测风云天象,推究时辰和日子的吉凶,考察祥瑞是否与人事相符,核验灾异预兆,了解人心向背的苗头;三人担任地利,主要职责是了解大军行进与驻扎的地形状况,分析利弊消长,清楚空间距离的远近与地理形貌的险易,查明河水的充沛干涸与山地的艰难险阻,不能丧失地理环境的优势;九人担任兵法,主要职责是讨论研究各种战法的异同,分析作战成败的原因,查验兵器是否熟练使用,侦察检举军中的不法行为;四人担任通粮,主要职责是制订伙食标准,储备粮草物资,保证粮运通畅,征收五谷军粮,使军队的粮食供给不匮乏;四人担任奋威,主要职责是选拔勇士,研究军备,保证军队能风驰电掣般快速行动,让敌人不知我军从何而来;三人担任伏鼓旗,主要职责是熟练掌握军鼓与军旗的使用,使军中士兵明白军鼓与军旗的号令含义,有意制造虚假的传令凭证,传递虚假的军中号令,让敌人感到我军往来突然,出入行动犹如神灵般变化莫测;四人担任股肱,主要职责是保卫军事重地,守护要害工程,挖掘壕沟,修筑城墙,以完备军队的防御工事;三人担任通才,主要职责是指出将帅的疏漏,弥补他的过错,接待外国的使者宾客,与之讨论谈判,消除外交隐患,解决国际纠纷;三人担任权士,主要职责是实行诡诈谋略,实施奇异绝技,不让敌人识破,使我军行动变化无穷;七人担任耳目,主要职责是往来刺探军情,观察各种变化,纵览天下大事,掌握敌军情况;五人担任爪牙,主要职责是宣扬军威,激励士气,使我军冒着危险攻克强敌,没有任何疑问顾虑;四人担任羽翼,主要职责是宣扬将帅的威名,使之声震远方,动摇周边邻国的军心，以削弱敌人的斗志；八人担任游士，主要职责是窥察敌人奸细，侦察敌情变化，观察敌军意图，进行间谍活动；两人担任术士，主要职责是故意制造诡异，依托鬼神，以迷惑敌人的军心；两人担任方士，主要职责是管理各种药品的使用，以医治创伤，治愈百病；两人担任法算，主要职责是计算军队营垒、粮食的总体开销以及钱财物资的出入情况。"

论将第十九

武王问太公曰："论将之道奈何？"

太公曰："将有五材十过①。"

武王曰："敢问其目？"

太公曰："所谓五材者：勇、智、仁、信、忠也②。勇则不可犯，智则不可乱③，仁则爱人④，信则不欺⑤，忠则无二心⑥。"

【注释】

①将有五材十过：意谓将领应具备五种才能，警惕十种缺点。材，才能。施子美曰："任官惟贤才为国之要也。官之所任，必欲得人，况将之为职，社稷安危之所系，万民死生之所托，讵可妄爱之耶？必得其人而后可以专其任。人不能皆贤，而有不肖者焉，此所以在所论也。其孙子之论将，有所谓智、信、仁、勇、严，……即太公之五材也。又有所谓将有五危。孙子之五危，即太公之十过也。材则必胜，过则必败，可不论之乎？是以晋谋元帅，则必曰郤縠可。此以材论之，而知其可也。赵将赵括，其母力言其不可，此以非其材论之，而知其不可也。""必备是才而后可以居是职。五材既备，斯可以将矣。五者其与孙子之五者亦一律矣。而孙子易'忠'以'严'者，盖人谁不忠？而严者又治军之所先也。

先之以智者,盖孙子言之始计,非智不可也。"朱墉引邓伯莹曰:"总是用将要慎知其长,又要知其短。不可见其长,便忽其短。"又引彭孺熙曰:"大旨要明于知人,慎于用将,见得将是社稷人民所系,若我不知其材与过而委任之,至事败而悔无及矣。又云有五材十过,盖谓不可尽以为材,又有过者在;不可尽以为过,又有材者在,不可不察也。""有材而不善用之,则过即伏于材之中;有材而善用之,而过即迁于善之内。""练其材,使之务全其德;惩其过,使之无一敢蹈。"又引黄氏曰:"在衡品者,于醇之中而有以察其疵。在量才者,于优之中而有以观其劣。""乐于见材之心,即易于致过之地。乌得以将之有材,而遂遽信其无过?讳过之念,皆足以害材之端。安得以将之无过而即轻许其有材?""不以材忽其过,亦不以过掩其材。不以全材而贷其一过,亦不以一过而累其全材。"又引鲁氏曰:"十项皆从好处见出病来,此亦不学之过。若加之以学问,裁之以适于中,则成其材而化其过矣。""过而知矫即获其用。过而自用,未有不为人所乘者矣。"又,材,《群书治要》本作"才",下同。

②勇、智、仁、信、忠也:刘寅曰:"太公论将,以勇为首;孙子论将,以智为先;太公终之以忠,孙子终之以严;何也? 夫为将之道虽有五,而其要则在智勇二者而已。勇而无智,则轻死,是斗将也;智而无勇,则心怯,特谋将也。孙子论计,故以智为先,谋定而与人战,则勇有所施。太公论材,故以勇为首,勇决而谋于成,则智有所用。故勇必以智而后成,智必以勇而后行;然无仁,则失之残忍而士众之心离;无信,则失之欺蔽而上下之情隐;故智勇必以仁信辅之也。《中庸》论三达德:曰智、曰仁、曰勇,而行之以诚。诚者,信之极也。太公终之以忠,恐为将者不能尽乎己,而有二心也。二其心,则事不成矣。孙子终之以严,恐为将者失于姑息,而爱克厥威也。爱克厥威,则允罔功矣。太公、孙武之言,各

有攸当,宜参互考之,不可执一论也。"国英曰:"王者选将录其长,必戒其短。学者当知诚意正心,则忠信得主。持志养气则智仁自生,不言勇而勇寓焉,此乃临事而惧、好谋而成功夫。故由忠信智仁而发,则是大勇,刚柔缓急默运于中,是为不可犯。若心气浮躁,忿怒决裂,则是匹夫之勇,敌一人者也。但临敌用人,宜知权变,取其长,勿忽其短,可耳。"刘庆在《〈六韬〉与齐国兵学》一文中说:"《六韬》论'五材',以勇为首,与《孙子》书中'智信仁勇严'以智为首大相异趣。对此,《吴子·论将》斥之为:'凡人论将,常观于勇。勇之于将,乃数分之一尔。夫勇者必轻合,轻合而不知利,未可也。'其实以勇敢为军事首领美德源于军事民主制时期的英雄崇拜习俗。武王伐纣时,刚刚脱离原始社会不久,尚勇精神依然根深蒂固,这在《诗经》有关篇章中都有生动的反映。流传至今的《大武》乐章就是模拟武王伐纣时的战斗行为编成的。孔子曾对之评价说:'夫乐者象成者也,揔干而山立,武王之事也;发扬蹈厉,太公之志也。'(《礼记·乐记》)周朝建立以后,奉行仁义、礼让的兵学原则,讲求堂堂之阵,正正之兵,作战时仅凭个人勇力犯难涉险,也就不会对将帅的智谋权变能力提出过高的要求。直到春秋,一向崇尚西周礼乐文明的孔子仍然强调'战阵有队矣,而勇为本'(《说苑·建本》),大概是由于对太公一脉相传下来的'发扬蹈厉'尚勇精神仍景慕不已的缘故吧。"又,忠,《太平御览》卷二七三引《六韬》作"必"。

③智则不可乱:吴如嵩等著的《中国军事通史》第三卷《战国军事史》说:"所谓'智',一是会指挥,认为'不知战攻之策,不可以语敌'(《奇兵》)。二是会训练,懂得'练士之道'。即从一人学战到十人、百人、千人、万人学战,教成之后,能'合之百万之众','成其大兵,立威于天下'(《教战》)。"

④仁则爱人:吴如嵩等著的《中国军事通史》第三卷《战国军事史》

说：“所谓‘仁’，就是要爱兵、爱民。爱兵，则将帅应与士卒同劳苦。对此，《励军》篇有精彩的论述，如说：‘将，冬不服裘，夏不操扇，雨不张盖’，‘军皆定次，将乃就舍。炊者皆熟，将乃就食。军不举火，将亦不举’。‘仁’的另一种表现是爱民。如《略地》篇强调：‘无燔人积聚，无坏人宫室，冢树社丛勿伐，降者勿杀，得而勿戮，示之以仁义，施之以厚德。’这种不烧杀抢掠，不杀俘、不屠城的主张，无疑是值得肯定的。”

⑤信则不欺：施子美曰：“信则以诚相待，故不欺人。羊祜亦信矣，当时吴将且有‘安有鸩人羊叔子’之言，则其不欺也可知。”又，《群书治要》本“欺”下有“人”字。

⑥忠则无二心：施子美曰：“忠者必一心事君而无疑贰，故无二心。裴晋公讨贼，誓不与俱存，非无二心乎？”又，忠，《太平御览》卷二七三引《六韬》“必”。

【译文】

武王问太公道：“评论将领的原则是怎样的呢？”

太公曰：“将领应具备五种才能，警惕十种缺点。”

武王曰：“我要冒昧地询问一下这方面的具体内容。”

太公曰：“我所说的五种美德是：勇敢、智慧、仁慈、诚信、忠诚。勇敢就不会被侵犯，智慧就不会思虑惑乱，仁慈就懂得爱人，诚信就不会欺诈，忠诚就会对君主没有贰心。

“所谓十过者：有勇而轻死者，有急而心速者①，有贪而好利者，有仁而不忍人者②，有智而心怯者，有信而喜信人者③，有廉洁而不爱人者④，有智而心缓者⑤，有刚毅而自用者，有懦而喜任人者⑥。勇而轻死者，可暴也⑦；急而心速者，可久也⑧；贪而好利者，可遗也⑨；仁而不忍人者，可劳也⑩；

智而心怯者,可窘也⑪;信而喜信人者,可诳也⑫;廉洁而不爱人者,可侮也⑬;智而心缓者,可袭也⑭;刚毅而自用者,可事也⑮;懦而喜任人者,可欺也⑯。

【注释】

①心速:这里是匆忙决策的意思。

②有仁而不忍人者:不忍,这里是心慈手软的意思。又,不忍人,《群书治要》本与《太平御览》卷二七三引《六韬》皆作"不忍于人",下同。

③信人:《群书治要》本作"信于人",下同。

④有廉洁而不爱人者:《太平御览》卷二七三引《六韬》无"洁"字;《群书治要》本"人"作"民"。

⑤心缓:这里是内心怯懦的意思。

⑥有懦而喜任人者:意即有的怯懦胆小,喜欢依赖别人。任人,这里是依赖他人的意思。刘寅曰:"古人多犯此病,如性急喑哑叱咤,项羽之类。贪而好利,如张鲁之类。性刚而自用其能,如袁绍之类。懦弱而任人,如刘表之类。"

⑦勇而轻死者,可暴也:意谓作战勇敢却愿轻易赴死的,可以突然攻击他。暴,突然,这里是突然攻击的意思。施子美曰:"勇而轻死则必无持重之心,故可暴以激之。如楚子玉刚而无礼,是勇而轻死者也,故可暴。"

⑧急而心速者,可久也:意谓秉性急躁而匆忙决策的,可以用长久的时间拖垮他。施子美曰:"急而心速者,必不能持久,故可以久縻之。若赵括之出锐搏战,可谓急而心速者也,故可久。"朱墉引鲁氏曰:"急而速者,其性躁,持久不战则锐挫,故可久。"

⑨贪而好利者,可遗(wèi)也:意谓心地贪婪而喜好财货的,可以贿赂他。遗,给予,赠送,这里是贿赂的意思。施子美曰:"贪而好

利,此则好货者也,故可遗之以赂。若秦之崤关之将,可谓贪而好利者也,故可遗。"又,遗,《武经七书直解》本作"贵"。

⑩仁而不忍人者,可劳也:意谓讲究仁爱却心慈手软的,可以劳碌烦扰他。施子美曰:"仁而不忍人,则不欲劳其民,故可得而劳之。若夫忍于人,而如张巡之杀人而食,则不可劳矣。"

⑪智而心怯者,可窘也:意谓聪明智慧却内心怯懦的,可以让他困窘不安。施子美曰:"智而心怯,则必不能断,故可窘。孔明虽知天下大计,然谋多决少,亦可窘也。"朱墉引鲁氏曰:"智而心怯者,迫之则促而不及用,故可窘。"

⑫信而喜信人者,可诳也:意谓对人诚信却喜欢轻信别人的,可以用言语欺骗他。诳,用言语欺骗。施子美曰:"信而喜任人,则内无所主而轻信人者也,故可诳。骑劫信齐人之言,喜信人者也。"朱墉引鲁氏曰:"信而喜信人者,行反间以诳之则轻信,故可诳。"

⑬廉洁而不爱人者,可侮也:意谓品行廉洁却不会尊重人的,可以侮辱他。施子美曰:"廉洁而不爱人,则其心懦,故可侮。苟贪而爱人,若吴起,则不可侮矣。"朱墉引鲁氏曰:"廉洁不爱人者,清而近刻,士卒不乐为用,故可侮。"

⑭智而心缓者,可袭也:意谓聪明智慧却优柔寡断的,可以偷袭他。施子美曰:"智而心缓,则必不能速战,故可袭。荀攸谓陈宫有智而迟,此智而心缓者也。"朱墉引鲁氏曰:"智而心缓者,迟则识见已定,当急速其不意,故可袭也。"

⑮刚毅而自用者,可事也:意谓坚强勇猛却刚愎自用的,可以奉承迷惑他。事,侍奉,这里是奉承的意思。施子美曰:"刚毅而好自用,则必无谋,故可事之。若项羽之剽悍,则刚毅而好自用者也。"朱墉引鲁氏曰:"刚毅而自用者,敌卑词屈己以事奉之,则轻而不设备,故可事。"

⑯懦而喜任人者,可欺也:意谓怯懦胆小而喜欢依赖别人的,可以

设计欺骗他。施子美曰:"懦而喜任人,则必不明于事,故可欺。虽任人而不懦,如赵奢辈,则不可欺矣。"朱墉引鲁氏曰:"懦而喜任人者,敌设计给之,令猜疑所任之人,则失其倚仗,故可欺。"按,以上《六韬》对将领"十过"的论述,发展并深化了《孙子兵法》的"将有五危"说。《孙子兵法·九变篇》曰:"故将有五危:必死,可杀也;必生,可虏也;忿速,可侮也;廉洁,可辱也;爱民,可烦也。凡此五者,将之过也,用兵之灾也。"陈亚如在《〈六韬〉论》一文(载《上海师范大学学报》1992年第2期)中说:"'十过'中最常见的如勇而轻死、急而心速、刚毅自用等,为兵家之最大忌,军事史上因此而覆军杀将者可谓屡见不鲜。如晋、楚城濮之战的楚方主帅子玉,楚、汉成皋之战的楚方大司马曹咎,都因本身的这种重大缺陷导致兵败身死。其余数种也多为历史事实所证实。因此《六韬》'十过'之说,是具有重大的告诫意义的。它还有一层教科书的意义,那就是针对敌方将领品质上的某种缺陷,可能采取怎样的对应措施来击败他。散见于《通典》、《御览》后经清人辑录的《李卫公兵法》,其中'帅有十过'之说,即是袭用《六韬》这一节文字的,可见这些原则为论兵家所接受,竟至附会为名将的述作,它的普遍指导意义也就十分显然了。"又,任,《群书治要》本与《太平御览》卷二七三引《六韬》皆作"用"。

【译文】

"我所说的十种缺点是:有的作战勇敢却愿轻易赴死;有的秉性急躁,匆忙决策;有的心地贪婪,喜好财货;有的讲究仁爱却心慈手软;有的聪明智慧却内心怯懦;有的对人诚信却喜欢轻信别人;有的廉洁守法却不能施慧于人;有的聪明智慧却优柔寡断;有的坚强勇猛却刚愎自用;有的怯懦胆小,喜欢依赖别人。作战勇敢却愿轻易赴死的,可以突然攻击他;秉性急躁而匆忙决策的,可以用长久的时间拖垮他;心地贪婪而喜好财货的,可以贿赂他;讲究仁爱却心慈手软的,可以劳碌烦扰他;聪明智慧却内心怯懦的,可以让他困窘不安;对人诚信却喜欢轻信别人的,可以用言语欺骗他;品行廉洁却不会尊重人的,可以侮辱他;聪明智慧却优柔寡断的,可以偷袭他;坚强勇猛却刚愎自用的,可以奉承迷惑他;怯懦胆小而喜欢依赖别人的,可以设计欺骗他。

"故兵者,国之大事,存亡之道,命在于将①。将者,国之辅,先王之所重也。故置将不可不察也②。故曰:兵不两胜,亦不两败③。兵出逾境,期不十日,不有亡国,必有破军杀将④。"

武王曰:"善哉⑤!"

【注释】

①"故兵者"四句:按,《六韬》这里对于将帅重要作用的论述,亦见于《奇兵》篇,即:"故将者,人之司命,三军与之俱治,与之俱乱。得贤将者,兵强国昌,不得贤将者,兵弱国亡。"这是对《孙子兵法》"将帅论"思想的沿袭。《孙子兵法·作战篇》曰:"故知兵之将,民之司命,国家安危之主也。"《孙子兵法·谋攻篇》曰:"夫将者国之辅也,辅周则国必强,辅隙则国必弱。"施子美曰:"将之为任,难乎其人也若是。是故太公复言所以置将之道不可轻。盖兵者,国之大事。兵之所为大事者,以其存亡之所系也。存亡之道,命在于将,实统是兵也。兵有成败,则国有存亡,故其命属之于将。"朱墉引《新宗》曰:"国之大事系于兵,而兵之事系于将,则是将者从古所重,非自今日为然。"吴如嵩等著的《中国军事通史》第三卷《战国军事史》说:"在军队建设上,《六韬》也如同其他兵书一样,是将帅中心论者。而且,它比其他兵书更加强调将帅的作用。它不仅有《论将》、《选将》、《立将》、《将威》等专篇,而且

在其他篇也一再提到这一主题。……但它过分夸大将帅的作用,无疑是不可取的。"又,《太平御览》卷二七三引《六韬》"大事"作"大器","存亡之道"作"存亡之所由也"。

② 故置将不可不察也:施子美曰:"其察之者,欲其得人也。其在孙子亦云'兵者,国之大事,存亡之道,不可不察也'。而太公亦云者,孙子之意,为举兵者言也,太公之意,为择将者设也。此太公所以置将不可不察为言。"

③ 兵不两胜,亦不两败:意谓战争不会让双方都获胜,也不会让双方都失败。施子美曰:"盖天下之势不两立也久矣,此盛则彼衰,彼强则此弱,不胜则败,二者必有一于此。不胜不败者,必若河曲之战,秦晋交绥而后可也。若泜水之役,阳处父退舍,子尚亦退舍,而后可也,不然必有胜败。"

④ "兵出逾境"四句:意谓大军出发越过国境,为期不到十天,如果不是灭掉敌国,就必定是己方军队战败,将领被杀。施子美曰:"有奇兵出逾境,无十日之期,必有胜负。此言一举之间成败系焉,奚待于久耶?十日之间,不能亡彼之国,则必破军杀将,盖以胜负成败可以一见决也。"朱墉《全旨》曰:"此章论将极细。他处只言将之才有可用,此独于才中指出一端之偏,恐用人者因爱才而有失也。材者美质也。有美质须加以学问,斯不至流于偏而成过。若不知裁抑之,而任一己之性情,则敌人窥其私,而思有以中之矣。故说出可暴可久一节,戒人当药其病。若敌将犯此病,则可败也。末节又反复叮咛,深加省察,用将当察其材,即察其材中之过,乌有自取败亡之事哉?"

⑤ 善哉:朱墉引《开宗》曰:"此言国系命于兵,兵系命于将。亡国破军,兵家之常,论将者何可不察?"钮先钟说:"这一篇的主题非常明显,并且也有其特殊的见解,即所谓'五材十过'之说……所论与孙子的意见只小有出入,但似乎还更为精密。其最显著的差

异为《六韬》把'忠'列为必要条件之一，这是《孙子》所不曾列入者。此种差异可以显示时代的不同。孙子是春秋末期的人，在那个时代为将者多为各国贵族，其效忠本国大致是毫无疑问的。但到了战国后期，各国都竞用客卿，所以'忠'当然也就成为一个必要的条件。"孔德骐说："《论将》引述了孙子'兵者，国之大事……存亡之道'的观点，进而指出'命在于将'，'将者，国之辅，先王之所重也，故置将不可不察也'，说明选将是关系用兵成败和国家安危的大事。选将的标准是'五材十过'。'五材'，即勇、智、仁、信、忠。将有'勇'，不畏强敌，才能使敌人不敢进犯。将有'智'，才不会因疑惑而受外来扰乱。将有'仁'，才能得到士卒的拥护。将有'信'，才能不受骗，上下贯通一致。将有'忠'，才不至离心离德，故可授以重任。这是选将必须具备的五个基本条件。在《奇兵》一篇中，作者又进一步阐述了仁、智、勇三个条件，并且增加了'明'、'精微'、'常戒'、'强力'四个条件，指出将选得准不准，是关系到军队的治与乱、强与弱，关系到国家兴亡的大事。'十过'，即'勇而轻死'、'急而心速'、'贪而好利'、'仁而不忍人'、'智而心怯'、'信而喜信人'、'廉洁而不爱人'、'智而心缓'、'刚毅而用'、'懦而喜任人'。将如果有这些缺点，对治军、作战、军民关系等都会造成不良影响。这样势必削弱部队的战斗力。《六韬》论将与《孙子兵法》论将，有同有不同。孙武说：'将者，智、信、仁、勇、严也。'（《孙子兵法·计篇》）相同的是都有智、勇、信、仁。不同的是，孙武以智为首，以严为殿，《六韬》以勇为首，以忠为殿；孙武多了一个'严'字，《六韬》多了一个'忠'字。这是有其历史原因的。《孙子兵法》产生于春秋时期，当时的战争与以往相比，具有部队数量增多、武器装备改进、战场地域扩大、战争持续时间延长、作战方式复杂化等特点。所以，要使战争取胜，最重要的是智，以计取胜。《孙子兵法》十三篇，也是以

'计篇'为第一,表现了孙子对指挥才能的重视。作为将领的主要职责,首先也应当是斗智。齐鲁长勺之战,鲁国取胜,是鲁、齐两军的指挥者斗智的结果。所以,古代军事家有孙武尚智的美称。同时,孙武强调'严',即明法审令,严明军纪。历史上有关孙武吴宫教战,斩吴王美姬的故事,就是以'严'治军、以'法'治军的典范。"

【译文】

"战争是国家的大事,关乎国家的生死存亡,而军队的命运由将领掌握。将领是国家的辅佐,为先王所重视。任命使用将领不可不慎重考察。所以说:战争不会让双方都获胜,也不会让双方都失败。大军出发越过国境,为期不到十天,如果不是灭掉敌国,就必定是己方军队战败,将领被杀。"

武王说:"您讲得真好啊!"

选将第二十

武王问太公曰:"王者举兵,欲简练英雄①,知士之高下,为之奈何?"

太公曰:"夫士外貌不与中情相应者十五②:有严而不肖者,有温良而为盗者,有貌恭敬而心慢者,有外廉谨而内无至诚者③,有精精而无情者④,有湛湛而无诚者⑤,有好谋而不决者,有如果敢而不能者,有悾悾而不信者⑥,有恍恍惚惚而反忠实者⑦,有诡激而有功效者⑧,有外勇而内怯者,有肃肃而反易人者⑨,有嗃嗃而反静悫者⑩,有势虚形劣而外出无所不至、无所不遂者⑪。天下所贱,圣人所贵,凡人莫知,非有大明,不见其际⑫,此士之外貌不与中情相应者也。"

【注释】

①王者举兵，欲简练英雄：意谓君王起兵征伐，要挑选并磨炼出智勇双全的杰出人才。简，选择，精选。练，磨炼，锤炼。英雄，指才能勇武过人的人。朱墉引《大全》曰："简，选择也，从众人中而拔取之谓。练，磨练也，从其才之过与不及处而陶铸之谓。简其才智之超轶，而又练其才智以归于中庸之适于用，故能堪艰大而任劬襄无难矣。"又引王汉若曰："'英雄'二字要说得郑重，'王者'二字亦不得轻。盖非英雄则无所用其简练，而非王者正不能简练英雄也。"又引《醒宗》曰："有其简之则真才不混于伪，有其练之则偏才可成于全。既谓之英雄，已是世间不多得者，而又从而简练之，非王者不能也。"又引谈敷公曰："王者举征伐大事，自然要遴选人才，其小勇小智难当大任，必要简择磨练英雄，乃克有济。"又，英雄，《武经七书直解》本作"英权"。

②夫士外貌不与中情相应者十五：意谓将领的外在表现与内在品质不相符合的有十五种情况。外貌，指外在表现。中情，内情，指内在品质。施子美曰："人固不易知，知人亦未易。以山涛之贤，三十年而不知其子简；以王济之贤，三十年而不知其叔湛。夫亲莫亲于父子叔侄，而有三十年而不知者，况其他乎？此武王所以欲简练英雄，知其才之高下，而太公所以质外貌与中情而论之。夫世固有珉中而玉表，羊质而虎皮者，乌可以其外而信其中耶？有大辩而若讷，大巧而若拙者，又乌可以其外而弃其内耶？圣人亦智于知人者也，而门弟子又皆其平日所相与周旋而讲究者也，其知之若无甚难者，而圣人且谓'以貌取人，失之子羽，以言取人，失之宰我'，是则中情外貌为难究也久矣，况于素不相遇者，一朝欲择而用之，不亦难乎？"朱墉引《大全》曰："从来外貌易见而中情难测，非有大明不能相诸牝牡骊黄之外。"

③至诚：《武经七书直解》本作"恭敬"。

④有精精而无情者：意谓有的貌似精明干练，实则并无才干。精精，精明的样子。情，情实，这里是才干、才情的意思。

⑤有湛湛而无诚者：意谓有的貌似忠厚老实，实则不讲诚信。湛湛，忠厚老实的样子。

⑥有悾悾（kōng）而不信者：意谓有的貌似诚恳本分，实则不守信用。悾悾，诚恳的样子。

⑦有恍恍惚惚而反忠实者：意谓有的看起来糊里糊涂的，实则忠实可靠。恍恍惚惚，糊里糊涂的样子。

⑧有诡激而有功效者：意谓有的言语奇异激烈，不合常情，办事却颇有成效。诡激，奇异激烈。

⑨有肃肃而反易人者：意谓有的貌似严肃有礼，实则相反，爱轻蔑他人。肃肃，严肃有礼。易人，看不起人。

⑩有嗃嗃（hè）而反静悫（què）者：意谓有的看似严酷苛刻，实则相反，沉静诚实。嗃嗃，严酷的样子。静悫，沉静诚实。

⑪有势虚形劣而外出无所不至、无所不遂者：意谓有的看起来身体虚弱，相貌丑陋，但出使外国却能顺利到达各地，完成各项任务。势虚形劣，指身体虚弱，相貌丑陋。又，无所不遂，《武经七书直解》本作"无使不遂"。

⑫"天下所贱"五句：意谓天下都看不起的人，正是圣人要重视的，普通人没有哪一个能理解得了，如果不具备鉴别人才的高明见识，就无法看清他们的区别。际，交界，区分，区别。施子美曰："惟其人材之相去，内外或远，是以世之去取，所见亦异。天下之所贱者，疑若可贱也，而圣人之所贵者，乃天下之所贱者也。何者？天下之所见者外，圣人之所见者内也。所见既殊，故其去取亦异。天下之所见，惟不及于圣人，此凡人所以莫知，惟至明者乃知其极。苟非有大明见者，则亦何以见其涯际哉？"

【译文】

武王问太公道:"君王起兵征伐,要挑选并磨炼出智勇双全的杰出人才,了解将领水平的高低,该怎么做呢?"

太公答道:"将领的外在表现与内在品质不相符合的情况有以下十五种:有的看似严正,实则为非作歹;有的看似温和善良,实则实施偷窃;有的看似恭敬,实则内心傲慢无礼;有的外表廉洁恭谨,实则内心极不实诚;有的貌似精明干练,实则并无才干;有的貌似忠厚老实,实则不讲诚信;有的貌似喜好谋略,实则缺乏决断;有的看似果断,敢于决策,实则并非如此;有的貌似诚恳本分,实则不守信用;有的看起来糊里糊涂的,实则相反,忠实可靠;有的言语奇异激烈,不合常情,办事却颇有成效;有的貌似勇敢,实则内心胆怯;有的貌似严肃有礼,实则相反,爱轻蔑他人;有的看似严酷苛刻,实则相反,沉静诚实;有的看起来身体虚弱,相貌丑陋,但出使外国却能顺利到达各地,完成各项任务。天下都看不起的人,正是圣人要重视的,普通人没有哪一个能理解得了,如果不具备鉴别人才的高明见识,就无法看清他们的区别,以上就是将领的外在表现与内在品质不相符合的各种情况。"

武王曰:"何以知之?"

太公曰:"知之有八征①:一曰问之以言,以观其辞②;二曰穷之以辞,以观其变③;三曰与之间谋,以观其诚④;四曰明白显问,以观其德⑤;五曰使之以财,以观其廉⑥;六曰试之以色,以观其贞⑦;七曰告之以难,以观其勇⑧;八曰醉之以酒,以观其态⑨。八征皆备,则贤不肖别矣⑩。"

【注释】

①知之有八征:八征,指八种考验人才的方法。施子美曰:"人虽有

难知之情,而有可知之理。所谓可知之理,果何在哉?昔翼奉尝上封事于元帝,时谓知人之术,在于六情十二律,而执十二律,而御六情,以参虚实,万不失一。所谓知人之理,其在是乎?非也。夫子有言:'视其所以,观其所由,察其所安,人焉廋哉?'此正知人之术也。此太公所以以征明之。"朱墉引《大全》曰:"世惟以貌取人,故往往真材易失,八征剖析了了,即有伪貌,难掩真情。"又引《指归》曰:"在我有一副鉴别英雄的法则,则士之可否立判。尤必谨慎以用之,则贤不肖无从欺隐矣。"又引《拟题镜》曰:"天下贤愚不一,而人每色庄伪饰,盖以试之者寡,故人得以伪而掩其真,而惟八征具备焉,直从人所不得掩之处以窥其微焉,则人即善藏善饰,而衷情逼露,其间之贤不肖有不待分别而自无不别之者矣。八征只是不受人欺,有法则以识之之意。"

② 一曰问之以言,以观其辞:意谓一是问他一些问题,看他言辞是否周密。施子美曰:"盖未知其所蕴,则求之于言。言,心声也。情动于中,而后形之于言。问之以言,则彼必有所应之辞。吉人辞寡,躁人辞多,即是以观,则其中之所蕴者可知矣。昔高祖于韩信,设拜之际,则有所谓'将军何以教寡人'之言。此欲问以言而以观其辞也。"又,辞,《武经七书直解》本作"详"。

③ 二曰穷之以辞,以观其变:意谓二是用言辞诘问,对他穷究到底,看他是否具有应变能力。穷,穷究到底。施子美曰:"穷之以辞,以观其变,则究其所以尽是变者,而以知其所得也。辞而或穷,则变亦有所穷矣,故穷之以辞,可以观其变。昔孙武之见吴王,吴王既观其书,而复欲试以勒兵,此欲穷之以辞以观其变也。"

④ 三曰与之间谋,以观其诚:意谓三是派人私下为他谋划私利,看他是否忠诚。间,私下。谋,谋划,此指谋划私利。施子美曰:"此又观其所蕴之忠否。彼其果忠诚耶?虽间不入,此武涉、蒯通之说,所以不能变韩信之心也。或以为使为间谍,此食其、唐

俭之徒，所以身死于敌而不变也。"又，谋，《武经七书直解》本作"谍"。

⑤四曰明白显问，以观其德：意谓四是明白直接地询问隐情，从他是否不加隐瞒看其品德是否优良。明白显问，意即明白直接地询问隐情。施子美曰："此其究其所操守，而明白显问之，以观其内之所存者如何，此光武所以以何愿而问邓禹也。"

⑥五曰使之以财，以观其廉：意谓五是让他处理钱物，看他是否廉洁。施子美曰："盖人惟无贪心，则货赂不可移。使之以财，彼既不贪则廉矣。以是求之，则有如张奂之廉洁者，必可得矣。"

⑦六曰试之以色，以观其贞：意谓六是用美色试探他，看他是否坚贞。施子美曰："盖人惟所守者正，则必不为色所惑，故以色试之，可以观其贞否。以是求之，则有如吴起之贪而好色者，必可得而知矣。"

⑧七曰告之以难，以观其勇：意谓七是把难事告诉他，看他是否勇于担当。施子美曰："盖人惟敢于有为，则必不择事而安。告之以难而彼无所避，则其勇可知也。以是求之，则有如马援之矍铄者，可得而知矣。"

⑨八曰醉之以酒，以观其态：意谓八是用酒灌醉他，看他是否不失常态。施子美曰："夫人内有所养者，则必不为酒所惑，故醉之以酒，可以观其态。彼不困于酒则贤矣。以是求之，则有如季布之使酒任气者，可得而知矣。"

⑩八征皆备，则贤不肖别矣：意谓如果以上八种考验方法全都使用了，那么将领是贤还是不贤，就能区分出来了。朱墉引《大全》曰："'备'字有缺一不可之意，言人才真伪淆于竞进，使徒以一二事为征，未免还可装饰，难以别白其贤不肖也。今既八征备试，则表里悉呈，瑕瑜俱见，尚何有外貌之与众情不相应者乎？是我已有一段识英雄的法则，自不得为人欺瞒，贤不肖不待分别而自

明矣。"又引谈敳公曰:"'别'亦不是我与他分别,我从他掩不得的所在去征他,却自然别了。"朱墉《全旨》曰:"此章大旨是选将。选者择其才以弃其不才也,故全才必举之,而偏才必练之。至于人之不易识者,内外不必相符,表里不必如一,苟不能知之而别之,则贤不肖混淆,而有误用之失矣。惟有征之之法在,人焉廋哉?征之法备而不疏,则贤奸之照鉴而不漏,选将之道尽矣。"黄朴民说:"本篇论述选拔将领的方法和应注意的问题。俗话说,知人知面不知心,选拔将帅并非易事。以貌取人,失之子羽。如果仅仅依靠外貌、长相来选拔人才,往往是靠不住的。只有通过言谈举止各方面的综合分析,来考察和识别人才,才是选拔将帅的正确方法。作者指出,不能以外表来取舍人才,因为人们并不总是表里如一、言行一致的。接着作者列举了外貌和内心不符的十五种情况,认为'非有大明,不见其际'。要判断一个人是否能够担当起领兵作战的重任,应通过言、辞、间谍、财、色、难、酒等'八征'来考察他的辞、变、诚、德、廉、贞、勇、态。按照作者的观点,只要'八征皆备,则贤不肖别矣'。"

【译文】

武王问道:"您是用什么方法去了解他们的?"

太公答道:"了解他们可通过以下八种考验方法:一是问他一些问题,看他言辞是否周密;二是用言辞诘问,对他穷究到底,看他是否具有应变能力;三是派人私下为他谋划私利,看他是否忠诚;四是明白直接地询问隐情,从他是否不加隐瞒看其品德是否优良;五是让他处理钱物,看他是否廉洁。六是用美色试探他,看他是否坚贞;七是把难事告诉他,看他是否勇于担当;八是用酒灌醉他,看他是否不失常态。如果以上八种考验方法全都使用了,那么将领是贤还是不贤,就能区分出来了。"

立将第二十一

武王问太公曰："立将之道奈何①？"

太公曰："凡国有难，君避正殿②，召将而诏之曰：'社稷安危，一在将军，今某国不臣，愿将军帅师应之。'

【注释】

①立将之道：指任命大将的方式。施子美曰："非礼无以得贤，非贤无以制难。昔高祖欲召韩信，拜为大将。萧何曰：'王素嫚无礼。今呼大将如召小儿，此乃信所以去也。'乃设坛场，具礼拜之。大抵不尽其礼，不足以示其诚。不推以诚，不足以感其心。太公之所以告武王立将之道，诚欲武王尽礼以感激之也。"朱墉引《醒宗》曰："'立将'一'立'字，便见主之于臣，有安固不摇之意。"

②凡国有难，君避正殿：正殿，宫殿或庙宇里位置在中间的主殿。施子美曰："当国家多难之际，避正殿而召将，所以示其不自居其尊也。"

【译文】

武王问太公曰："君王任命大将的方式是怎样的呢？"

太公答道："凡是国家有危难，君王应避开正殿，在偏殿召见大将，向他发布诏令道：'国家命运的安危，全掌握在将军你的手上。如今某国不愿臣服我国，望将军领兵讨伐它。'

"将既受命，乃命太史卜，斋三日，之太庙，钻灵龟，卜吉日，以授斧钺①。君入庙门②，西面而立；将入庙门，北面而立③。君亲操钺持首，授将其柄④，曰：'从此上至天者，将军制之。'复操斧持柄，授将其刃，曰：'从此下至渊者，将军制之⑤。见其虚则进，见其实则止⑥，勿以三军为众而轻敌，勿以受命为重而必死，勿以身贵而贱人，勿以独见而违众，勿以辩说为必然。士未坐勿坐，士未食勿食，寒暑必同。如此则士众必尽死力⑦。'

【注释】

①"将既受命"七句：太庙，指君王的祖庙。钻灵龟，指钻凿、灼烧龟甲的背面，根据裂纹以判定吉凶。斧钺，两种兵器，象征着国君将刑罚、杀戮的权力赋予大将。朱墉引吉氏曰："择之以吉，以示不敢亵待之诚；复授之以权，以明无敢牵制之意。斧象从地而下，授之于将以见人主之威灵无幽弗烛也。钺象从天而上，授之于将以见大君之赫濯无远弗界也。授之之后，大将代天子而用之。是备不虞者，此斧钺，而威阃外者，亦此斧钺也。防外患者，此斧钺，而靖疆圉者，亦此斧钺也。敢不鞠躬尽瘁保民而利主也哉？"又，斋三日，至太庙，以授斧钺，《群书治要》本作"将军受命，乃斋于太庙，择日授斧钺"。

②君入庙门：《群书治要》本无"门"字。

③将入庙门，北面而立：《群书治要》本作"将军入北面立"。

④君亲操钺持首，授将其柄：《群书治要》本作"君亲操钺，持其首，授其柄"。

⑤从此下至渊者，将军制之：意谓从此以后，即使军中事务下至深渊，也全由将军处理。朱墉引《指南》曰："既曰军中之事，则非国事也。以军中之事付之军中之将，则上至天下至渊，已听之于将军，事安得不由将出？"

⑥见其虚则进，见其实则止：意即避实击虚。《孙子兵法·虚实篇》作："兵之形，避实而击虚。"

⑦如此则士众必尽死力：朱墉引汪氏曰："'士卒必尽死力'句跟上

'士未坐'三句来，如此之将，正是'服礼'、'服力'、'服止欲'之将，岂有士卒不尽死力之事？"国英曰："王者立将，关天下之安危，非为一人计也，故授其权于将。将既受命，当与士卒同甘苦，励忠义，以保国家，使兵民知感，方能得其死力。以守则固，以攻则取，天下安，斯庶民安。若将卒不和，一旦临敌应变，无异驱市人以战，而欲其各尽死力，不能也。立将者可勿慎欤？"按，自"见其虚则进"至此，《群书治要》本录《犬韬》有段文字与此相近，作："见其虚则进，见其实则避，勿以三军为贵而轻敌，勿以授命为重而苟进，勿以贵而贱人，勿以独见而违众，勿以辩士为必然，勿以谋简于人，勿以谋后于人。士未坐勿坐，士未食勿食，寒暑必同，敌可胜也。"

【译文】

"大将已经接受了任命，君王就命令太史占卜，斋戒三天，前往太庙，用龟甲预测吉凶，通过卜卦选择了一个好日子，在这天将象征权力的斧钺授给大将。君王进入太庙大门，面朝西站立；大将进入太庙大门，面朝北站立。君王亲自手持钺的头部，把钺的手柄交给主将，对他说道：'从此以后，军中事务即使上至天界，也全由将军处理。'君王又手持斧柄，将斧的刃部交给主将，对他说道：'从此以后，军中事务即使下至深渊，也全由将军处理。发现敌人虚弱就进兵攻击，发现敌人强大就停止进攻，不要因为我军人数多就轻视敌人，不要认为使命重大就必须与敌拼死，不要认为自己身份尊贵就看不起别人，不要认为自己见解独到就违背众人的意见，不要认为自己擅长辩论申说，想法就一定正确。士兵没有坐下休息自己就不要先坐，士兵没有吃饭自己就不要先吃，与士兵一同忍受寒冷与酷热。如果能做到这些，士兵们一定能拼死杀敌。'

　　"将已受命，拜而报君曰：'臣闻国不可从外治，军不可从中御①。二心不可以事君,疑志不可以应敌②。臣既受命,专斧钺之威,臣不敢生还③。愿君亦垂一言之命于臣④。君不许臣,臣不敢将。'

【注释】

①臣闻国不可从外治,军不可从中御:意谓臣听说国事不能让境外的人去治理,军队在外不能让朝中的人去指挥。《孙子兵法·谋攻篇》曰:"将能而君不御者胜。"施子美曰:"此所以别军国之异政也。古者立将之际,推毂之间,告之以自阃以外,将军主之。自阃以内,寡人治之。是则军国之治,未尝不分也。而将复尔云者,惧其掣肘也。"朱墉引《大全》曰:"此大将受命后报国之辞也。盖军事与国事不同。国事不可从外治,军事不可从中御。中御则将权掣肘,机宜自然乖舛,非社稷之福国家之幸也。"又引房氏曰:"机务必禀于庙算而举动辄请于朝廷,虽有秘密之谋,乌能不需迟而预泄乎? 惟一听于便宜则无牵制之患,而免内顾之虞。""未立之先,则贵有鉴察之识;既立之后,则贵有委任之诚。"

②二心不可以事君,疑志不可以应敌:意谓大臣若怀有贰心,就不能忠心侍奉国君;若心存疑虑,就不能专心对付敌人。朱墉引《新宗》曰:"'二心'不独作奸犯匿、反面事仇为二心,即营身家、饱妻子,亦是二心。既已受命,止知有君矣,安计身家哉?""志者乃人一身之主,若与之应敌便是应敌之主。此志一疑即无所不疑,故云不可以应敌。"又引《大全》曰:"二心当重看。天下事,一则专,二则杂,不独为将然也。将既委身受命,自当撇脱私心,鞠躬尽瘁死而后已也。若夫一心而事君,又一心而爱身,岂忠臣之所宜耶?""此题重在应敌不可犹豫,要有决断意。""一说跟上文来。言为君者不可有所牵制,使之疑志内顾。"又引王汉若曰:"疑志不可以应敌,此言将心要专一之意。将之心志乃应敌主

宰，苟临敌决战之际少有狐疑，则中无主而计画疏，必致为敌所中矣。"又引《醒宗》曰："应敌全要在自己专主行之。若人君御之，则心无专主，从此不是，从彼不是，曷克有功乎？故曰不可以应敌。"

③"臣既受命"三句：意谓臣已经接受任命，手持威严的斧钺，有指挥军队的专权，如果不完成使命就不敢活着返回。朱墉引《大全》曰："受命专斧钺，此亦是大将以身许国之言。言斧钺，国家重器，专此制者即当睹物思义，致死报国，岂敢复以生还乎？"又，生还，《群书治要》本作"还请"。

④愿君亦垂一言之命于臣：意即希望君王您能下达授权的指令给臣。

【译文】

"大将已经接受任命，向国君行拜礼并回答道：'臣听说国事不能让境外的人去治理，军队在外不能让朝中的人去指挥。大臣若怀有贰心，就不能忠心侍奉国君；若心存疑虑，就不能专心对付敌人。臣已经接受任命，手持威严的斧钺，有指挥军队的专权，如果不完成使命就不敢活着返回。希望君王您能下达授权的指令给臣。国君您不答应臣，臣就不敢担任大将。'

"君许之，乃辞而行。军中之事，不闻君命，皆由将出①。临敌决战，无有二心②。若此则无天于上，无地于下，无敌于前，无君于后③。是故智者为之谋，勇者为之斗，气厉青云④，疾若驰骛⑤，兵不接刃，而敌降服。战胜于外，功立于内，吏迁士赏⑥，百姓欢悦，将无咎殃。是故风雨时节，五谷丰熟，社稷安宁⑦。"

武王曰："善哉⑧！"

【注释】

①"军中之事"三句：意谓军队的事务，不听国君的指令，全部由大将直接发令。施子美曰："君既任之专，则将亦不可不专。故军中之命皆由将军，而君命有所不受，此细柳之营吏所以有'军中闻将军令，不闻天子诏'之言也。"朱墉引《指南》曰："既曰军中之事，则非国事也，以军中之事付之军中之将，则上至天下至渊，已听之于将军，事安得不由将出？"又引王汉若曰："此是专将权意。将在军，事或进或退，或行或止，一自将操之，非但臣下不容旁参，即大君亦不得掣肘。"又引《大全》曰："大意是不要掣将之肘。既谓之将，则军事皆将事，如何不由将出？'皆由'者正见由不得他人也。人主要晓得由不得他人，则将权自与之专矣。"又，不闻，《群书治要》本作"不可闻"。

②临敌决战，无有二心：朱墉引《新宗》曰："一心为国，一心为家，是有二心矣。有二心，不但不可以临敌，且不可以决战。"又引彭孺熙曰："军事既由将出，则将之进退虚实无不审察明晰，至临敌决战之时，自然心坚意诚，毫无挂碍，毫无犹豫，自一心以应敌矣。"

③"若此则无天于上"四句：意谓如果能做到这些，那么就会上不受制于天，下不受制于地，前不受制于敌，后不受制于君王。刘寅曰："如此则无天于上，谓上不制于天也；无地于下，谓下不制于地也；无敌于前，无君于后，谓中不制于人也。"朱墉引《醒宗》曰："'无天于上'一段，形容将体君命之重，何其激昂。"按，自"军中之事"至"无君于后"，《尉缭子·武议》有相近表述，作："将者死官也，故不得已而用之。无天于上，无地于下，无主于后，无敌于前。"

④气厉青云：意即全军士气高昂，直冲云霄。厉，剧烈，猛烈，这里是高昂的意思。朱墉引叶伯升曰："'气厉青云'要跟将权得以自由来。惟其将权得以自由，是以感激奋发而气厉于青云也，尚何

敌之能顿挫吾气哉?"又引《大全》曰:"言其气之发扬有似厉于青
云九霄之上者。"

⑤骛:乱跑,纵横奔驰。

⑥吏迁士赏:《武经七书直解》本"士"作"上"。

⑦"是故风雨时节"三句:意谓国家因此风调雨顺,五谷丰登,安定
太平。朱墉引谈敷公曰:"'风雨时节'三句,世人只知君之重将,
不知君惟重将,故国家得以安宁,乃知重将者,即所以福君乎?
君人者奈何不重将也!"邵鸿、徐勇说:"通过对命将授钺礼仪的
刻画,《立将》把将帅统兵作战可不受君主牵制,要有独断专行之
权的原则,上升到一个神圣而不可违背的地位。文中指出,只有
这样,将领才能'临敌决战,无有二心',了无牵碍,放手指挥,使
将士用命,所向无敌,国家大幸。作者将文中的观点阐发得淋漓
尽致,后世兵家从此难免会有'眼前有景道不得'之感,实际情形
也确实如此。所以,虽然《六韬》此文很可能直接来自《司马法》,
也深受《孙子》等古籍的影响,但《六韬》一出,便反复为人所引用
称赏,以至《司马法》等书的有关论述反而不如本篇为人所熟悉。
在这方面《六韬》的历史影响极为深远。"

⑧善哉:朱墉引《开宗》曰:"此言君将受命制胜之事。军不内御,有
死无二,故能上不制于天,下不制于地,中不制于人,敌国服而社
稷宁。"朱墉《全旨》曰:"此见人君欲国家常安,必以军事任之将,
而将礼不可以不隆,将权不可以不重。若既委寄之矣,而复从而
制御之,则有才而莫展,奚能立战胜之功而奠定社稷? 是故君臣
相与之际,贵释疑忌而惇诚信,托心膂而付威权。君有所勉于
臣,臣亦有所赖于君,然后得尽其智勇,使气势常伸而不可遏御,
则敌服而国以永宁矣。"黄朴民说:"立将,指任命主将。本篇论
述古代君主任命将帅的仪式和方法。全篇首先介绍命将的仪
程,其次集中阐述'军不可从中御'的观点。作者在文中阐明了

这样两个观点:一是将帅领兵作战,责任重大,'社稷安危,一在将军'。因此,身为将帅,应该做到'见其虚则进,见其实则止',不轻敌,不冒险,不轻视部下,不违背众意,与士兵同甘共苦。二是作为君主,应该信任将帅,给将帅以机断处置、灵活指挥的权力,即'国不可以从外治,军不可以从中御','军中之事,不闻君命,皆由将出'。否则,如果君主从中干预掣肘,对将帅采取不信任的态度,必然会干扰前方将帅的决心和计划,从而导致战争的失败。作者强调,只有做到上述两点,才能'无敌于前,无君于后','战胜于外,功立于内'。"

【译文】

"国君答应了大将的要求,大将就向国君告辞,领兵出发。军队的事务,不听国君的指令,全部由大将直接发令。面对强敌决一死战,没有人有贰心。如果能做到这些,那么就会上不受制于天,下不受制于地,前不受制于敌人,后不受制于君王。军中有智慧的人为大将谋划,勇敢的人为大将战斗,全军士气高昂,直冲云霄,如奔驰快跑一般行动迅速,还未与敌交锋,敌人就投降归顺。在国外战胜强敌,在国内建立功勋,军官升迁,士兵受赏,百姓欢乐,将帅没有获罪遭殃。国家因此风调雨顺,五谷丰登,安定太平。"

武王说:"您讲得真好啊!"

将威第二十二

武王问太公曰:"将何以为威?何以为明?何以为禁止而令行?"

太公曰:"将以诛大为威,以赏小为明①,以罚审为禁止而令行②。故杀一人而三军震者,杀之;赏一人而万人悦者,赏之③。杀贵大，赏贵小④。杀及当路贵重之臣，是刑上极也⑤；赏及牛竖、马洗厮养之徒，是赏下通也⑥。刑上极，赏下通，是将威之所行也⑦。"

【注释】

①将以诛大为威，以赏小为明：意谓大将用诛杀权贵的方式来树立自己的权威，以奖励卑贱者的方式来显示自己的英明。大，指地位高的权贵。小，指地位低的卑贱者。施子美曰："诛之所以为威者，非在数诛也。能诛大则可以为威。赏之所以为明者，非在数赏也，能赏小则可以为明。盖人莫不惮尊贵而忽微贱，故于尊贵刑有所不加，而于微贱者赏有所不及，非所以为威明也。惟不惮权贵，而大者有罪则必诛，乃所以为威也；不遗微贱，而小者有功则必赏，乃可以为明也。是皆权极其所用，故人服其威与明也。"朱墉引《大全》曰："'大'指权贵而言，诛及权贵是刑上极矣，岂非所以为威之道乎？如穰苴诛庄贾，李晟斩田希鉴是也。'小'指牛竖、马洗、厮养而言。赏及小人，是赏不遗于下也，岂非明之所及乎？如韦仁寿之录及围马是也。将能立威，但诛罚有威，人皆见之，至赏中亦有威，则人不识也。假令刑贷于大，赏遗于小，法网混淆，皆锢弊也，岂可以行威哉？昔张裔称孔明曰赏不遗远，罚不阿近，爵不可以无功取，刑不可以贵势免，此孔明所以能令贤愚忿忘其身也。"又引杜氏曰："用法而多所沮挠，不可以为将也。苟有罪者以贵而幸免，有功者以贱而吝施，则士众复奚从懔畏乎？刑当其罪，虽君之宠弟弗顾也，虽国之权要弗赦也。因其罪而加之，固不知其爵位也。赏当其功，虽军之樵汲不弃也，虽师之牧围不置也。因其功而录之，固不计其贱役也。人或知将之当有威，而不知威之当行，即知威之行，而不知因以刑赏之公而行。"

②罚审：慎重地实施刑罚。审，慎重。

③"故杀一人而三军震者"四句：意谓如果杀死某人能使全军震动，就杀死他；奖赏某人能使万人高兴，就奖赏他。施子美曰："杀一人而三军震者，杀之。此言刑之当而可以使人惩，故杀一人而三军震栗。其所诛者寡而所惩者众也，乌得不杀？赏一人而万人悦者，赏之。此言赏之当而可以使人劝，故赏一人而三军喜悦。其所赏者寡而所劝者众也，乌得不赏？李光弼北城之战，所以能使三军争奋、死生以之者，以其杀之足以震三军，而赏足以悦万人也。刺贼者立赐之绢，不刺者立置之斩。兹其为权，岂不足以震三军而悦万人乎？"又，此四句《群书治要》卷三十一引《阴谋》作"杀一人千人惧者，杀之；杀二人而万人惧者，杀之；杀三人三军振者，杀之。赏一人而千人喜者，赏之；赏二人而万人喜者，赏之；赏三人三军喜者，赏之"；《太平御览》卷六三三引《太公金匮》作"赏一人而千人喜者，赏之；赏二人而万人喜者，赏之；赏三人而三军劝者，赏之"；《太平御览》卷二九六引《六韬》作"杀一人万人惧者，宜杀之。杀一人三军不知，虽多杀，其将不重也"。

④杀贵大，赏贵小：意谓杀人，贵于敢杀权贵；奖赏，贵于能奖卑贱者。《尉缭子·武议第八》曰："凡诛者，所以明武也。杀一人而三军震者，杀之；赏一人而万人喜者，赏之。杀之贵大，赏之贵小。当杀而虽贵重，必杀之，是刑上究也；赏及牛童马圉者，是赏下流也。夫能刑上究、赏下流，此将之武也。故人主重将。"施子美曰："杀则贵大，以其诛大则可以为威也。赏则贵小，以其及小则可以为明也。"《中国历代军事思想》指出："在赏罚问题上，《六韬》接受了《尉缭子》的思想，也提出'杀贵大，赏贵小'的观点，……这是法家学派'一赏、一刑'观点的发展和深化。"

⑤杀及当路贵重之臣，是刑上极也：意谓杀掉权豪近要之臣，这说明社会最高层人士能受到惩罚。当路，指身居要职。

⑥赏及牛竖、马洗厮养之徒，是赏下通也：意谓能赏赐牧牛养马的奴仆，这说明卑贱阶层能得到赏赐。竖，童仆。马洗厮养之徒，指养马的奴仆。又，此句《群书治要》本作"赏及牛马厮养"。

⑦"刑上极"三句：意谓社会最高层人士能受到惩罚，卑贱阶层能得到赏赐，这样将领就能行使他的威权了。朱墉引《开宗》曰："此言刑赏当通其极，而后威明至而令行。"朱墉《全旨》曰："一章重在刑罚之公明，则将不期其有威而威自行。夫威之所以不行者，阻于权贵也，更阻于卑贱也。刑上极而赏下通，则三军惧而万人悦，乌有不行者哉？"王联斌在《〈六韬〉的军事伦理思想》一文（载《军事历史研究》1994年第6期）中说："如此将威之道，确有精警独到之处。'刑上极'方可以立威，'赏下通'方可以明信。其实立威明信并非仅此一'道'，可行之道甚多。不过就司马穰苴'君令有所不受'斩庄贾，孙武吴宫教练斩贵妃来看，'刑上极'确是立威之要道。至于吴起北门徙辕，商鞅徙木立赏，是'赏下通'之为，确也为其明信立威起到了良好效果。但是'刑上'与'赏下'都不是绝对的。当赏即赏，当刑即刑，'赏罚至公'是首要的前提。在此前提下行'刑上极、赏下通'之道才有积极的道德意义。"黄朴民说："本篇论述将帅树立威信的原则和方法。作者主张以法治军、厉行诛赏，指出身为一军主帅，要树立自己的权威，使全军令行禁止，离不开严明的军纪。而严明的军纪又必须依靠赏与罚这两种手段。其原则是公正严明，罚不避亲，赏不避仇。即'将以诛大为威，以赏小为明'。认为只要'刑上极，赏下通'，就能树立起主将的权威，做到令行而禁止。"又，《群书治要》本"是将威之所行也"句下有如下十一句："夫杀一人而三军不闻，杀一人而万民不知，杀一人而千万人不恐，虽多杀之，其将不重。封一人而三军不悦，爵一人而万人不劝，赏一人而万人不欣，是为赏无功、贵无能也。若此则三军不为使，是失众之

纪也。"

【译文】

武王问太公道:"大将怎样才能树立自己的权威?怎样做才能算是英明?怎样做才能有禁必止、有令必行?"

太公答道:"大将用诛杀权贵的方式来树立自己的权威,以奖励卑贱者的方式来显示自己的英明,以慎重地实施刑罚来做到有禁必止、有令必行。因此,如果杀死某人能使全军震动,就杀死他;奖赏某人能使万人高兴,就奖赏他。杀人,贵于敢杀权贵;奖赏,贵于能奖卑贱者。杀掉权豪近要之臣,这说明社会最高层人士能受到惩罚;赏赐牧牛养马的奴仆,这说明卑贱阶层能得到赏赐。社会最高层人士能受到惩罚,卑贱阶层能得到赏赐,这样将领就能行使他的威权了。"

励军第二十三

武王问太公曰:"吾欲令三军之众①,攻城争先登,野战争先赴,闻金声而怒②,闻鼓声而喜,为之奈何?"

太公曰:"将有三胜③。"

武王曰:"敢问其目。"

太公曰:"将,冬不服裘,夏不操扇,雨不张盖,名曰礼将④;将不身服礼⑤,无以知士卒之寒暑。出隘塞,犯泥涂,将必先下步,名曰力将⑥;将不身服力⑦,无以知士卒之劳苦。军皆定次,将乃就舍,炊者皆熟,将乃就食,军不举火,将亦不举,名曰止欲将⑧;将不身服止欲⑨,无以知士卒之饥饱。将与士卒共寒暑、劳苦、饥饱⑩,故三军之众闻鼓声则喜,闻金声则怒。高城深池,矢石繁下,士争先登。白刃始合,士争先赴。士非好死而乐伤也，为其将知寒暑、饥饱之审，而见劳苦之明也^⑪。"

【注释】

①吾欲令三军之众：《群书治要》本此句下有"亲爱其将如父母"一句；《太平御览》卷三七三引《六韬》亦有此句，但无"爱"字。

②金声：即钲声。钲，古乐器，形似钟而狭长，战争中击鼓进军，鸣钲收兵。

③三胜：《群书治要》本与《太平御览》卷一一引《太公兵法》皆作"三礼"。

④"将，冬不服裘"五句：服，穿。盖，指遮雨挡阳的覆盖物。施子美曰："将，冬不服裘，非无裘也，思士卒之有号寒者也。夏不操扇，非无扇也，思士卒之有冒暑者也。雨不张盖，非无盖也，思士卒之有暴露者也。若是之将，名曰礼将。"又，《群书治要》本"冬"作"冬日"，"夏"作"夏日"，"雨"作"天雨"，"盖"作"盖幕"。盖，《艺文类聚》卷六九引《六韬》作"幔盖"；《意林》卷一引《太公六韬》作"盖幔"，《太平御览》卷六九九引《六韬》作"帐盖"。

⑤将不身服礼：意即大将不以身作则，不习惯于遵循礼法。服，习惯于。又，此句《太平御览》卷六九九引《六韬》作"将不躬礼"。

⑥"出隘塞"四句：下步，下马步行。施子美曰："若出隘塞之地，冒犯途泥，将不惮其艰难，而必先下步，所以示其不自安而与之同劳苦也，若是者谓之力将。"又，犯，《意林》卷一引《太公六韬》作"过"。《群书治要》本无"先"字。

⑦将不身服力：意即大将不以身作则，不习惯于耗费体力。

⑧"军皆定次"七句：次，临时驻扎和住宿。舍，休息。按，"将，冬不服裘"至"名曰止欲将"，《尉缭子·战威》有相近表述，作："夫勤劳之师，将必先己。暑不张盖，寒不重衣，险必下步，军井成而后

饮,军食熟而后饭,军垒成而后舍,劳佚必以身同之。"施子美曰:
"军次定而后就舍,以人皆得所息也。炊皆熟,而后将就食,以人
皆得其食也。军举火,而后将举火,以人皆得其明也。凡此皆所
以同其欲,故谓之止欲将。止欲者,言不自肆其欲,而能止之以
与众同也。不能自止其欲,则何以知人饥饱之所欲?"朱墉引《指
南》曰:"此是自胜之旨。将为礼将、力将、止欲将,则三军之胜皆
我先自胜之也。"又引胡君常曰:"将与士卒虽谊属尊卑,而感召
之机则自将始。为将者诚能礼焉、力焉、止欲焉,念士卒之寒暑,
而士即以礼奋。体士卒之劳苦,而士即以力奋。同士卒之饥饱,
而士即以止欲奋。是三军之胜,皆从我之胜以感之。感之自我,
故说将有也。"又引宋氏曰:"贵贱之位不一,而寒暑之心则一,惟
将有以共之,而贵贱咸忘矣。尊卑之势不同,而寒暑之心则同,
惟将有以共之,而尊卑悉泯矣。忧乐好恶之情不均,而寒暑之心
则均,惟将有以共之,而忧乐好恶胥化矣。"又引《醒宗》曰:"与士
卒同寒暑而不自恃尊大,故曰礼。与士卒共劳苦而不自居骄佚,
故曰力。与士卒共饥饱而不自享肥甘,故曰止欲。将有此三者,
三军自然如父如子,生则同生,死则同死,焉有战不胜之理?"王
联斌在《〈六韬〉的军事伦理思想》(载《军事历史研究》1994 年第
6 期)一文中说:"'礼将'、'力将'、'止欲将',实为'三同将',即能
与士卒同寒暑、同劳苦、同饥饱之'将兵'者。在《六韬》看来,'三
同'之道是励军的最理想之道;只要为将者能做到'三同',就可
以使三军之众,闻鼓声则喜,闻金声则怒,争先恐后出战,不怕流
血牺牲。'三同'之所以能产生这么大的激励作用,就在于它能
充分折射出将帅的高尚道德人格形象。而实践证明,这种人格
形象(即榜样)的力量确是无穷的。"又,《群书治要》本"军"上有
"士卒"二字,"就"作"敢","不举"作"不火食"。《太平御览》卷二
七三引《六韬》"军皆定次"作"士卒皆定",卷二七三、卷八六九引

《六韬》"不举"皆作"不食"。

⑨将不身服止欲：意谓大将不以身作则，不习惯于遏制私欲。

⑩将与士卒共寒暑、劳苦、饥饱：《群书治要》本作"故上将与士卒共寒暑、共饥饱勤苦"。

⑪"士非好死而乐伤也"三句：意谓士卒并非喜好死亡而乐于受伤，是因为他们的将领在清楚了解士卒冷暖、饥饱的同时，还能清楚了解士卒的劳苦。审，清楚。明，明确，清楚。施子美曰："昔楚子巡城，而三军之士皆如挟纩；越王投醪，而三军之士喜滋味之及己。至于穰苴之同劳苦，吴起之舍不平陇亩，田单之身操板插，不无得于太公三将之说也。其在《尉缭子》亦言'勤劳之师，将必先己，暑不张盖，寒不重裘，险必下步，军食熟而后饭，军垒成而后舍，劳佚必以身同之'，亦此意也。"朱墉引《开宗》曰："此言激励三军在通士卒甘苦之情。冒矢石、赴锋刃，岂人之情？然如此则喜，不如此则怒者，有与共之者也。甚矣，先之率之，感人深也。"朱墉《全旨》曰："通章见激励军士，惟在以身倡率。夫好生恶死者，人之情也。苟将爱惜其身，孰肯先登先赴？惟寒暑劳苦饥饱与共，则忘尔我尊卑之形，未有不感激自奋者。岂非胜从自己做出？"黄朴民说："励军，就是鼓舞激励军心士气。作者从三个方面论述了将帅鼓舞士气的方法：一是'礼'，善于约束自己，做到'冬不服裘，夏不操扇，雨不张盖'，与士兵同寒暑；二是'力'，善于身体力行，'出隘塞，犯泥涂，将必先下步'，与士兵同劳苦；三是'止欲'，即克服私欲，与士兵同饥饱。榜样的力量是无穷的。将帅只要能够以身作则，身体力行，与士兵同饥饱，同劳苦，同安危，就能够激发起高昂的士气。'三军之众'就会'闻鼓声则喜，闻金声则怒'，同心协力，前赴后继，奋勇作战，去夺取胜利。"又，知寒暑、饥饱之审，《群书治要》本作"念其寒苦之极，知其饥饱之审"；而见劳苦之明也，"见"下有"其"字。

【译文】

武王问太公道:"我想让全体官兵,攻城时争先恐后地攀登城墙,野战时争先恐后地上阵杀敌,听到退兵的钲声就愤怒,听到进攻的鼓声就喜悦,应该怎么做呢?"

太公答道:"大将有三种方法。"

武王问道:"我冒昧地询问一下这方面的具体内容。"

太公答道:"当大将的,冬天不穿皮衣,夏天不拿扇子,下雨不撑开伞盖,能做到这些的可称为礼将;大将如果不以身作则,不习惯于遵循礼法,就无法了解士卒的冷暖。越过隘口关塞,走在泥泞的道路上,大将必须先下马步行,能做到这种的可称为力将;大将如果不以身作则,不习惯于耗费体力,就无法了解士卒的劳苦。大军都安顿宿营了,大将才进营房休息,军中饭菜全都做熟了,大将才能吃饭,军中没有生火做饭,大将就不能生火做饭,能做到这些的可称为止欲将;如果不以身作则,不习惯于遏制私欲,就无法了解士卒的饥饱。因为大将能与士卒一起体验冷暖、劳苦、饥饱,所以全体官兵就会听到进攻的鼓声就喜悦,听到退兵的钲声就愤怒。士卒即使面对高大的城墙,深深的护城河,看到敌箭频繁地射来,石块频繁地投来,也会争先恐后地攀登。即使在刚与敌人短兵相接的时候,士卒也会争先恐后地上阵杀敌。士卒并非喜好死亡而乐于受伤,是因为他们的将领在清楚了解士卒冷暖、饥饱的同时,还能清楚了解士卒的劳苦。"

阴符第二十四

武王问太公曰:"引兵深入诸侯之地,三军卒有缓急[①],或利或害。吾将以近通远,从中应外,以给三军之用[②],为之奈何?"

太公曰:"主与将有阴符,凡八等③:有大胜克敌之符④,长一尺⑤;破军擒将之符⑥,长九寸;降城得邑之符,长八寸;却敌报远之符⑦,长七寸;警众坚守之符⑧,长六寸;请粮益兵之符,长五寸;败军亡将之符,长四寸;失利亡士之符,长三寸。诸奉使行符稽留⑨,若符事闻,泄者告者皆诛之。八符者,主、将祕闻⑩,所以阴通、言语不泄、中外相知之术⑪。敌虽圣智,莫之能识⑫。"

武王曰:"善哉⑬!"

【注释】

①三军卒(cù)有缓急:意即大军突然遭遇紧急情况。卒,同"猝",突然。缓急,指紧急情况。

②以给三军之用:《太平御览》卷二七一引《六韬》无"以"字,"给"作"急"。

③主与将有阴符,凡八等:意谓君主与大将之间有秘密的通信工具,称之为阴符,一共有八种类型。施子美曰:"天下所恃以为至信者,莫如符节。符与节皆可以示信,而太公论缓急利害之所用独以符言者,盖符以合验,尤其至密故也。门关用符节,盖以门关之禁为严,故其合验也必以符。阴符之说,亦取其可以合验也。主与将通而用之。其为制也,凡八等。其最长者一尺,其最短者三寸,长短之所以若是者,必有以也。其胜捷之符则长,以其长于算也。不利之符则短,以其短于算也。"朱墉引《大全》曰:"阴符,惟人主与大将得以知之,其余皆不得知之。符而曰阴,已有不可与闻于人之意。"又引王汉若曰:"八符之制不用文字,而惟以尺寸之差别为征验,是既使其相通,又不至于泄漏,惟主与将自知之耳。"孔德骐说:"阴符、阴书,在古代战争中经常使用。

实践证明,这是一种有效而秘密的传递信息的方法。《史记·魏公子列传》记载:'公子遂行,至邺,矫魏王令代晋鄙,晋鄙合符,疑之。'这就是公元前257年信陵君窃兵符救赵胜秦的故事。古代兵符,直到清代中后期,由于电报、电话、无线电等现代通信工具的采用,才逐步被代替。"

④克:《太平御览》卷二七一引《六韬》作"得"。

⑤一尺:战国时一尺约合今制23厘米。

⑥擒:《太平御览》卷二七一引《六韬》作"得"。

⑦报:《太平御览》卷二七一引《六韬》作"执"。

⑧警众:《太平御览》卷二七一引《六韬》作"反兵惊中"。

⑨稽留:滞留。

⑩八符者,主、将祕闻:意谓以上八种阴符,只有君主与大将了解内在秘密。朱墉引《大全》曰:"'秘闻'只要不泄露之意。所以用符者以示不用言语文字,恐泄之中外。又用符有八等者,正使人测度不得,更见密处。"又引《新宗》曰:"军中胜负之机,谨藏于长短之中。敌虽圣贤,莫能测度也。"

⑪言语:《太平御览》卷二七一引《六韬》作"信语"。

⑫敌虽圣智,莫之能识:施子美曰:"昔者魏公子无忌欲帅兵救韩,魏侯不许,乃夺晋鄙兵符而以发其兵。符之所用不可不谨如此,况阴符之用,其可不密乎?"

⑬善哉:朱墉引《开宗》曰:"此言通中外缓急利害之情者当密。阴符之用,令中外相知,敌国莫测。"朱墉《全旨》曰:"通章'秘闻'二字尽之。兵事尚神秘,机事不密则害成,况兵行千里,主与将相隔者甚远,讵可以言语相传?惟以尺寸之间报吉凶,使人无从臆测。贵阴而不贵阳,用意诚深远矣。尺寸之论不过借一端言之耳。若拘于尺寸,则得符即知,又非不泄之意。"

【译文】

武王问太公道："率领军队深入敌国国境，大军突然遭遇紧急情况，要么对我方有利，要么对我方有害。我要从近处联络远方，从国内策应境外，来满足军队作战的需要，该怎么做呢？"

太公答道："君主与大将之间有秘密的通信工具，称之为阴符，一共有八种类型：有大胜敌人的阴符，长度为一尺；有击破敌军、擒获敌将的阴符，长度为九寸；有敌城投降、获得城邑的阴符，长度为八寸；有击退敌人、报告远方的阴符，长度为七寸；有警告民众必须坚守的阴符，长度为六寸；有请求增粮加兵的阴符，长度为五寸；有军队战败、将领死亡的阴符，长度为四寸；有战事失利、士卒死亡的阴符，长度为三寸。如果那些奉命出使传递阴符的人滞留拖延，泄露军机，无论是泄密的人还是报告的人一律诛杀。以上八种阴符，只有君主与大将了解内在秘密，它们是保证君主与大将能够暗中联系、信息能不泄密、朝中与军中互相了解的手段。敌人即使非常智慧，也不能识破其中的秘密。"

武王说："您讲得真好啊！"

阴书第二十五

武王问太公曰："引兵深入诸侯之地，主、将欲合兵[1]，行无穷之变，图不测之利，其事烦多，符不能明，相去辽远，言语不通，为之奈何？"

太公曰："诸有阴事大虑，当用书不用符[2]。主以书遗将，将以书问主，皆'一合而再离，三发而一知'。'再离'者，分书为三部；'三发而一知'者，言三人，人操一分，相参而不相知情也[3]，此谓阴书。敌虽圣智，莫之能识。"

武王曰："善哉[4]！"

【注释】

①合兵：指不同部队配合作战。

②诸有阴事大虑，当用书不用符：意谓君主与将领若密谋大事，应当用书信而不用阴符。朱墉引《大全》曰："兵事宜秘，所以用符。第符只有八等可以通其大略，不可以论其细微。设使人主与大将欲合兵以行无穷之变化，将用何法以相传闻而且不可以泄露乎？"又引《新宗》曰："言阴秘之事、远大之虑，有非阴符所能详尽，势不得不用书以为往来。但此书与寻常之书不同，其名亦为阴书焉。"

③相参而不相知情也：意谓内容相互掺杂，即使送信的人也不了解实情。朱墉引《合参》曰："兵乃阴事，最忌泄漏。阴书以一书分而为三，以三书合而成一，人皆不知，惟得书者知之，密之又密矣。不重在不知，只重在不使人知上。"又引丁氏曰："一书而为三分，令一人持一分，则全书之策，未尽乎一分之内。三分授三人，则一书之奥，各属于三分之中，发之参差而不齐，虽泄其先，未泄其次，即泄其次，未泄其后，而其书之情，不第敌人不知，即我之左右亦不知。不第左右不知，即持书之人，亦不得而知，而要惟得书者合三分而共览之，则书联而词亦联，词联而意亦联，意联而谋亦无不联，虽千里亦若面谈矣。"

④善哉：朱墉引《开宗》曰："此言君将又有阴书以通阴符所不能尽。"朱墉《全旨》曰："此章阴书更密于阴符。阴符以长短相通，犹有一定之示。至于阴书，全阅则无遗，单词则未竟，虽持者亦不知情，何等微密？然亦在所用之人何如耳！"

【译文】

武王问太公道："率领军队深入敌国国境，君主与将领想使不同部队配合作战，运用变化多端的攻敌手段，谋求出其不意的胜利，作战过程中事务烦杂多样，阴符不能说清状况，部队之间相隔遥远，信息不便传递,该怎么做?"

太公答道:"他们若密谋大事,应当用书信而不用阴符。君主把书信派人送给大将,大将用书信询问君主,这些书信的特点都是'一合而再离,三发而一知'。所谓'再离',就是将一封信分成三部分而成为三封信;所谓'三发而一知',是说三封信由三人传递,每人只拿其中一份,内容相互掺杂,即使送信的人也不了解实情。这种通讯工具叫做阴书。敌人即使非常智慧,也不能识破其中的秘密。"

武王说:"您讲得真好啊!"

军势第二十六

武王问太公曰:"攻伐之道奈何?"

太公曰:"资因敌家之动,变生于两陈之间,奇正发于无穷之源①。故至事不语,用兵不言②。且事之至者,其言不足听也;兵之用者,其状不足见也③。倏而往④,忽而来⑤,能独专而不制者,兵也⑥。夫兵,闻则议,见则图,知则困,辨则危⑦。故善战者,不待张军;善除患者,理于未生⑧;善胜敌者,胜于无形⑨;上战,无与战⑩。故争胜于白刃之前者,非良将也⑪;设备于已失之后者,非上圣也⑫;智与众同,非国师也;技与众同,非国工也⑬。事莫大于必克,用莫大于玄默,动莫神于不意,谋莫善于不识⑭。夫先胜者,先见弱于敌而后战者也,故事半而功倍焉⑮。

【注释】

①"资因敌家之动"三句:意谓战争的态势是随着敌情的变动而变

动的,变动产生于两军对阵之时,特殊战术与常规战术的使用来自于将领无穷无尽的思想源泉。奇正,原指阵法中的奇兵与正兵,后引申为特殊战术与常规战术,以及机动灵活、出奇制胜的作战方法。郭化若说:"奇正一般包含以下意思:(一)在军队部署上担任警戒、守备的部队为正,集中机动的主力为奇;担任钳制的为正,担任突击的为奇。(二)在作战方式上,正面攻击为正,迂回侧击为奇;明攻为正,暗袭为奇。(三)按一般原则作战为正,根据具体情况采取特殊的作战方法为奇。"朱墉引《大全》曰:"天下惟心之用最为无穷,千变万化俱从心出。故以奇正言之,仅得两事而论。夫奇正之变,则不可方物,非奇正之能变若是,观其所发之源何如耳。如所发之源穷,奇正亦穷,所发之源不穷,奇正亦不穷,但源自不穷。如何有穷有不穷,这个源又在所发之人,要不穷就不穷。故必学问以濬其源,克治以清其源,而源始无穷。"又引《合参》曰:"'源'字正指心说。心无穷则奇正自与为无穷。为将者当濬其源,使之益深;清其源,使之不淆;养其源,使之不竭,乃可以制奇正之无穷。"孔德骐说:"'军势'被看做是运动着的物质,是在军事实力的基础上,由于实行正确的作战指挥,从而在战场上所表现出来的实际作战能力。它反映了军事实力发展变化的趋势,同时又依存于敌对双方情况的变化,因此,具有朴素唯物论的性质。它同孙子所讲的'势'的含义是一致的。基于这种认识,作者认为,战争是有规律可循的,人们只能根据敌对双方形势的变化,采取正确的作战指导,谓之乘势握机。所谓'势因敌之动,变生于两阵之间,奇正发于无穷之源',就是说要善于因敌、因情用兵,顺应战争本身发展的规律去指导战争,主观能动作用是永远也发挥不完的。善于掌握和运用战争规律和战争指导规律的将帅,才能取得战争的主动权,可以独来独往,在战争舞台上导演出威武雄壮的活剧。公元前684

年的齐鲁长勺之战,公元前494年的越吴姑苏之战,都是正确认
识和熟练运用'军势'指导战争的典型战例。"又,资,《武经七书
直解》本作"势","资"疑误。发,《群书治要》本作"传"。

② 故至事不语,用兵不言:意谓军中的机密事先不说,用兵的谋划
事先不讲。至事,指军中机密之事。施子美曰:"盖事欲豫定,兵
欲神妙。事至而后语,是不能豫谋也。兵用而必言,是不能密机
也。故语之则在于未事之前,事至则不语矣。用兵则必断于方
寸之间,岂复多言耶?昔韩信之告汉王,以北击燕赵,东击齐,南
绝楚之粮道,而西会于荥阳,是皆于未事之前而语之也。及事至
则不语矣。木罂之渡,岂言夏阳之不守?背水之阵,岂言死地之
是置?此用兵之不言也。"刘寅曰:"故至事不先语,用兵不
预言。"

③ "且事之至者"四句:意谓况且军中的机密大事,仅凭言语描述是
不足听信的;用兵的手段,仅凭对一时状况的观察是不能完全掌
握的。刘寅曰:"且事之至者,其言不足听信也。兵之用者,其形
状不定见也。"又,且,《群书治要》本作"其";至,作"成"。足,《武
经七书直解》本作"定"。

④ 倏:迅速,极快。

⑤ 忽而来:《群书治要》本"忽"下有"然"字。

⑥ 能独专而不制者,兵也:《群书治要》本"专"作"转",无"兵"字。

⑦ "闻则议"四句:意谓敌人了解了我军的部署就会探讨如何应对;
敌人发现了我军的行动就会考虑如何取胜;敌人掌握了我军的
意图,我们就会陷入困境;敌人摸清了我军的规律,我们就十分
危险。刘寅曰:"使人得闻我之情,则必议我之动静;使人得见我
之形,则必谋我之虚实;我之动静彼得知之,则必为所困;我之虚
实彼得辩之,则必为所危。"

⑧ "故善战者"四句:意谓擅长指挥作战的将领,早在战场上摆出阵

势之前就已经谋划好了克敌方略；擅长除害的人，在祸患尚未生芽之时就已经着手治理了。张军，展开军队，在战场上摆好阵势。理，治理。施子美曰："善战者，不待张军，此以不战而服人也。必有以服人之心，故虽不张军，而可以收战胜之功。善除患者，理于未生，此言用智当在于未奔沉之前，其见机明而虑预者也，故于患之未生而有以除。"刘寅曰："故善战者，不待张吾之军，而与之战；谓潜谋密运，而取胜也。善除患者，理于患未生之初也。"朱墉引《大全》曰："'善战'二字当重。发言命将出师，虚张声势以制敌者，止战事也，而非所论于善战者也。惟善战者，潜谋秘计，不自张军，而胜已握矣。""'理'字即有消弭之意。天下事只患其不能理。能理，无论其已生未生，皆可防杜也。今云'理于未生'者，更见理之容易。若已生亦未始不可理，但不如未生，理之为不费力。所以为善除患也，总是防微杜渐，即如慎在于畏小之意。"又引《醒宗》曰："不待张军，全在料敌制胜于无形上见。""天下祸患之生，皆有其端，故善除者不图维于已生之后，而消弭于未生之先，此思患预防也，此有备无患也，此《易》衣袽之意也，此《诗》绸缪之意也。"又引《指归》曰："事患之来未有萌兆，所谓机之将动者也。苟能见微察隐，密计潜消，以谋伐谋，则有事化为无事矣。"又引薛氏曰："惟见及于常情之所图，尤能及于常情之所不能图。及于常情之所不能图，而天下遂复无萌之可图。患至而始思除之，则已生者固可除矣，其生而复生者庸可除乎？即复生者或可除，其不见其生而隐然以生者庸可除乎？"

⑨善胜敌者，胜于无形：意谓善于战胜敌人的人，是在敌人看不出任何形迹的情况下取胜的。《孙子兵法·虚实篇》曰："微乎微乎，至于无形。"施子美曰："善胜敌者，胜于无形，此言应敌制胜于其易胜之际，必其得算多而用机密者也。故虽无形而可以胜之。"刘寅曰："胜敌者，见微察隐，而取胜于无形也。"朱墉引《合

参》曰："祸患之机常伏于无形,惟赖明哲之人理之于未生之时,灼然知其孰为患之所伏,孰为患之由起,才可以随方消弭。若待既生而后议除,则难为功矣。祸患未生,无患可见,为常情所易忽。善除患者必见微知著,不待既萌之后与将动之时,而惟致谨于未生之始。"

⑩上战,无与战:意谓最高级的作战,是不与敌人作战便已取胜。《孙子兵法·谋攻篇》曰："是故百战百胜,非善之善者也。不战而屈人之兵,善之善者也。""故善用兵者,屈人之兵而非战也。"施子美曰："此以不战为战也。"刘寅曰："上战无与人战,而自能取胜于彼也。"

⑪故争胜于白刃之前者,非良将也:意谓凭借着在战场上与敌人格斗拼杀而取得胜利的,不是好的将领。白刃,指在战场上与敌人格斗拼杀。施子美曰："此言无谋而欲以力争也。上兵伐谋,其次伐兵,战以求胜,岂良将哉?"朱墉引《新宗》曰："较智角力而争胜于白刃者,此有形之胜也。惟谋定于先,图于预,不露其形,而制敌于莫测者,此胜于无形,乃善于兵者也。"

⑫设备于已失之后者,非上圣也:意谓在战败之后才去设防的,不是智慧最高的人。设备,设防。上圣,指智慧最高的人。施子美曰："此言失机而后为备也。焦头烂额之功,不曲突徙薪之谋。失而后修,岂上圣耶?"按,自"故善战者"至"非上圣也",《六韬》在这里对"全胜"思想的描述,可看成是对《孙子兵法》"不战而屈人之兵"的延续。吴如嵩等著的《中国军事通史》第三卷《战国军事史》认为《六韬》继承和发展了《孙子》"不战而屈人之兵"的全胜思想,提出不交战而全胜,无杀伤而完师的战略主张,"这一战略思想立足于国富兵强,也就是以强大的经济实力和军事实力为基础。但在基础上,还必须采取各种措施能动地争取实现'兵不接刃,而敌降服'(《立将》)。《六韬》还十分重视采取各种非军

事手段，即所谓'文伐'，去削弱和瓦解敌方……《六韬》的'全胜战略'是以军事实力为基础的，由此而全面论述军事战略。《文伐》指出：'十二节备，乃成武事。所谓上察天，下察地，征已见，乃伐之。'这说明，'文伐'是军事进攻的准备，是为军事进攻创造有利条件。但'文伐'是以非军事手段削弱和瓦解敌方，它也为不战而胜创造条件。当'伐谋'、'伐交'不能实现政治目的时，就要采取'伐兵'的方式。这就告诉战争指导者，在考虑和制定战略时不要只寄希望于'兵不接刃，而敌降服'，还要立足于战场上的胜负"。

⑬"智与众同"四句：意谓智慧与众人相等的，不能称为一国师表；技艺与众人相同的，不能说是一国之中技艺特别高超的人。国师，一国的师表。国工，一国之中技艺特别高超的人。施子美曰："此言谋虑材能必欲出众也。古有国士，有国手，有国辀。国士者言名擅于一国也，国手者言艺擅于一国也，国辀者言器擅于一国。谓之国师，必其智之出于一国；今智与众同，乌得谓之国师？谓之国工，必其能之出于一国；今能与众同，乌得谓之国工？太公此言盖谓善制胜者不与众知也。孙子曰：'战胜不过众人之所知，非善之善者也。'胜出于人所共知，亦岂足以为大将哉？"又，国师，《群书治要》本作"人师"。

⑭"事莫大于必克"四句：意谓军中事务没有哪件事比克敌制胜更重要的了，用兵原则没有哪一条比暗中谋划更重要的了，军事行动没有哪一种比出其不意更神妙的了，将领谋略没有哪一种比未被敌人识破更好的了。《孙子兵法·作战篇》曰："故兵贵胜。"《计篇》曰："兵者，诡道也。……攻其无备，出其不意。"《虚实篇》曰："神乎神乎，至于无声，故能为敌之司命。"施子美曰："事莫大于必克者，盖攻不必取不足以言攻，故以必克为大，谓之莫大者，以无大于此也。此言用兵欲其决取也。韩信战必胜，攻必取，得

诸此也。用莫大于玄默者，盖奇正发于无穷之源，守出于不言，视出于不见，玄默之所以为莫大也。此言用兵出于无形也。张良运筹帷幄，决胜千里，得诸此也。动莫神于不意者，盖出不意，兵家之妙用也。其进也速，故人不及虑，则其动也岂不为神耶？司马懿八日而至孟达城下，此以不意为神也。谋莫善于不识者，盖阴其谋，密其机，岂欲使人之知也？其机既巧，人不可得而知其谋也，岂不为善耶？司马懿伐文懿，文懿阻辽，懿弃辽而向襄平，文懿岂知之耶？此以不识为善也。"刘寅曰："事无有大于必克，必克者，必胜于人也。用无有大于玄默，玄默者，玄妙而秘默也。动无有大于不意，不意者，出敌人之不意也。谋无有大于不识，不识者，谋之深而使敌人不能知也。"朱墉引王汉若曰："事谓兵事必克必胜也。兵事以胜为主，故曰'莫大'。""未事之先潜虑密谋，当事之时张胆明目，一意求其必克，则功成绩树，而兵事诚莫有大于此者矣。不始锐终惰，不先决后疑，自然必克。"又引《指南》曰："兵之事关系非浅，既在无形上取胜，恐以未见其形，做事不力，易得始锐终惰，反为敌胜矣。所以说一'必'字，正是于无形中教人断然要胜之意。"又引《大全》曰："惟必克，才成了这事。若不克，是废事败事，亦何贵于事？所以不做这件事则已，如做这件事，就要想到必克地步，才是做事的人。这等看起来，事之大，孰有大于必克者，故曰'莫大'。""总是要善藏其用之意。我欲以此用致天下，则天下从而窥我之用者，我岂能尽绝人之心思？惟我之用至于玄且默，则人虽窥伺不能识其意向。"又引《醒宗》曰："克者，事之有成功也，惟必克则任事方有成功，所以贵也。"又引方伯闇曰："玄者，精微而深远之谓。默者，寂静而无声之谓。用是行军运筹之作用也。言行兵之用，莫大于使窥伺乎我者不能测我之微妙也。"又引《新宗》曰："'玄默'，秘密不露也，言用兵之法宜深谋秘密而不可使人窥测，然后为用。独往独来,无与为敌,此用之所以言'莫大'也。"又引叶伯升曰:"'不意'指敌人言。'动',我之动兵也。凡兵家有所运动,必出于敌人意料之所不及,斯能动获有功。"又,此四句《群书治要》本作"事莫大于必克,用莫贵于玄眇,动莫神于不意,胜莫大于不识"。

⑮"夫先胜者"三句:意谓还未交战便稳操胜券的将领,在战前先向敌人示弱,然后再作战,这样做有事半功倍之效。施子美曰:"先胜者,先见弱于敌而后战者,盖将以怠敌,必有以误敌。先见弱者,非本弱也,示以弱也。彼以吾为弱则必轻进,所以可胜也。斗伯比请嬴师以张随,孙膑减军灶以致庞涓,此皆先见以弱也。惟其有以误而待之,故用力寡而收功多,所以事半而功倍。"又,《群书治要》本"先胜"作"必胜";"功倍焉"作"功自倍"。

【译文】

武王问太公道:"攻伐敌人的原则该怎样贯彻呢?"

太公答道:"战争的态势是随着敌情的变动而变动的,变动产生于两军对阵之时,特殊战术与常规战术的使用来自于将领无穷无尽的思想源泉。所以,军中的机密事先不说,用兵的谋划事先不讲。况且军中的机密大事,仅凭言语描述是不足听信的;用兵的手段,仅凭对一时状况的观察是不能完全掌握的。快速而来,突然而去,将领能够独自决断而不受他人控制,这是用兵的一条原则。敌人了解了我军的部署就会探讨如何应对;敌人发现了我军的行动就会考虑如何取胜;敌人掌握了我军的意图,我们就会陷入困境;敌人摸清了我军的规律,我们就会十分危险。所以擅长指挥作战的将领,早在战场上摆出阵势之前就已经谋划好了克敌方略;擅长除害的人,在祸患尚未生芽之时就已经着手治理了;善于战胜敌人的人,是在敌人看不出任何形迹的情况下取胜的;最高级的作战,是不与敌人作战便已取胜。所以凭借着在战场上与敌人格斗拼杀而取得胜利的,不是好的将领;在战败之后才去设防的,不是智慧最高的人;智慧与众人相等的,不能称为一国师表；技艺与众人相同的，不能说是一国之中技艺特别高超的人。军中事务没有哪件事比克敌制胜更重要的了，用兵原则没有哪一条比暗中谋划更重要的了，军事行动没有哪一项比出其不意更神妙的了，将领谋略没有哪一种比未被敌人识破更好的了。还未交战便已稳操胜券的将领，在战前先向敌人示弱，然后再作战，这样做有事半功倍之效。

"圣人征于天地之动，孰知其纪①？循阴阳之道而从其候②，当天地盈缩，因以为常③。物有死生，因天地之形④。故曰，未见形而战，虽众必败。

"善战者，居之不扰⑤，见胜则起，不胜则止。

"故曰，无恐惧，无犹豫。用兵之害，犹豫最大。三军之灾，莫过狐疑⑥。善者见利不失，遇时不疑⑦。失利后时，反受其殃⑧。故智者从之而不释，巧者一决而不犹豫⑨。是以疾雷不及掩耳，迅电不及瞑目⑩。赴之若惊⑪，用之若狂，当之者破，近之者亡，孰能御之⑫？

"夫将，有所不言而守者，神也；有所不见而视者，明也⑬。故知神明之道者，野无衡敌，对无立国⑭。"

武王曰："善哉⑮！"

【注释】

①圣人征于天地之动，孰知其纪：意谓圣人从天地的运动变化中验证自己的决策，谁能像他那样了解其中蕴含的行为准则呢？征，应验，验证。纪，法度，准则。施子美曰："此言国之盛衰，天地必有变动，惟圣人乃能知之，故征其变，孰能知其纪极耶？"朱墉引《新宗》曰："言圣人之用兵不敢自私，必敬乎天地之时宜，以为伐

暴救乱之举,是可见兵之动,亦圣人之不得已也。惟征于天地,
而后乃动耳。"又引《醒宗》曰:"圣人仰观俯察,即征验也。不知
'动'字尤为紧要,'征'即圣人之动处。天地有杀机而后动,圣人
因天地之动以为动,所以起兵端而行兵事。若天地不动,圣人不
敢强动。"又引鲍氏曰:"举大事者必不违于天地之理,斯不拂乎
臣民之心。成大功者必克协乎天地之心,斯克奏乎古今之
烈也。"

②循阴阳之道而从其候:意谓圣人遵循万事万物演变发展的规律,
顺应自然征兆来处理国事。阴阳之道,指万事万物演变发展的
规律。阴阳,古代思想家把万事万物概括为"阴"与"阳"两个对
立面(如火、天、暑是阳,水、地、寒是阴)。候,征候,征兆。施子
美曰:"此言事必有数,循阴阳之道推之,则可以从其候而为之。"

③当天地盈缩,因以为常:意谓根据月亮盈亏等自然现象安排适当
行动,并以此作为办事的常规。天地盈缩,指月亮或盈或亏、日
夜或长或短等天地之间的自然现象。朱墉引《新宗》曰:"天地有
盈缩,圣人有动静以因之,是可见圣人无事不因天地以行也。当
其盈也,因以为动之常,当其缩也,因以为静之常。""天地有中和
之节,而圣人则因之以设礼乐焉。天地有肃杀之气,而圣人则因
之以制兵刑焉。天地一定之则,即圣人一定之则也。圣人不变
之规,即天地不变之规也。"

④物有死生,因天地之形:意谓万物有死有生,要依照天地的变化
而变化。形,形迹,这里指天地变化的征兆。施子美曰:"天地之
所形,以春夏而舒,以秋冬而惨,物因是而有死生。气一舒而物
生,一惨而物死,此因形也,兵之进止亦犹是也,必见敌之形而后
可战。"朱墉引《大全》曰:"天地春夏主生,秋冬主死,此万物生死
之形也。圣人因天地之形,则用仁以育万民,用义以正万民。无
非因天地之形以处心也。"又引《指南》曰:"只讲春生秋杀如何醒

现题旨？前说胜敌要在无形，此又恐人于无形中妄杀妄动，又说出个'形'字，见得必天地有形而后可行无形之事。重一'形'字，正是慎战之旨。"

⑤善战者，居之不扰：意谓善于征战的人，能坚持主见，不被敌人扰乱。施子美曰："此又言将能定其心而不为敌所惑也。惟不为敌所惑，故其见胜负也明。"朱墉引《大全》曰："兵行诡道，最易为所挠乱，故必为将者心中确有定见，权衡在我，主宰独握，任他纷纭变幻，总不能危疑得我、摇撼得我矣。"又引《新宗》曰："不挠者，总是自己心里有主宰，不二三其见的意思。"又引《指归》曰："天下无主之衷不特敌可以挠我，即自心先为之挠矣。惟善战者学术既深，识见又广，使在敌之情形毕露，而在我之接应自如，尚何有足挠我者哉？"

⑥"用兵之害"四句：意谓用兵打仗最大的危害就是犹豫不决，军队战败的灾难没有哪一种能超过狐疑多虑。《吴子·治兵》作："用兵之害，犹豫最大；三军之灾，生于狐疑。"朱墉引《醒宗》曰："兵乃机事，机则不可失。兵又时宜，时则难再得。倘一有顾前顾后之心，敌反有以乘我矣。所以说'犹豫最大'。犹豫，等待也。此戒警之词。"

⑦善者见利不失，遇时不疑：意谓善于打仗的人，发现有利战机就不要让它丧失，遇到良机时不要有疑虑。朱墉引《新宗》曰："智者心中洞彻自然，有利不失，遇时不疑，谨持奉从，心中卓有定见也。"

⑧失利后时，反受其殃：意谓如果丧失有利时机之后再采取行动，反而会遭受灾祸。施子美曰："失利后时，则无以制人，而反为人所制，故受其殃。昔吴之伐越，惟不能取之，乃使越王得以图吴，至于吴王自毙，非失利后时而反受其殃乎？"又，殃，《群书治要》本作"灾"。

⑨故智者从之而不释，巧者一决而不犹豫：意谓智慧的将领能够顺应有利形势，绝不会放弃良机；灵巧的将领能够坚定不移地作出决断，绝不会犹豫。释，放弃。施子美曰："盖天下唯智者为能知之，惟巧者为能应之。能知之，故从之而不释。能应之，故一决而不犹豫。昔范蠡之相越图吴，可谓智巧两尽者矣。自吴王会黄池之后，凡再举兵以伐之，是能从之也。及姑苏之役，吴王遣使求赦，范蠡以为不可，及鼓进兵，非能决之乎？"刘寅曰："故有智者，顺其时而不失其利；巧者一决，而无犹豫之心。"又，《群书治要》本"智"作"善"；"释"作"择"；无"之"字。释，《武经七书直解》本作"失"。

⑩疾雷不及掩耳，迅电不及瞑目：《太平御览》卷二七〇引《六韬》作"用兵之道使如疾雷，令民不及掩耳，卒电不暇瞑目"。《群书治要》本"迅"作"卒"；"瞑"作"瞬"。

⑪赴：《群书治要》本作"起"。

⑫御：《群书治要》本作"待"。

⑬"夫将，有所不言而守者"五句：意谓将领对一般人说不出的玄理加以坚守，可称为神；一般人发现不了的规律他发现了，可称为明。施子美曰："夫将，有所不言而守者，神也，言将能守之以心，故嘿然而静，虽不言所守，而所守自固。有所不见而视者，明也，此言将能视之以心，故眇乎有得，虽不见所视，而视自尔遍。昔者曹之拒袁，令解鞍纵马，勿复白绍兵之至。其勿白者，将守之以不言也。后世称曹公之用兵，谓其若神，非不言而守，乃所以为神乎？李卫公之伐萧铣，于其始集，知其无备必败，是未有所见而能视也。后世称李靖以为料敌明，非不见而视，乃所以为明乎？"刘寅曰："夫将人有所不能言，而我先能守之者，神也；惟神，是以守于未言耳。人有所不及见，而我先能视之者，明也；惟明，是以视于未见耳。"朱墉引《大全》曰："不言而守者神，不见而视

者明，合言之则为神明。夫惟心神且明，则朗然内照，灼然外观。譬止水烛形，而妍媸莫遁；譬夜光照物，而秋毫不爽。故以此神明应事，则事至而辄通；以此神明运谋，则谋诚而辄效；以此神明待敌，悬敌命于掌中；以此神明建功，收隆勋于帷内。”又引胡君常曰：“不言而守，守于无形；不见而视，视于未萌。此道昭然于心而不昧。为将者诚能知之，则谋谟不测而见彻燃犀，夫谁与之为敌者哉？”又引陆羽客曰：“守于共知之地，人即有以敌我之守。视于共见之时，人即有以敌吾之视。惟守于未形，而一心可以通万变，视于未萌，而万变不能穷一心。”“人所能言者不足以为守也，惟是人不知其所守而守始神。人所共见者不足以为视也，惟是人不知其所视而视始明。”

⑭“故知神明之道者”三句：意谓懂得了神明道理的人，就能所向披靡，不会在战场上遭遇强敌；就能攻无不克，敌国被灭而无法建立。衡敌，强敌。衡，同“横”，强横。对，敌手，敌国。朱墉《纂序》曰：“故能知神明之道者，守于未形，视于未萌，则战有必胜，野无暴横之敌矣；攻有必破，对无建立之国矣。”

⑮善哉：朱墉引《开宗》曰：“此言为将者，当妙神明之用，以为破敌之势。”朱墉《全旨》曰：“通章前后只是一意。先言发于无穷之源，后言知神明之道者无敌，总归重将心上。先言事莫大于必克，后言一决而不犹豫，总重在将心之果断。人只知军势在外，从变动而成势，不知兵势不外奇正。而善用奇正则本于将心之秘密，如何可以言语传授？‘闻则议’四句，见兵以不测为威。一泄于外，不但我军多一番议论，且人得以图之困之危之矣。‘善战者’以下，见争胜设备都在先一着，要自己决断。曰玄默，曰不意，曰不识，直将必克一事藏于秘密之极，方可胜于无形。然所谓无形者，又不是恃己私妄动，当因天地形见，有征而后顺天心而动也。萌兆而见，即不得狐疑迟滞，须乘时以成莫御之势。究

之势立而人莫能当者,总归于将心之神明。将心凝定不摇,何俟人言而守? 精微毕晰,自超众见,而瞩知明守固,乌有不能成迅疾之势而无敌于天下者哉?"钮先钟说:"这一篇论战胜之道,而强调先胜观念,与孙子之言可以互相发明。篇中的要语为:'夫善战者不待张军,善除患者理于未生,胜敌者胜于无形。上战无与战,故争胜于白刃之前者非良将也,设备于已失之后者非上圣也。智与众同非国师也,技与众同非国工也。'就思想而言,与孙子大致相同,但值得注意的是最后一句。这可能是我国古代兵书首次提到'技术',而且还有所谓'国工'之称。接着又提出'先胜'的观念:'夫先胜者,先见弱于敌而后战者也,故事半而功倍焉……故曰:未见形而战,虽众必败。善战者居之不挠,见胜则起,不胜则止。故曰:无恐惧,无犹豫,用兵之害,犹豫最大,三军之灾,莫过狐疑。'非常有趣味。"黄朴民说:"军势,意谓用兵之势。作者在篇中论述了作战指挥的一般原则,阐明了以下几个观点:一是要因敌因情用兵,灵活机动,不拘一格,奇正相生,即'势因于敌家之动,变生于两陈之间,奇正发于无穷之源',这样才能争取和掌握战争的主动权。二是未战先胜,不战而屈人之兵,即'善战者,不待张军','善胜敌者,胜于无形;上战,无与战',胜敌于无形。三是主将要专断而行,把握作战指挥中事、用、动、谋这四个环节。'事莫大于必克,用莫大于玄默,动莫神于不意,谋莫善于不识'。四是要通过侦察判断弄清敌情,否则,'未见形而战,虽众必败'。五是指出临战要遇时不疑,强调'用兵之害,犹豫最大;三军之灾,莫过狐疑'。认为指挥作战如果优柔寡断,当断不断,必然坐失良机。六是兵贵神速,'疾雷不及掩耳,迅电不及瞑目',这样就能'当之者破,近之者亡'。作者最后指出,指挥作战只要掌握了上述原则,那么就可以做到'野无衡敌,对无立国'。"

【译文】

"圣人从天地的运动变化中验证自己的决策,谁能像他那样了解其中蕴含的行为准则呢? 遵循万事万物演变发展的规律,顺应自然征兆来处理国事,根据月亮盈亏等自然现象安排适当行动,并以此作为办事的常规。万物有死有生,依照天地的变化而变化。所以说,没有见到天地变化的征兆就贸然开战,即使人数众多也必然失败。

"善于征战的人,能坚持主见,不被敌人扰乱,一旦发现可胜之机就采取行动,可胜之机丧失就停止行动。

"所以说,与敌作战不要恐惧害怕,不要犹豫不决。用兵的祸害,最大的就是犹豫不决。军队的灾难,没有哪一种能超过狐疑不定。善于打仗的人,发现有利战机就不要让它丧失,遇到良机时不要有疑虑。如果丧失有利时机之后再采取行动,反而会遭受灾祸。所以智慧的将领能够顺应有利形势,绝不会放弃良机;灵巧的将领能够坚定不移地作出决断,绝不会犹豫。因此对敌进攻要像雷声一样忽然,使人来不及掩住耳朵;要像闪电一样迅速,使人来不及闭上眼睛。军队奔赴前线时就像受了惊吓一样狂奔;在战场作战时就像发疯了一样拼命;阻挡它的会被击破,靠近它的会被消灭,谁能抵御这样的军队呢?

"将领对一般人说不出的玄理加以坚守,可称为神;一般人发现不了的规律他发现了,可称为明。所以懂得了神明道理的人,就能所向披靡,不会在战场上遭遇强敌;就能攻无不克,敌国被灭而无法建立。"

武王说:"您讲得真好啊!"

奇兵第二十七

武王问太公曰:"凡用兵之道,大要何如?"

太公曰:"古之善战者,非能战于天上,非能战于地下,其成与败，皆由神势①。得之者昌，失之者亡。夫两陈之间，出甲陈兵，纵卒乱行者，所以为变也②；深草蓊翳者，所以逃遁也③；谿谷险阻者，所以止车御骑也④；隘塞山林者，所以少击众也⑤；坳泽窈冥者，所以匿其形也⑥；清明无隐者，所以战勇力也⑦；疾如流矢、如发机者，所以破精微也⑧；诡伏设奇，远张诳诱者，所以破军擒将也⑨；四分五裂者，所以击圆破方也⑩；因其惊骇者，所以一击十也⑪；因其劳倦暮舍者，所以十击百也⑫；奇伎者，所以越深水、渡江河也⑬；强弩长兵者，所以逾水战也⑭；长关远候，暴疾谬遁者，所以降城服邑也⑮；鼓行喧嚣者，所以行奇谋也⑯；大风甚雨者，所以搏前擒后也⑰；伪称敌使者，所以绝粮道也⑱；谬号令与敌同服者，所以备走北也⑲；战必以义者，所以励众胜敌也⑳；尊爵重赏者，所以劝用命也㉑；严刑罚者，所以进罢怠也㉒；一喜一怒，一与一夺，一文一武，一徐一疾者，所以调和三军，制一臣下也㉓；处高敞者，所以警守也㉔；保阻险者，所以为固也㉕；山林茂秽者，所以默往来也㉖；深沟高垒，粮多者，所以持久也㉗。

【注释】

①神势：指神秘莫测的战争态势。施子美曰："神势者，妙用也。古之人或以减灶而胜魏，或以增灶而胜羌，或以下马解鞍而疑虏，或以开门却洒而退敌。白衣摇橹而可以囚关羽，瓠火渡淮而可以戮康祚，与夫火牛燧象铁当灰囊，皆昔人之用以为神势者也。"刘寅曰："其成与败，皆由用兵之神势如何耳。神势者，用兵之势，神妙莫测也。"朱墉引《新宗》曰："兵家动静无不有势，则势原

是变动不滞的。善战者动能制人，而变变化化能神其势，故人莫能御而称善焉。"又引《大全》曰："云'神势'者，势原是随人转动的，我得势而不能神，则势终是一定，而神者乃用势之至也。"又引《合参》曰："'神势'二字相连。神以妙其势，势以合于神，乃是指其变变化化之用、无方无体之机言之。"又引熊氏曰："兵法之要，非势无以尽战之善，而非神亦无以见兵之奇。"孔德骐说："《奇兵》一篇指出，战争的成败，不靠天，不靠地，'皆由神势'而定。它的概念是对客观情况了解透彻，'有所不言而守者，神也。有所不见而视者，明也'（《龙韬·军势》）。在这里，用奇起着重要作用。因为它可以在己方处于弱者、劣势、不利的条件下，通过用奇，即通过人的能动作用，改变弱、劣、不利的地位。本章所列举的二十六种战术行动，就是通过用奇制造神势的方法。这同孙子'造势'的思想是一致的。孙子主张通过'势险'、'节短'造势，也就是通过调动敌人，达到造势的目的。本章所列二十六种方法，多数是通过'示形'欺骗和调动敌人，以制造神势的。为将者，如果不懂得这些，就不能正确地指导战争。"

②"夫两陈之间"四句：意谓敌我两军对阵的时候，故意将盔甲兵器随意放置，放纵士卒扰乱队伍行列，这是为了实施诡术。行，行列。变，指欺骗敌人的诈术。陈，同"阵"，对阵。施子美曰："两阵之间，出甲陈兵，纵卒乱行者，此所以诱敌也，故可以为变。法有所谓半进者诱也，纵卒乱行，是乃示之无统而以诱之也。越以刑人三千进退以诱吴，非所以为变乎？"

③深草蓊（wěng）翳（yì）者，所以逃遁也：蓊翳，草木茂盛的样子。施子美曰："深草蓊翳，此言盛草可以遮蔽，故可以遁逃。法有所谓众草多障者疑也。惟可以疑人，故可得而遁逃。宇文宪伐柏为庵以示齐人，齐人翼日乃知其退，非以遁逃乎？"

④谿谷险阻者，所以止车御骑也：意谓让部队占据溪水山谷这样的

险要地形,是为了阻止敌人的战车、抵御敌人的骑兵。施子美曰:"溪谷险阻,此深涧隙陷之地也,不利于车骑,故可以止车御骑。井陉之地,车不得方轨,骑不得成列,此韩信之所以不敢进也。"刘寅曰:"据溪水山谷之险阻者,所以止敌之车、御敌之骑也。"

⑤隘塞山林者,所以少击众也:意谓让部队据守险隘、关塞、山坡、林地,是为了以少量兵力击败人数众多的敌人。施子美曰:"隘塞山林,则其形之险可以据守,故虽少可以击众,此光弼之所以傅山阵而击思明之数十万也。"刘寅曰:"险隘、关塞、山阪、林木,所以少能击人之众也。"

⑥坳(ào)泽窈冥者,所以匿其形也:坳泽窈冥,指低洼昏暗的水泽地带。窈冥,晦暗不明的样子。施子美曰:"坳泽窈冥,此兼葭翳荟晦冥而不可见之地,故可以匿形而伏。宋武帝至覆舟山,言此山下必有伏兵,令刘钟模之,果得伏兵数万,此则其地之窈冥必可以伏也。"

⑦清明无隐者,所以战勇力也:清明无隐,指一览无余、无所隐蔽的平地。施子美曰:"清明无隐者,此言平原旷野之战,非设伏之所,故清明可见而无或隐匿,若是则必以勇力而相角,故以战勇力为言。三晋之兵,素号骁勇。盖以三晋之地古号战场,清明无隐之地也,故其民惟知力战而以骁勇为尚。"

⑧疾如流矢、如发机者,所以破精微也:意谓行动像利箭飞驰一样快速,出击像弩机扣动一样猛烈,这是为了破坏敌人的精妙布局。精微,指敌人的精妙布局。施子美曰:"疾如流矢,此言兵之为势,必欲其速,天下之至速者莫如流矢,故其疾也有取于流矢。击如发机,此言兵之制胜,必欲其中。天下之必中者,惟发机为然,故其击也,有取于发机。流矢发机之用,所以破精微也。精微者,言用兵之妙也。彼虽妙于用兵,而吾有以胜之,故精微为

所破。孙子论善战者,其势险,其节短,势如圹弩,节如发机者,亦
此也。"刘寅曰:"疾如箭镞之急流、击如弩牙之发动者,所以破人
之精微也。精微,言其谋之精详、微妙,非疾战不能破之也。"又,
《武经七书直解》本"矢"下有"击"字。

⑨"诡伏设奇"三句:诡伏设奇,远张诳诱,《武经七书注译》曰:"巧
妙埋伏,设置奇兵,虚张声势,诱骗敌人。"施子美曰:"诡伏设奇,
远张诳诱,此无形之兵也,所以误敌也。有以误之,则敌必堕其
术中,故可以破军擒将。田单令老弱乘城约降,所以设奇诳诱
也,燕师安得不为所破?"朱墉引《指归》曰:"'诡伏'二句,见得将
不易擒。苟非诡伏设奇,出其不意,纵能恃众不败,不能破军擒
将也。故欲收擒将之功者,必须临陈设奇,诡伏以掩袭之,然后
可以擒敌人之将,奏克胜之勋。"

⑩四分五裂者,所以击圆破方也:意谓使部队看起来分割破碎,毫
无章法,这是为了击破敌人的各种阵势。方、圆,指敌人布置的
各种阵势。施子美曰:"四分五裂者,分兵以击之也。可以击圆
破方,言无阵不破也。郑公子突为三覆以御戎,前后夷之尽殪,
非可以击破之乎?"刘寅曰:"使吾军四分五裂、若无统纪者,所以
击人之圆、破人之方也。"

⑪因其惊骇者,所以一击十也:施子美曰:"惊骇则无斗心,故因其
惊骇而击之则易,故虽一可以击十。苻坚之军,八千之所破。"

⑫因其劳倦暮舍者,所以十击百也:舍,宿营休息。施子美曰:"劳
倦,暮至马陵,其劳倦可知也。故以全魏之师,反败于孙膑之万
弩,其易取可知也。"

⑬奇伎者,所以越深水、渡江河也:奇伎,指各种奇妙的渡河手段,
如制造船只、架设桥梁等。伎,指各种技艺。施子美曰:"奇技所
以越深水渡江河者,此在军用有所谓飞桥、飞江、天浮之制,可以
渡沟堑大水。而太公于武王拒险之问,亦言以天潢济三军,此则

奇技之作也。"

⑭强弩长兵者,所以逾水战也:施子美曰:"强弩长兵可以及远,故可以逾水战。法曰长兵以御,又曰弓矢御,此则强弩长兵之用也。"

⑮"长关远候"三句:意谓在边远地区设置关卡与哨所,行动迅速,假装退兵,是为了降服敌人的城邑。长关远候,指在边远地区设置关卡与哨所。候,哨所。暴疾谬遁,指行动迅速,假装退兵。施子美曰:"长关远候者,谨斥候也。暴疾谬遁者,疾至而急退也。若是则可以谨守,可以□敌,故降城服邑者以之。充国尝以远斥候待羌,韩信尝以佯北克齐,此其效也。"

⑯鼓行喧嚣者,所以行奇谋也:施子美曰:"鼓行喧嚣,则鼓噪以夺敌也。其夺之也必有奇谋。田单令城中鼓噪,老弱击铜器为声,乃所以助火牛之奇谋也。"又,喧,《武经七书直解》本作"懽(欢)"。

⑰大风甚雨者,所以搏前擒后也:意谓在刮大风下大雨的时候袭击敌人,这是为了便于攻敌于前擒敌于后。施子美曰:"大风甚雨,则天地晦冥之际,敌人必不能相及,故可以搏前而擒后。魏太武因风雨以征赫连,太宗因天雨甚以克突厥,此因风雨以伐人也。"刘寅曰:"因其大风甚雨者,所以击人于前、擒人之后也。"

⑱伪称敌使者,所以绝粮道也:施子美曰:"此盖示之以不疑,而后可以绝之也。李孚着平冠,持问事杖,自称曹公都督,巡历关垒,所过呵责,径入其营,是岂不足以绝其粮道乎?"

⑲谬号令与敌同服者,所以备走北也:北,打了败仗往回跑。施子美曰:"此盖欲以杂之而备其走北也。冯异变服,与赤眉同服,而终以克之,得之此也。"刘寅曰:"诈谬号令与敌同其衣服者,所以防备彼军之走北也。"按,此处"走北"者解释成我军而不是敌军,文意更妥。

⑳战必以义者,所以励众胜敌也:按,"战必以义者"以下四句,《孙膑兵法·威王问》有相近表述,作:"夫赏者,所以喜众,令士忘死也;罚者,所以正乱,令民畏上也。"施子美曰:"战必以义者,所以励众胜敌也。盖师出有名,事乃可成,故直者为壮,曲者为老。战必以义,则其名之正,其师之直,宜其众有所持,而可以励之以胜敌也。高祖之众,本不项敌也,及缟素一举,而项王无死所矣。此义可以励人也。"朱墉引周氏曰:"'战必以义者'二句,出一旅必曰救人之患,恤人之灾,否则不敢以简卒蒐乘也;治一兵必曰禁人之暴,除人之残,否则不敢以称干比戈也。或清君侧之恶,或靖家国之难。煌煌义问,钟鼓于焉大振,已足壮我先声;侃侃义词,旌旗于焉轻扬,更能驱我先路。诚以义之在人心,有是而无非,斯全得而鲜失;有可而无否,斯少败而多成也。"又引《大全》曰:"生死存亡,人情之理。故非临冲之日,鼓之以亲上死长之义,勉之以奋勇捐躯之义,则众心何由而励?众心既不知励,而欲期其胜敌也难矣。"

㉑尊爵重赏者,所以劝用命也:劝,鼓励。施子美曰:"尊爵重禄以劝用命者,盖人必有所慕,而后有所勉。爵尊禄重,以是而诱之,则人必勉于用命矣。"朱墉引《新宗》曰:"大君行师,不惜爵之尊、赏之重以优隆士众者,非以慕名誉、市恩惠也,所以励将士之用命,以收戮力疆场之效也。"

㉒严刑罚者,所以进罢(pí)怠也:进罢怠,意即使疲惫怠惰的士卒有所进步。罢,疲苦。施子美曰:"严刑罚以进罢怠者,盖人有所畏而后有所奋。刑罚既严,则彼必畏而思奋矣。汤之誓师,则予其大赉汝,予则孥戮汝。武之誓师,则以功多有厚赏,不迪有显戮为言,皆所以劝用命而进罢怠也。"

㉓"一喜一怒"六句:意谓该高兴时高兴,该发怒时发怒,奖赏有功者,攘夺有罪者,文教与刑罚并举,宽松与严厉兼备,做到这些是

为了协调三军行动，控制臣下，使其步调一致。文，指礼乐教化的手段。武，指纪律、刑罚的手段。制一，控制臣下，使其步调一致。施子美曰："一喜一怒，一与一夺者，惟喜故予，惟怒故夺，驭下之术，主将之所同。公其情之好恶而用之，则下必归所驭矣。一文一武，一徐一疾者，文，德也，武，威也。以德服人者深，然必驭致而后可。以威服人者暂，可得而立见之。惟可驯致，故其效迟而徐。惟可立见，故其效速而疾。威德之用得其宜，则臣下必归所驭矣，故可以是而调和三军，制一臣下，使之咸听于上也。"刘寅曰："一喜一怒，以情言也。喜则人说，怒则人畏；因其可喜者喜之，因其可怒者怒之，不妄喜亦不妄怒也。一与一夺，以爵言也。有功者与之，有罪者夺之；不妄与亦不妄夺也。一文一武，以政言也。文以附之，武以威之，弛张宽猛之相济也。一徐一疾，以令言也。徐则人力舒，徐久则怠矣；疾则人力诎，疾久则害矣。徐以纵之，疾以收之；禁舍开塞之得宜也。凡此四者，皆所以调和三军而使之心同，制一臣下而使之力齐也。"

㉔处高敞者，所以警守也：施子美曰："此据得其地，则可以坚守。兵法言凡兵好高而恶下，贵阳而贱阴，养生处寔军无百疾，是则处高敞者，可以警其所守也。"

㉕保阻险者，所以为固也：施子美曰："此守得其地，故可保之以为固。《尉缭子》谓守者不失险也。是则保险阻者，必可以为固。"

㉖山林茂秽者，所以默往来也：秽，杂草多。施子美曰："此言草木茂盛，则可以藏形，故可以默往来。《孙子》言林木蘙秽，为伏奸之所，以默其往来也可知矣。"

㉗"深沟高垒"三句：施子美曰："深沟高垒，则城池之固也。粮积多，则粮食之足也。若是则可以久处，故可以持久。尉子言攻之不能取者，城高池深，财谷多积也，此则可以持久也明矣。"朱墉引《开宗》曰："此揭二十六事以明神势之所在。"朱墉《全旨》曰：

"通章言用兵贵得势,而势之至神则在于用奇,故详言二十六事。静之则莫测,而动之则莫御;守之则莫犯,而攻之则莫遏。立之则坚定而莫摇,变之则幻化而莫定,总之皆将心之出奇无穷也。"邬锡非说:"本篇说的奇兵,是说用兵上变化无常,出奇制胜。文章首先提出了获得'神势'在用兵克敌制胜上的重要性,接着论述了造成'神势'的二十六种方法,其中既有如何治理军队,鼓舞士气,又有如何利用天时地利,既有如何准备后勤,又有如何诱骗敌人等等,内容丰富,反映了当时军队的作战经验。当然这一切都离不开谋划调遣,所以文章最后又指出了将帅应有的才德及其与军队和国家命运的密切关系。"又,《武经七书直解》本"粮"上有"积"字。

【译文】

武王问太公道:"领兵打仗的法则,要点有哪些呢?"

太公说:"古代善于指挥作战的将领,并不能飞到天上作战,也不能遁入地下作战,他们的成功与失败,完全是由神秘莫测的战争态势所决定的。能掌握这种战争态势就会成功,失掉这种战争态势就会败亡。敌我两军对阵的时候,故意将盔甲兵器随意放置,放纵士卒扰乱队伍行列,这是为了实施诡术;将部队安置在茂密的深草丛中,这是为了便于撤退逃跑;让部队占据溪水山谷这样的险要地形,是为了阻止敌人的战车、抵御敌人的骑兵;让部队据守险隘、关塞、山坡、林地,是为了以少量兵力击败人数众多的敌人;将部队安置在低洼昏暗的水泽地带,是为了隐匿部队的行踪;将部队安置在一览无余、无所隐蔽的平地,是为了与敌人斗勇拼力;行动像利箭飞驰一样快速,出击像弩机扣动一样猛烈,这是为了破坏敌人的精妙布局;巧妙埋伏,设置奇兵,虚张声势,诱骗敌人,这是为了击破敌军,擒获敌将;使部队看起来分割破碎,毫无章法,这是为了击破敌人的各种阵势;趁着敌人惊慌失措发动进攻,这是为了实现以一击十的功效;趁着敌人困倦夜宿实施突袭,这是为了实现以十击百的功效;运用各种奇妙的渡河手段,这是为了涉过深水、渡过江河;使用强力弓弩与长柄兵器,是为了便于过河与敌水战;在边远地区设置关卡与哨所,行动迅速,假装退兵,是为了降服敌人的城邑;让士卒击鼓前行,大声喧哗,这是为了实施奇谋诡计;在刮大风下大雨的时候袭击敌人,这是为了便于攻敌于前、擒敌于后;假称敌人的使者去侦察敌情,这是为了断绝敌人的运粮通道;故意弄错号令,与敌人穿同样军服,这是为了防备后患便于逃走;必定根据正义之道发动战争,这是为了激励众人战胜强敌;对有功将士给予高爵重赏,这是为了鼓励士卒效命疆场;对有罪人员给予严刑重罚,这是为了使那些疲惫怠惰的士卒有所进步;该高兴时高兴,该发怒时发怒,奖赏有功者,攘夺有罪者,文教与刑罚并举,宽松与严厉兼备,做到这些是为了协调三军行动,控制臣下,使其步调一致;让部队占据空旷高地,是为了便于警戒守卫;让部队守护艰险要塞,是为了便于固守;让部队隐藏于茂密的山林草丛之中,是为了便于暗中往来,秘密调动;深挖壕沟,高筑城墙,多积粮食,这是为了便于持久作战。

"故曰,不知战攻之策,不可以语敌;不能分移,不可以语奇①;不通治乱,不可以语变②。故曰,将不仁,则三军不亲③;将不勇,则三军不锐④;将不智,则三军大疑;将不明,则三军大倾⑤;将不精微,则三军失其机⑥;将不常戒,则三军失其备⑦;将不强力,则三军失其职⑧。故将者,人之司命,三军与之俱治,与之俱乱⑨。得贤将者,兵强国昌,不得贤将者,兵弱国亡⑩。"

武王曰:"善哉⑪!"

【注释】

①不能分移，不可以语奇：分移，指灵活机动地分散与整合兵力。施子美曰："夫人必明于势，而后可以用其术。苟一于合聚，而不知分移，是当分不分，反为縻军，何奇之有？此苻坚百万之师，所以一麾而莫止者，以其不能分移也，何足与语奇？宜其败于淮肥也。"

②不通治乱，不可以语变：施子美曰："盖人惟明于数，而后可以尽权变之道。苟一于正，而不知以治为乱，则亦何足与言权变之道？"

③将不仁，则三军不亲：施子美曰："自此以下言将任之至重而其材之难尽也。法曰：'仁见亲。'不仁则无以感人之心。其何以使之亲乎？"

④将不勇，则三军不锐：施子美曰："法曰：'勇见方。'不勇则人无所视效，故军不锐。"

⑤将不明，则三军大倾：大倾，大败。倾，倒塌，倾覆，这里是失败的意思。施子美曰："法曰：'有所不见而视者明也。'则可以见于未然。将而不明，则昧于事机，所以三军倾危也。"又，明，《北堂书钞》卷一一五引《六韬》作"精"。

⑥将不精微，则三军失其机：精微，这里是洞察微妙的意思。施子美曰："法曰：'密其机。'欲密其机，不可不极其妙。将不能极乎精微之理，则何以能密其机？"

⑦将不常戒，则三军失其备：意谓将领如果不能经常保持戒备，那么全体官兵就会丧失防备意识。施子美曰："法曰：'先戒为宝。'能戒则知谨所备。将不常戒，则三军必无备，故失其备。"

⑧将不强力，则三军失其职：意谓将领如果没有坚强果断的治兵能力，那么全体官兵就会玩忽职守。强力，指坚强果断的治兵能力。施子美曰："法曰：'勤劳之师，将必先己。'将能强力则能以

身先人，而三军亦各尽其职。苟不强力，则人必怠矣，得无失职乎？”

⑨“故将者”四句：意谓将领是掌握人们命运的人，全体官兵要么与他共同进入整齐有序的状态，要么与他一起陷入混乱不堪的境地。施子美曰：“谓之司命者，以人之死生系于将也。将之用兵而当则民生，不当则民死，故为人之司命。惟为司命，故三军之治乱亦与之俱。盖统军者将也。得人则治，非人则乱，岂不与之俱乎？”朱墉引《大全》曰：“司命是生死存亡俱司之将。”又引《醒宗》曰：“将膺斧钺统士卒，以角胜于锋刃，死生存亡悬于旦夕。将能制胜则人皆生而国存，将不能胜则人皆死而国亡，故曰‘人之司命’，以见用将不可不重，而为将不可不慎之意。”

⑩“得贤将者”四句：施子美曰：“贤与不贤在于将，而安危强弱及于军国。将而贤则可以昌其国、强其兵，苟为不贤则兵弱国亡矣。吴起守西河，秦兵不敢东向。李牧守雁门，匈奴不敢近边。此得贤将则兵强国昌也。赵括用而赵军坑，骑劫用而燕师败，此不贤则兵弱国亡也。大抵兵不可以无将，将莫先于得人。法曰：‘得士者昌。’又曰：‘辅周则国必强。’亦此意也。”朱墉引《新宗》曰：“兵强国昌只在得贤将上，可见贤将不可不得也。得之则足以强兵昌国，不得则兵弱国危可知矣。”又引《指归》曰：“人君果能得贤将以治兵，则选练得其道，节制得其宜，兼以爱卒如左右手，则兵不期强而自强矣。兵士既强，则军威丕振，开疆拓土，自此始矣。”

⑪善哉：朱墉《全旨》曰：“此一节结言用兵神势之道，在于得将之贤，庶战功奇变之势无不可知。盖三军非亲谁与为死？非锐谁与克敌？非不疑谁与必往？非不倾谁与决胜？非知机谁与达变？非有备谁与应猝？非尽职谁与摧锋？而皆自将之仁勇、智明、精微、戒谨、强力司之，则将者诚三军之司命，朝廷之干城也，

而神势在握矣。"

【译文】

"所以说,将领若不了解战斗攻伐的基本策略,就不足以与他谈论如何战胜敌人;将领若不能灵活机动地分散与整合兵力,就不足以与他谈论奇谋诡道;将领若不懂得治乱兴衰之道,就不足以与他谈论部队的变革。所以说,将领如果没有仁爱之心,那么全体官兵就不会关系亲密;将领如果不够勇敢,那么全体官兵就会没有锐气;将领如果没有智慧,那么全体官兵就会深陷疑惑;将领如果不能明察秋毫,那么全体官兵就会遭遇大败;将领如果不能洞察微妙,那么全体官兵就会丧失克敌良机;将领如果不能经常保持戒备,那么全体官兵就会丧失防备意识;将领如果没有坚强果断的治兵能力,那么全体官兵就会玩忽职守。因此,将领是掌握人们命运的人,全体官兵要么与他共同进入整齐有序的状态,要么与他一起陷入混乱不堪的境地。君王若得到贤明的将领,就能兵力强大,国家昌盛;君王若得不到贤明的将领,就会兵力衰弱,国家灭亡。"

武王说:"您讲得真好啊!"

五音第二十八

武王问太公曰:"律音之声,可以知三军之消息,胜负之决乎①?"

太公曰:"深哉! 王之问也。夫律管十二②,其要有五音:宫、商、角、徵、羽,此其正声也,万代不易③。五行之神,道之常也,可以知敌④。金、木、水、火、土,各以其胜攻之⑤。

"古者三皇之世,虚无之情,以制刚强⑥。无有文字,皆由五行。五行之道,天地自然。六甲之分⑦,微妙之神。其法：以天清净，无阴云风雨⑧，夜半，遣轻骑往至敌人之垒，去九百步外，遍持律管当耳⑨，大呼惊之，有声应管，其来甚微。角声应管，当以白虎⑩；徵声应管，当以玄武⑪；商声应管，当以朱雀；羽声应管，当以勾陈；五管声尽不应者宫也，当以青龙⑫。此五行之符，佐胜之征⑬，成败之机。”

武王曰：“善哉！”

【注释】

①“律音之声”三句：意谓从十二律、五音的乐声，可以了解军队的盛衰、预测敌我的胜负吗？律音，指十二律、五音。十二律是古人定出的十二个标准音。《汉书·律历志》曰：“律十有二，阳六为律，阴六有吕。”五音，指的是宫、商、角、徵、羽五个音阶。消息，减少与增长，这里指强弱、盛衰等。决，决定，这里是测出、预测的意思。施子美曰：“按《周礼》大师之职，大师执律以听军声；大司马之职，若师有功则左执律右秉钺，以先凯乐献于社。是则律音之用，古人之所先也。晋伐楚，师旷以一歌之间，而知其胜负所在。观其言曰：‘吾骤歌南风，又歌北风。南风不竞，多死声。’是则律管之用，必有其效也。三军之胜负，律音之声，必可以知之，宜武王以是为问也。”又，律音之声，《太平御览》卷一六引《六韬》作“听律之音声”。

②律管十二：指十二个正音乐器，用竹、玉或铜制成。各管按音阶高低依次为黄钟、大吕、太簇、夹钟、姑洗、仲吕、蕤宾、林钟、夷则、南吕、无射、应钟。

③此其正声也，万代不易：意谓这五音是纯正的声音，世世代代不会改变。正声，指符合音律的标准正声。施子美曰：“言时世虽变，而此音常存，故万代不易。”朱墉引《大全》曰：“宫、商、角、徵、

羽乃声之祖,虽变化迭出,总不出这五声。所以这五声为正声也,故万代亦不能易。如可易,则非正声矣。声音之道关于兵事甚微,苟不察正声之所在,则胜负之兆有应之于声音者,我不得而知之矣。"

④"五行之神"三句:意谓五行思想极为神妙,体现的是宇宙间的普遍规律,由此可以预知敌情。五行,指金、木、水、火、土。我国古代称构成各种物质的五种元素,古人常以此说明宇宙万物的起源与变化。五行之间相生相克。相生,说的是一物对另一物起促进作用,其顺序是:木生火、火生土、土生金、金生水、水生木。相克,说的是一物对另一物起抑制作用。其顺序是:水克火、火克金、金克木、木克土、土克水。施子美曰:"金、木、水、火、土,此五行之神也,而五音实配焉。角音木,商音金,羽音水,徵音火,宫音土,即是五行则可以知敌。何以知之? 即管声之应而知之也。既知之,必有以制之。其制之道,亦不外是也。"又,《太平御览》卷一六引《六韬》"道之常也"下有"可以知敌"一句。

⑤金、木、水、火、土,各以其胜攻之:意谓金、木、水、火、土各自以其相生相克的优势击败对手。施子美曰:"金、木、水、火、土,必有相克之义,而吾之制敌,则因所以胜之者而用之。金克木,木克土,土克水,水克火,火克金。此五行之相胜也,而吾之制敌,亦以是用之。"朱墉引《开宗》曰:"此言欲知三军消息者,当以十二律之五音分属五行,即其相克者以为胜负之决。"

⑥"古者三皇之世"三句:意谓上古三皇时代,处于清虚无为的状态,以清虚制服人的刚强。虚无,《武经七书注译》曰:"原意是清虚无为,此处作有而若无,实而若虚的无为而治解。"三皇,传说中的上古三位帝王。说法不一,一般认为是伏羲、神农和黄帝。另有一些说法,如伏羲、神农、女娲;伏羲、神农、燧人;伏羲、神农、祝融;天皇、地皇、泰皇;天皇、地皇、人皇。虚无之情,指宁静

无为的状态。

⑦六甲之分:《武经七书注译》曰:"甲乙丙丁戊己庚辛壬癸是十天
干,子丑寅卯辰巳午未申酉戌亥是十二地支,古人以干支计时,
以天干与地支逐次配合,从甲子至癸亥的最小公倍数为 60,这一
循环叫一周期。在每一周期中有甲子、甲戌、甲申、甲午、甲辰、
甲寅六个以甲为首的干支叫六甲。而把天干、地支、时日、律历
问题统称'六甲之分'。"

⑧阴云风雨:《太平御览》卷一六引《六韬》作"雾雨云风"。

⑨遍持律管当耳:《太平御览》卷一六引《六韬》"律管"下有"横管"
二字。

⑩角声应管,当以白虎:意谓如果从律管传来的是角声,就应当攻
打西方的敌人。《武经七书注译》曰:"白虎、玄武、朱雀、勾陈、青
龙,古代阴阳五行家以白虎为西方庚申金神,以玄武为北方壬
癸水星神,以朱雀为南方丙丁火星神,以勾陈为中央戊己土星
神,以青龙为东方甲乙木星神。此处指各该星神当令的时日方
位而言。"按,此处的"白虎"与下文的"玄武"、"朱雀"、"勾陈"、
"青龙",分别指代西方、北方、南方、中央与东方。刘寅曰:"角声
应管,当用白虎胜之;角声属木,白虎属金,金能克木故也。徵声
应管,当以玄武胜之;徵声属火,玄武属水,水能克火故也。商
声应管,当以朱雀胜之;商声属金,朱雀属火,火能克金故也。羽声
应管,当以勾陈胜之;羽声属水,勾陈属土,土能克水故也。五管
声尽不应者,宫也,当以青龙胜之;宫属土,土性重静,故声不应。
青龙属木,木克土,故能胜宫。"又,角声应管,《太平御览》卷一六
引《六韬》作"角管声应"。

⑪徵声应管,当以玄武:《太平御览》卷一六引《六韬》"徵声应管"作
"徵管声应"。

⑫五管声尽不应者宫也,当以青龙:意谓如果所有律管没有回音的

是宫声,就应当从东方攻打敌人。朱墉《纂序》曰:"五管声尽不应者宫也,当以青龙方位时日胜之,木能克土也。"又,五管声尽不应者,《太平御览》卷一六引《六韬》作"无有应声"。

⑬佐胜之征:意谓五行相生相克的符验,是辅助制胜的征兆。朱墉引《文诀》曰:"兵不能出五行而实不专恃五行,故但曰'佐'。"又引《醒宗》曰:"用兵之道原贵人事,不单恃生克五行。生克之理不过佐我胜之征验。用兵如此,则自不昧于其机,而因之以为克敌之助矣。"又引《拟题镜》曰:"'佐'之云者,谓必有制胜之本,但假五行之神为生克之理以辅佐之耳。"

【译文】

武王问太公道:"从十二律、五音的乐声,可以了解军队的盛衰,预测敌我的胜负吗?"

太公答道:"君王您问的这个问题真是深奥啊!十二个正音乐器,定出的音阶主要有五个,即宫、商、角、徵、羽,这五音是纯正的声音,世世代代不会改变。五行思想极为神妙,体现的是宇宙间的普遍规律,由此可以预知敌情。金、木、水、火、土,各自以其相生相克的优势击败对手。

"上古三皇时代,处于清虚无为的状态,以清虚制服人的刚强。当时没有文字,万事万物皆遵循五行的相生相克规律。五行的演变规律,体现的是天地自然之理。六甲干支的区分,也蕴藏着微妙的神机。用五音五行测探敌情的方法是:在天空晴空明净、没有阴云风雨的夜半时分,派遣一队轻骑前往敌人的营垒,在距离敌营九百步开外的地方,都手持律管对着耳朵,大声呼喊以惊扰敌人,这时会有敌人的声音从律管传来,传来的声音十分微弱;如果从律管传来的是角声,就应当攻打西方的敌人;如果从律管传来的是徵声,就应当攻打北方的敌人;如果从律管传来的是商声,就应当攻打南方的敌人;如果从律管传来的是羽声,就应当攻打中部的敌人;如果所有律管没有回音的是宫声,就应当攻打东方的敌人。以上这些均是五行相生相克的符验,是辅助制胜的征兆,更是用兵胜败的关键。"

武王说:"您讲得真好啊!"

太公曰:"微妙之音,皆有外候①。"

武王曰:"何以知之?"

太公曰:"敌人惊动则听之。闻枹鼓之音者,角也;见火光者,徵也;闻金铁矛戟之音者,商也;闻人啸呼之音者,羽也;寂寞无闻者,宫也。此五者,声色之符也②。"

【注释】

①外候:指外在的征兆。候,征候,征兆。

②此五者,声色之符也:意谓这五种情形,说明五音之声与五行之色是相符的。色,指五行(金、木、水、火、土)的外在形态。符,符合。朱墉引《文诀》曰:"声属五音,色属五行,'符'谓声与色相符,合五行自然之理。原自然与五行相符,但须审其音以察其情,灼然得知消息之故,生克之机,才可以决胜负。"朱墉《全旨》曰:"通章见五行之理,乃天地阴阳之分治,生克一定之恒性,万事不易之根本也。况兵事之兆验尤其微渺而可凭者乎? 惟于敌人之动静外,候其声音而察之,听其管中之声,并知其声中之色,五色之符于五声,五声又符于五色,因以审其理而克制之。虽不足以为胜敌之本,而亦可以辅佐于外矣。"

【译文】

太公说:"微妙的五种音阶,都一一预示了相对应的外在敌情征兆。"

武王问道:"怎样才能了解敌情征兆?"

太公说："当敌人惊动时就聆听观察其动静。听到击鼓的声音，就是角声的反应；见到火光，就是徵声的反应；听到金铁矛戟等各种兵器撞击的声音，就是商声的反应；听到士卒呼喊叫嚣的声音，就是羽声的反应；静默无声，什么也没听到，就是宫声的反应。以上五种情形，说明五音之声与五行之色是相符的。"

兵征第二十九

武王问太公曰："吾欲未战先知敌人之强弱，豫见胜负之征，为之奈何？"

太公曰："胜负之征，精神先见①。明将察之，其败在人。谨候敌人出入进退，察其动静，言语妖祥，士卒所告②。凡三军悦怿，士卒畏法，敬其将命，相喜以破敌，相陈以勇猛，相贤以威武，此强征也③；三军数惊，士卒不齐，相恐以敌强，相语以不利，耳目相属，妖言不止，众口相惑，不畏法令，不重其将，此弱征也④；三军齐整，陈势已固，深沟高垒，又有大风甚雨之利，三军无故，旌旗前指，金铎之声扬以清，鼙鼓之声宛以鸣，此得神明之助，大胜之征也⑤；行陈不固，旌旗乱而相绕，逆大风甚雨之利，士卒恐惧，气绝而不属，戎马惊奔，兵车折轴，金铎之声下以浊，鼙鼓之声湿如沐，此大败之征也⑥。

【注释】

①胜负之征，精神先见：意谓敌我胜负的征兆，首先表现在两军官兵的精神状态上。精神，指人的心神、神志。朱墉引《大全》曰：

"凡人一生功名事业,俱是精神为之。精神旺则人之竖立旺,精神衰则人之竖立衰。故人之休咎吉凶无一不兆见于精神,特人昏昧不能先见之耳。且一人有一人之精神,一家有一家之精神,一国有一国之精神,这精神乃所以主持人家国者。其机甚微,其理甚细,只在人按验之。故胜与负系一身之生死、社稷之存亡,岂无先见处? 若能先见,则便可以趋避,而不至于临事束手矣。"又引邓伯莹曰:"精神者,根柢也。如人平日心和气平,言词谦厚,自是多吉祥善事;平日暴戾恣睢,遇事亢厉,自是多灾祸恶缘。行兵亦言及精神,盖欲为将者慎其平日所积之旨。"又引《拟题境》曰:"成败利钝无一不兆见于精神,而况胜负乎? 征胜负,当无于胜负,求征可也。"又引《文诀》曰:"事之成败,人之精神为之。故兵家之或胜或负,亦必先见一段精神发露于气象之间,形见于动静之际,要在智将之能察而知之耳。"

② "谨候敌人出入进退"四句:意谓应该严密侦察敌人的出入进退,观察它的动静,了解言语中所预示的吉凶,分析士卒之间传播的消息。妖祥,指凶兆与吉兆。施子美曰:"《吴子》尝论:'有不卜而与之战,有不占而避之者。'是则敌之强弱,胜负之证,不可不知也。然何以知之? 夫胜负之征,精神先见。此其证也。明将能因是而察之,则可以知其胜负矣。其证候求之于人而可知。曷为效之在人? 自'谨候敌人出入'以下皆其候也。秦使者目动而言肆,史骈知其必败。晋师听而无上,伍参知其必败。建德度险而嚣,太宗知其可破。周挚方阵而嚣,光弼知其可击。若夫斗士倍我,则韩简不敢敌。秦政成事时,则士会必欲避楚。察敌人之出入进退动静、言语妖祥与士卒之所告,则其强弱胜负可以知矣。"

③ "凡三军悦怿"七句:怿,快乐。施子美曰:"三军悦怿则其气舒,士卒畏法则其令严,敬其将命则其权重。相喜以破敌则有必战

之心，相陈以勇猛则有敢战之心，相贤以威武则有不伐之心。夫如是则势不可敌，故知其为强证。"刘寅曰："大凡三军之众，心志喜悦怡怿，士卒皆畏惧法令，敬其将命；相喜以破敌之期，相陈以勇猛之事，相贤以威武之势；此盛强之征兆也。"

④"三军数惊"十句：耳目相属（zhǔ），意即士兵口耳相接，私下传播小道消息。耳目，一说指的是打探消息的人。属，连接。惑，迷惑，蛊惑。施子美曰："若夫三军数惊，则人心不足。士卒不齐，则人不从令。相恐以敌强，相语以不利，则人有畏心矣。耳目相属，妖言不止，众口相惑，则人心不一矣。不畏法令，不重其将，则人无所统矣。若是者非弱而何？"

⑤"三军齐整"十句：大风甚雨之利，指在大风大雨中处于顺风的有利地势。旌旗前指，旗帜向着前敌方向飘扬。金铎，大铃，其舌为金属，古代宣布政教法令或有战事时使用。朱墉《直解》曰："金铎，以止军者。"鼙鼓，朱墉《直解》曰："鼙鼓，以进军者。"鼙，一种军用小鼓。施子美曰："三军齐整，阵势之固，此则人和也。深沟高垒，此则地利也。又有大风甚雨之利，此则天时也。加以三军无故而旌旗前指，则有必胜之兆。金鼓之音清扬宛鸣，则有整治之象。若是者非人力所至，必得神明之助，是为大胜之证。"

⑥"行陈不固"十句：旌旗乱而相绕，意即旗帜杂乱，相互缠绕。气绝而不属（zhǔ），意即士气衰竭，精神涣散。不属，这里是涣散的意思。朱墉《直解》曰："不属，不联属也。"金铎之声下以浊，意即金铎的声音低沉浑浊。鼙鼓之声湿如沐，意即鼙鼓的声音沉闷不响。朱墉《直解》曰："湿以沐，击之不鸣也。"施子美曰："若夫行阵不固，旌旗绕乱，逆风雨之利，惑士卒之心，气绝而不属，此则失天人之助也。戎马惊奔，兵车折轴，此则兵器失其利也。金铎之声下以浊，鼙鼓之声湿以沐，则其气不振也，故知其为大败之证。"又，如，《武经七书直解》本作"以"。

【译文】

武王问太公道："我想在战前就预先了解敌人的强弱，预见敌我胜负的征兆，该怎么做呢？"

太公答道："敌我胜负的征兆，首先表现在两军官兵的精神状态上。明智的将军会认真观察，失败的征兆是由人体现出来的。应该严密侦察敌人的出入进退，观察它的动静，了解言语中所预示的吉凶，分析士卒之间传播的消息。大致说来，全军上下心情愉快，士卒畏惧军法，尊重将军命令，相互之间都以打败敌人为乐事，以作风勇猛为荣耀，以气势威武为美誉，这些都是军队强大的征兆；三军经常容易受惊，士卒军容不整，相互都为敌人的强大而感到恐惧，彼此说出的都是对自己军队不利的信息，私下传播小道消息，谣言不止，众口乱说，相互蛊惑，不惧怕法令，不尊重将军，这些都是军队衰弱的征兆；全军军容严整，阵势稳固，深挖壕沟，高筑壁垒，又有在大风大雨中处于顺风的有利地势，全军平静安定，旗帜向着前敌方向飘扬，金铎的声音高扬清亮，鼙鼓的声音合鸣婉转，这些都是得到了神明帮助、即将取得大胜的征兆；行列不整齐，阵势不稳固，旗帜杂乱，相互缠绕，在大风大雨中处于逆风的不利地势，士卒心中恐惧，士气衰竭，精神涣散，战马受惊奔跑，兵车车轴折断，金铎的声音低沉浑浊，鼙鼓的声音沉闷不响，这些都是军队即将大败的征兆。

"凡攻城围邑：城之气色如死灰①，城可屠；城之气出而北，城可克；城之气出而西，城必降；城之气出而南，城不可拔；城之气出而东，城不可攻；城之气出而复入，城主逃北；城之气出而覆我军之上，军必病②；城之气出高而无所止，用日长久③。凡攻城围邑，过旬不雷不雨，必亟去之，城必有大辅。此所以知可攻而攻，不可攻而止。"

武王曰："善哉④！"

【注释】

①城之气：指城邑上空的云气。

②军必病：意即我军必定会陷入困境。病，病情加重，这里指陷入困境。

③日：《武经七书直解》本作"兵"。

④善哉：朱墉《全旨》曰："通章是天人合一之旨。首节以人事决之，次节以天道决之，三节因气色而征其人事，见天人原相符合，为将者当知其可不可之故，以为趋避之宜，则无往不得其胜矣。"

【译文】

"大凡围攻敌人城邑的征兆要则是：城上的云气颜色如同死灰，表明这座城会被攻破；城上的云气飘出城外并向北移动，表明这座城可被屠灭；城上的云气飘出城外并向西移动，表明城中敌人必定投降；城上的云气飘出城外并向南移动，表明这座城不会被攻下；城上的云气飘出城外并向东移动，表明不能攻击此城；城上的云气飘出城外再飘入城内，表明守城的主将会逃跑；城上的云气飘出城外并覆盖在我军上空，表明我军必定会陷入困境；城上云气飘出城外，高高上升而不停止，表明这场战争会旷日持久。凡是围攻城邑，如果十几天过去了仍不打雷下雨，就必须赶快离开，因为这表明城中敌人必有高明人士辅助。这些都是用来帮助主将清楚该进攻的时候就进攻、不该进攻就停止的道理所在。"

武王说："您讲得真好啊！"

农器第三十

武王问太公曰："天下安定，国家无事①，战攻之具可无修乎②？守御之备可无设乎③？"

太公曰："战攻守御之具尽在于人事④。耒耜者⑤，其行马、蒺藜也⑥；马牛车舆者，其营垒、蔽橹也⑦；锄、耰之具⑧，其矛戟也；蓑薜、簦、笠者⑨，其甲胄干楯也⑩；镢、锸、斧、锯、杵、臼⑪，其攻城器也；牛马所以转输粮用也；鸡犬其伺候也⑫；妇人织纴⑬，其旌旗也；丈夫平壤⑭，其攻城也；春铲草棘⑮，其战车骑也；夏耨田畴⑯，其战步兵也；秋刈禾薪，其粮食储备也；冬实仓廪，其坚守也；田里相伍⑰，其约束符信也⑱；里有吏⑲，官有长，其将帅也；里有周垣⑳，不得相过，其队分也㉑；输粟收刍㉒，其廪库也；春秋治城郭，修沟渠，其堑垒也。故用兵之具，尽在于人事也㉓。善为国者，取于人事㉔。故必使遂其六畜，辟其田野，安其处所，丈夫治田有亩数，妇人织纴有尺度。是富国强兵之道也㉕。"

武王曰："善哉㉖！"

【注释】

①事：《武经七书直解》本作"争"。

②战攻之具可无修乎：意谓野战、攻城的器械可以不整治吗？战攻，分别指野战与攻城。具，器具，这里指军事器械装备。修，整治。

③守御之备可无设乎：意谓防守的器械可以不配备吗？朱墉引《大全》曰："战有战备，攻有攻备，守有守备，御有御备。其备甚烦，而又不能不备。是既费具，又劳民也，不可无修设。"

④战攻守御之具尽在于人事：意谓野战、攻城、防守的器械都存在于百姓的农耕生活之中。施子美曰："国虽大，好战必亡。天下

虽安，忘战必危。宋向戌欲弭兵，君子以为不可。唐萧俛议销兵，河北终以不复。当天下无事之际，战攻之具，守御之备，其可废乎？兵不可废，又不可好，然则如之何而可？有一于此，不好不忘，而可以寓其事者，取之人事足矣。古者井田法行，兵农一致，当其无事而居也，则以五家为比，五比为闾，五闾为族，五族为党，五党为州，五州为乡。及其有用而战也，则以五人为伍，五伍为两，五两为卒，五卒为师，五师为军。其编之卒伍军旅者，即此闾、族、党之民也。其在遂也，则为邻里酂鄙县遂之民。故遂人则简其兵器，教之稼穑，遂师则登其车辇，巡其稼穑，遂大夫则稽其功事，移其执事，此则寓兵于农之法也。井田之制，太公实营之，故以战功守御之具，取必于人事。"朱墉引《文诀》曰："'尽'字谓自营垒、甲胄、粮刍、旗帜、车马、服驾，以及步骑、吏长、队分、廪库，无一不备之于农也。"又引《醒宗》曰："兵不外乎农，制兵不外乎制农。兵农分而为二，则兵之事取于农之事而常不足；兵农合而为一，则兵之事取于农之事而恒有余。"

⑤耒耜：古代耕地翻土的农具。耜是其铲，耒是其柄。

⑥行马：行马即拒马，一种障碍物，用以阻塞道路、防止敌军车骑通过的装有剑刃的车辆。蒺(jí)藜：一种草本植物，果实多刺。这里指一种用铁制成的三角障碍物，有尖刺像蒺藜。

⑦蔽橹：遮蔽防身的大盾牌。

⑧櫌(yōu)：古代碎土平田的一种农具。

⑨蓑薜：即蓑衣。簦(dēng)：有柄的斗笠，即今之雨伞。笠：斗笠。

⑩楯：同"盾"，盾牌。

⑪钁(jué)：古代用来掘地的大锄。锸(chā)：古代一种挖土的农具。

⑫伺候：报时或警戒。

⑬织纴：纺织。

⑭平壤：平整土地。

⑮铍(pō)：芟除。

⑯耨(nòu)：古代锄一类的锄草农具。

⑰伍：古代的一种居民组织，以五家为一伍。

⑱符信：凭证。

⑲里：古代一种居民组织，先秦以二十五家为里。

⑳周垣：四周的墙垣。

㉑队分：指区分部队驻地。

㉒刍：牲口吃的草。

㉓故用兵之具，尽在于人事也：意谓用兵打仗的器械与方法，都存在于百姓的农耕生活之中。《管子·禁藏》曰："夫为国之本，得天之时而为经，得人之心而为纪，法令为维纲，吏为网罟，什伍以为行列，赏诛为文武，缮农具当器械，耕农当攻战，推引铫耨以当剑戟，被蓑以当铠襦，菹笠以当盾橹。故耕器具则战器备，农事习则攻战巧矣。"朱墉引《大全》曰："言兵民合一，无事为民，有事为兵，是以平居训练于荷锄负耒之具者，正所以演习夫坐作进退之法也。"

㉔善为国者，取于人事：意谓野战、攻城、防守的器械都存在于百姓的农耕生活之中。朱墉引《合参》曰："为国者取非其取，其取必穷。惟人事乃民之自有者，而还与共之，则民不困于取。"又引郝氏曰："不务人事以富国，则必取民财以实内帑，而究之其民日贫，而国亦不得独富。不务人事以强兵，则必竭民力以养士卒，而究之其民日弱，而兵亦不得独强。人事之务本以利民也，而利民实以富国。人事之务原以畜民，而畜民实所以强兵。"

㉕是富国强兵之道也：朱墉引《指归》曰："民务耕织，则民得其治富之道矣。以是道而行之永久，则不求富而自无不富者。惟其民富，则民无内顾之忧，则不期强而未有不强者，守家即以守国也。"又引《开宗》曰："此言以富国为强兵之道，即古者寓兵于农

之意。无事则吾兵即吾农，有事则吾农即吾兵，不待别设备具，而国家长享太平之乐。”

㉖善哉：朱墉《全旨》曰：“自地中有水，《师》。君子以容民畜众。藏水于地即藏兵于民，况周家以农事开基，《豳风·七月》，凡所以为民谋者，无不熟悉而周详，则所以为兵谋者，亦无不豫图而先备。云蓑雨笠之人，即披坚执锐之人，不必外是人而别为战守之人。出作入息之事即折冲御侮之事，不必外是事而别为攻取之事。但使人日用而不知，有为之之利而无其迹，有取之之逸而无其劳，男勤于耕耘，女勤于织纫，衣食充裕，家给人足而民富矣。民富则国自富，人自为守家，自为卫国，富则兵自强，道莫大于此，亦莫全于此矣。若舍民以言兵而民病，兵不可得而用也。舍民事以言兵事而兵亦病，兵又安可得而用乎？”孔德骐说：“《农器》一篇阐述了兵农合一的思想。主要包括四个方面：一是‘战攻守御之具，尽在于人事’，即战时所用的攻守器具，可用平时人们从事农业生产活动中的生产工具和生活器具来充当。例如，耕作用的耒耜、车辆，作战时可用作器械、器具，牛马可用来运输，妇女织的布帛可做旌旗，仓库的粮食可用作军粮。二是‘丈夫平壤，其攻城也’，即农民平时的生产技术，到战时可以成为战斗技术。三是‘田里相五，其约束符信也’，即平时农民按丁、伍、邻、里的编组方法，可以成为战斗编组，因此它可作为战时动员的基础。四是平时的农业设施，如‘里有周垣’、‘城郭’、‘沟渠’，打起仗来都可以用于战斗。总之，战时用的器具、武器，以及兵员，都可以于平时的生产生活中进行筹划、准备。兵农合一的思想，又称‘耕战’、‘农战’，早在春秋末就已产生，特别是到战国中后期，更得以广泛流行。《管子·禁藏》说：‘缮农具当器械，耕农当耕战，推引铫耨以当剑戟，被蓑以当铠襦，菹笠以当盾橹。故耕器具则战器备，农事习则攻战巧矣。’战国中后期的商鞅也说：

'国之所以兴也，农战也。'(《商君书·农战》)又说:'境内之民，莫不先务耕战而后得其所乐。故地少粟多，民少兵强。能行二者于境内，则霸王之道毕矣。'(《商君书·慎法》)后来，韩非子也有类似论述。《六韬》关于农战的思想，是与其他兵家息息相通的。"钮先钟说:"这一篇含有非常现代化的观念，简直可以说是超乎想像之外。其所提出者即为现代战略中的总动员观念……这也就是说在平时有合理的安排，则可以利用民间的生产设施和器材，来保持高度的战备。换言之，透过有效的动员制度，可以迅速地把民间资源转换成为军事装备。那个时代的国民经济生活是以农业为主，所以此篇主张利用现成的农业装备，以及农村组织来作为动员基础。其所言不免有点夸张，但的确是一种高明的理想。所以，其结论为:'故用兵之具尽在人事也，善为国者取于人事。故必使遂其六畜，门(辟)其田野，规(安)其处所，丈夫治田有亩数，妇人织纴有尺度，是富国强兵之道也。'此种富国强兵的观念，似乎要比先秦其他学者都更为深入。"黄朴民说:"农器，即农业生产用具。本篇阐释耕战合一的思想，强调富国强兵。富国强兵是我国传统的国防政策。这种主张出现在春秋时期，到战国时代十分流行。当时各诸侯国为了在兼并战争中巩固自己的政权，并进而扩张自己的势力，竭力提倡发展生产，把富国强兵看做是强国之本，认为国不富不可以养兵，更谈不上强兵。同时认为兵不强则不可以摧敌，更不能立国。由于中国古代表现出以农立国、以兵卫国的特点，因此富国强兵实际上就是寓兵于农，兵农合一，强调农战。作者在篇中首先揭示了安不忘危、和不忘战的重要命题，即'天下安宁，国家无事'之时，必须修'战攻之具'，设'守御之备'，接着进一步论证了要做到安不忘危、和不忘战，必须平战结合，寓兵于农，兵农合一，即'战攻守御之具，尽在于人事'。理由是平时的生产和生活器具，战时可转化为战备装备；平时的地方的行政组织，战时可以转化为军事组织；平时的生产技术，战时可转化为战斗技术；平时的各种农业设施，战时可以转化为军事工程。'故用兵之具，尽在于人事也。'最后指出：'善为国者，取于人事。'从而实现真正的富国强兵之道。"

【译文】

武王问太公道："天下安全稳定，国家没有战争，在这种情况下，野战、攻城的器械可以不制作吗？防守的器械可以不配备吗？"

太公答道："野战、攻城、防守的器械都存在于百姓的农耕生活之中。耒耜，战时可以当做阻拦敌军通行的行马与蒺藜；马车、牛车，战时可以用作营垒和蔽身的盾牌；锄与耰，战时可以用作矛戟；蓑衣、雨伞、斗笠，战时可以用作甲胄和盾牌；镢、锸、斧、锯、杵、臼，战时可以用作攻城器械；牛和马，可以用来运送粮食；鸡与犬，战时分别可用来报时或警戒；妇女纺织缝纫的手艺，战时可运用于旗帜制作；男子平整土地的技艺，战时可运用于攻城技术；春季割除杂草荆棘，可运用于战车、骑兵的作战；夏季农田除草，可运用于步兵的作战；秋季收割庄稼与打柴，可运用于军粮储备工作；冬季充实粮仓，可用于战时长期坚守；田里工作的农民，以五家为一伍，这种户籍制度可用作军队组织编制的依据；每个里设有吏，吏的上面还设有官长，这可作为军官制度建设的参考；里的四周有矮墙，不得随便越过，这可用作军队营区建设的参考；运送粮食、收割饲草，这可用作充实仓库的参考；春秋时节修筑城郭、整治沟渠的技术，可运用于挖壕沟、修营垒等军事工程之中。所以说用兵打仗的器械与方法，都存在于百姓的农耕生活之中。善于治理国家的人，无不善于从百姓的农耕生活中汲取智慧。因此一定要让百姓繁殖六畜，开垦土地，住处安定，男子耕田应要求他们完成一定的亩数，女子织布应要求她们完成一定的尺度。这些都是富国强兵的方法。"

武王说："您讲得真好啊！"

虎韬

【题解】

《虎韬》为《六韬》全书的第四部分,共由以下十二篇组成:

《军用第三十一》,介绍了各种武器装备的形制、性能,并以一万人的军队为例,给出了征战时各种武器装备的配置数量。本篇还指出,作战时需配备修治各种武器装备的工匠。

《三陈第三十二》,介绍了天阵、地阵、人阵三种布阵方式。这是将"天、地、人"的"三才"之说,运用于军事阵法编练的结果,显示了《六韬》作者对天候、地利与人事的重视。

《疾战第三十三》,介绍了我军小分队在敌人"断我前后,绝我粮道"情况下如何突围以及突围之后的作战方法。本篇强调了突围的胜败取决于行动是否快速,提出了"暴用之则胜,徐用之则败"的作战指导思想。

《必出第三十四》,介绍了我军大部队如何在夜间突围以及在后无退路、前有江河阻挡的情况下如何渡河的作战方法。本篇强调了突围时全军上下要有勇敢战斗的精神,突出了武器装备的重要性,即所谓"必出之道,器械为宝,勇斗为首"、"勇斗则生,不勇则死"。

《军略第三十五》,提出了"凡三军有大事,莫不习用器械"的治军思想,指出需在战前制订计划,准备好各种武器装备,要求士卒平时扎实训练,熟练使用各种器械,否则军队就无法打胜仗,不能成为王者之师。本篇还介绍了用于攻城围邑、俯瞰城中敌情、断绝道路街道、构筑营垒、越沟渡河等不同情况下的各种军事器械。

《临境第三十六》,先是揭示了"与敌人临境相拒"时的作战指导思想,突出了"击其不意,攻其无备"的偷袭战术。接着又针对这一情况——敌人已掌握我方意图,加之其精锐部队不断袭扰进攻,提出了一套打赢制胜的作战方法:消磨敌人斗志,摧垮敌人心理,不断袭扰敌人,快速发动攻击。

《动静第三十七》,首先揭示了在敌我两军实力相当的情况下,应采取迂回和伏击的作战方法。其次,本篇指出如果我军无法在敌军两旁展开伏击、迂回的战术,加之敌人掌握我方情况,我军士气低落,在这种情况下要想取胜,就要选准"死地",埋下伏兵,佯败诱敌,快速战斗,打败敌人。

《金鼓第三十八》,首先论述了防止敌人夜袭的方法是加强警备,提出了"凡三军以戒为固,以怠为败"的主张。其次,本篇指出敌人若偷袭不成而往回撤兵,我军可趁其精神懈怠,尾随其后实施攻击。再次,论述了在追击敌人时如何避免中敌埋伏的方法。

《绝道第三十九》,先是论述了在敌国境内作战,务必要研究当地的地形,充分占据有利地势,这样才能避免敌人截我粮道,不让敌人在我军前后肆意运动。接着,论述了在行军途中如何防止敌人迂回、包抄的方法。

《略地第四十》,论述了围攻城邑的作战方法,包括切断城邑内外敌人的联系,截断敌人粮道,阻击援军,诱敌突围,长期围城等。此外,还论述了攻克城邑后的对敌政策,指出:"无燔人积聚,无坏人宫室,冢树社丛勿伐,降者勿杀,得而勿戮,示之以仁义,施之以厚德。令其士民曰:罪在一人。"这与《司马法·仁本第一》的相关表述十分接近,均闪烁着古军礼的余晖。

《火战第四十一》,论述了军队在深草灌木地带防御敌人火攻的方法,指出首先要加强警戒,严密观察四周形势;其次是在军营的前、后方放火,开辟出一条防火带,然后布下四武冲阵,安排士卒拿着强弩护卫大军左右,做好消灭敌人的准备。

《垒虚第四十二》,对主将提出了"上知天道,下知地理,中知人事"的要求,论述了如何通过观察营垒、士卒,判断敌人的虚实状况与军事部署,据此快速制定出兵方案,做到以少击众,取得胜利。

军用第三十一

武王问太公曰:"王者举兵,三军器用,攻守之具①,科品众寡②,岂有法乎?"

太公曰:"大哉!王之问也。夫攻守之具,各有科品,此兵之大威也③。"

武王曰:"愿闻之。"

太公曰:"凡用兵之大数,将甲士万人,法用武冲大扶胥三十六乘④,材士强弩矛戟为翼⑤,一车二十四人推之。以八尺车轮,车上立旗鼓。兵法谓之震骇⑥,陷坚陈,败强敌。

【注释】

①攻守之具:指军队攻守器械。

②科品:种类。

③"夫攻守之具"三句:意谓部队使用的攻守器械,各有不同的种类,这是军队能否产生巨大威力的关键。威,指军队的威力。国英曰:"《虎韬》皆论攻守之具与飞江济海之器,今多废置,然为将不可不知。遇敌当用我之长攻彼之短,尤须防敌乘我之短用彼

之长。"

④武冲大扶胥:一种大型战车。朱墉《直解》曰:"扶胥,车别名,乃
　　战车之大者。古者军中有储胥以为藩篱,疑即此类。"

⑤材士:指军中有技能而又作战勇敢的兵士。朱墉《直解》曰:"材
　　士,材勇之士,持强弩矛戟为羽翼也。"

⑥兵法谓之震骇:震骇,震恐惊骇。朱墉引《大全》曰:"震骇者,言
　　以此陷坚阵败强敌,而人靡不震恐惊骇也。"又引《新宗》曰:"车
　　乃军中大战具,而大扶胥尤为众车之最大者,所以兵法名为震
　　骇也。"

【译文】

武王问太公道:"君王发兵攻伐,三军使用的武器装备与攻守器械,
其种类数量的多少,是不是有一定的标准呢?"

太公答道:"君王您问的是一个大问题啊! 部队使用的攻守器械,
各有不同的种类,这是军队能否产生巨大威力的关键。"

武王说:"愿意听您指教。"

太公说:"凡是出兵打仗,武器装备的配置是有一个大概标准的,如
果率领甲士一万人,标准是:武冲大扶胥战车三十六辆,有技能而又作
战勇敢的兵士使用强弩、矛、戟,在战车两旁护卫,每辆战车用二十四人
推行。车轮高八尺,车上设置旗鼓。在兵法上将这种战车称之为'震
骇',用这种战车能攻破坚固的阵地,打败强大的敌人。

　　"武翼大橹矛戟扶胥七十二具①,材士强弩矛戟为翼。
以五尺车轮,绞车连弩自副②。陷坚陈,败强敌。

　　"提翼小橹扶胥一百四十具③,绞车连弩自副,以鹿车
轮④。陷坚陈,败强敌。

　　"大黄参连弩大扶胥三十六乘⑤,材士强弩矛戟为翼。

飞凫、电影自副⑥。飞凫赤茎白羽⑦，以铜为首；电影青茎赤羽，以铁为首。昼则以绛缟⑧，长六尺，广六寸，为光耀；夜则以白缟，长六尺，广六寸，为流星。陷坚陈，败步骑。

"大扶胥冲车三十六乘⑨，螳螂武士共载⑩，可以击纵横，可以败敌⑪。

"辎车骑寇⑫，一名电车⑬，兵法谓之电击⑭。陷坚陈，败步骑寇夜来前。

"矛戟扶胥轻车一百六十乘⑮，螳螂武士三人共载，兵法谓之霆击⑯。陷坚陈，败步骑。

【注释】

①武翼大橹矛戟扶胥：一种装备有大盾牌和矛戟的战车。朱墉《直解》曰："武翼与武卫同。武卫，即兵卫也。大橹，车上之蔽也。置矛戟于车上，备击刺也。扶胥差小，故其数倍之。"

②绞车连弩：《武经七书注译》曰："就是用绞车张弓，一种连发数箭，而且射程较远的弩。"

③提翼小橹扶胥：一种装备有小盾牌的小型战车。刘寅曰："提翼小橹，亦车上之蔽，但比大橹差小耳。"

④鹿车轮：一种独轮小车。朱墉《直解》曰："即今小车独轮也。"

⑤大黄参连弩大扶胥：一种装备有大黄参连弩的大战车。大黄，弩名。参连弩，每次能发三矢的弩。又，大扶胥，《太平御览》卷三四八引《太公六韬》作"大扶月车"；《艺文类聚》卷六〇引《六韬》无此三字。

⑥飞凫、电影：都是旗帜的名称，或曰箭名。朱墉《直解》曰："飞凫、电影，矢之迅疾者。一云旗名。"又引凌氏曰："凫之为物也，于百成群，方浮沉于水上，忽纷起于空中，何其无定也。而旗取象于

此，自敌视之，但谓为水鸟之纷飞而已。军之为状也，倏忽为光，甫晃耀于东西，又辉映于南北，何其无常也。而旗又取象于此，自敌视之，但谓如神光之迅掣而已。"又，《太平御览》卷三四八引《太公六韬》"电影"下有"矢"字。

⑦莛：旗杆。

⑧绛缟：深红色的绢。

⑨大扶胥冲车：《武经七书注译》曰："例如《戎政典》第二百九十三卷《攻守诸器部》的临冲吕公车。"冲车，朱墉《直解》曰："从旁冲击者。"

⑩螳螂武士：奋击力斗的武士。刘寅曰："螳螂，虫名，有奋击之势，故取以为名。"

⑪可以击纵横，可以败敌：《武经七书直解》本作"可以击纵横，败强敌"。

⑫辒车骑寇：指轻快的车骑部队。刘寅曰："辒车骑寇，疑有误字。"《武经七书注译》曰："'辒'字疑是'轻'字之误。"朱墉《直解》曰："骑寇，乘骑偷劫营寨者。"

⑬电车：一作"电光。"刘寅曰："言其忽往忽来，如电之疾也。"

⑭电击：形容攻击态势的猛烈。朱墉引《大全》曰："电击忽隐忽见，不可测度也。霆击势猛烈，不可防御也。"

⑮矛戟扶胥轻车：一种装备有矛和戟的轻型战车。

⑯霆击：形容攻击态势的迅疾。刘寅曰："言其轻疾往来，如雷霆之击也。"

【译文】

"武翼大橹矛戟扶胥战车七十二辆，有技能而又作战勇敢的士兵使用强弩、矛、戟，在战车两旁护卫。车轮高五尺，车上配有绞车连弩。用这种战车能攻破坚固的阵地，打败强大的敌人。

"提翼小橹扶胥战车一百四十辆，车上配有绞车连弩，车轮与鹿车大小相近。用这种战车能攻破坚固的阵地,打败强大的敌人。

"大黄参连弩大扶胥战车三十六辆,有技能而又作战勇敢的兵士使用强弩、矛、戟,在战车两旁护卫。车上插有'飞凫'、'电影'两种旗帜。'飞凫'的旗杆是红色的,旗子上装饰有白色的羽毛,用铜做旗杆的头;'电影'的旗杆是青色的,旗子上装饰有红色的羽毛,用铁做旗杆的头。白天车上用的旗面是红绢,长六尺,宽六寸,称为'光耀';夜晚车上用的旗面是白绢,长六尺,宽六寸,称为'流星'。用这种战车可以攻破坚固的阵地,打败敌人的步兵和骑兵。

"大扶胥冲车三十六辆,车上载有奋勇杀敌的螳螂武士,用这种战车可以纵横冲击,击败敌人。

"辎车骑寇这种战车又名'电车',在兵法称之为'电击'。用这种战车可以攻破坚固的阵地,打败在夜晚前来偷袭的敌方步兵和骑兵。

"矛戟扶胥轻车一百六十辆。车上载有三名奋勇杀敌的螳螂武士,在兵法上称之为'霆击'。用这种战车可以攻破坚固的阵地,打败敌人的步兵和骑兵。

"方首铁棓维肳①,重十二斤,柄长五尺以上,千二百枚,一名天棓。大柯斧②,刃长八寸,重八斤,柄长五尺以上,千二百枚,一名天钺。方首铁锤,重八斤,柄长五尺以上,千二百枚,一名天锤。败步骑群寇。

"飞钩长八寸③,钩芒长四寸④,柄长六尺以上,千二百枚,以投其众。

【注释】

①方首铁棓(bàng)维肳(fēn):一种大方头的铁棒。棓,通"棒"。肳,同"颁",头大貌。又,方首铁棓,《太平御览》卷三五七引《六

韬》作"方胥铁棓"。

②大柯斧：即长柄斧。柯，斧柄。

③飞钩：《武经七书注译》曰："古兵器，似剑而曲，一名铁鸱脚，有四个钩，连接铁索，再接以麻绳，用以投入人群，钩取敌人。"

④钩芒：即钩尖。

【译文】

"方头大铁棒，重十二斤，柄的长度五尺以上，共一千二百把，这种铁棒又名'天棓'。长柄斧，刃的长度为八寸，重八斤，柄的长度五尺以上，共一千二百把，这种长斧又名'天钺'。方头铁锤，重八斤，柄的长度五尺以上，一共一千二百把，这种铁锤又名'天锤'。用这些兵器可以打败敌人成群的步兵和骑兵。

"飞钩的长度为八寸，钩尖的长度为四寸，柄的长度六尺以上，共一千二百把，用它投掷钩取敌人。

"三军拒守，木螳螂剑刃扶胥①，广二丈，百二十具，一名行马。平易地，以步兵败车骑。

"木蒺藜②，去地二尺五寸，百二十具。败步骑，要穷寇③，遮走北。

"轴旋短冲矛戟扶胥百二十具④，黄帝所以败蚩尤氏⑤。败步骑，要穷寇，遮走北。

"狭路微径，张铁蒺藜，芒高四寸，广八寸，长六尺以上，千二百具，败步骑。

"突瞑来前促战⑥，白刃接，张地罗⑦，铺两镞蒺藜⑧，参连织女⑨，芒间相去二寸，万二千具。旷野草中，方胸铤矛⑩，千二百具，张铤矛法，高一尺五寸。败步骑，要穷寇，遮走北。

【注释】

①木螳螂剑刃扶胥：一种木制战车，装备有状如螳螂前臂的剑刃。

②木蒺藜：用坚硬木料做成的状如蒺藜的有刺障碍物。《武经总要》卷十二曰："木蒺藜，以三角重木为之。"

③要：阻拦，阻击。

④轴旋短冲矛戟扶胥：大概是一种装备有矛戟便于旋转的战车。

⑤黄帝：传说是中原各族的共同祖先。少典之子，姓公孙，居轩辕之丘，故号轩辕氏。又居姬水，因改姓姬。国于有熊，亦称有熊氏。以土德王，土色黄，故曰黄帝。蚩尤氏：传说中的古代九黎族首领。以金作兵器，与黄帝战于涿鹿，失败被杀。

⑥瞑：指天色昏暗。

⑦地罗：地网，一种障碍器具。

⑧两镞蒺藜：指有两个尖刺的铁蒺藜。

⑨参连织女：指将众多铁蒺藜连缀在一起的障碍物。朱墉《直解》曰："织女，亦蒺藜之类。"

⑩方胸铤(chán)矛：《武经七书注译》曰："齐胸高的小矛，可斜插在山林草丛中作为障碍物。"

【译文】

"军队防守时，可使用木螳螂剑刃扶胥战车，这种战车宽度为两丈，共一百二十辆，它又名'行马'。在平坦的地形上，步兵可以用它来打败敌人战车和骑兵的攻击。

"木蒺藜，设置这种障碍物时要让它高于地面二尺五寸，共一百二十具。可以用它来打败敌人的步兵和骑兵，拦截穷途末路的敌寇，阻击战败逃跑的敌人。

"轴旋短冲矛戟扶胥战车共一百二十辆，黄帝当年打败蚩尤氏用的就是这种战车。可以用它击败敌人的步兵、骑兵，拦截穷途末路的敌寇，阻击战败逃跑的敌人。

　　"在狭窄的小路上,可以设置铁蒺藜这种障碍物,它的刺长为四寸,宽度为八寸,长度六尺以上,共一千二百具,可以用来打败敌人的步兵、骑兵。

　　"天色昏暗时敌人突然来袭,双方短兵相接,这种情况下可以设置地罗,铺设两镞蒺藜和参连织女,它们的刺尖相距为两寸,共一万两千具。在空旷的长满野草的地区,可配备方胸铤矛,共一千两百把。设置铤矛的方法,是让它高出地面一尺五寸。可以用它击败敌人的步兵、骑兵,拦截穷途末路的敌寇,阻击战败逃跑的敌人。

　　"狭路微径地陷①,铁械锁参连②,百二十具。败步骑,要穷寇,遮走北。

　　"垒门拒守③,矛戟小橹十二具,绞车连弩自副。三军拒守,天罗虎落锁连④,一部广一丈五尺,高八尺,百二十具。虎落剑刃扶胥⑤,广一丈五尺,高八尺,百二十具⑥。

　　"渡沟堑飞桥⑦,一间广一丈五尺,长二丈以上,着转关辘轳⑧,八具,以环利通索张之⑨。渡大水飞江⑩,广一丈五尺,长二丈以上,八具,以环利通索张之。天浮铁螳螂⑪,矩内圆外,径四尺以上,环络自副,三十二具。以天浮张飞江,济大海,谓之天潢,一名天舡⑫。

　　"山林野居,结虎落柴营⑬,环利铁锁⑭,长二丈以上,千二百枚。环利大通索大四寸⑮,长四丈以上,六百枚。环利中通索大二寸,长四丈以上,二百枚。环利小徽缧长二丈以上⑯,万二千枚。

　　"天雨盖重车上板,结枲鉏锘⑰,广四尺,长四丈以上,车一具⑱,以铁杙张之⑲。

【注释】

①地陷：指低洼的地形。

②铁械锁参连：即铁锁链。

③垒门：即营门。

④天罗：一种网状障碍物。虎落：竹篱，障碍物的一种。

⑤虎落剑刃扶胥：一种装备有遮障、剑刃的战车。

⑥百二十具：《武经七书直解》本作"五百一十具"。

⑦飞桥：《武经七书注译》曰："类似于《武经总要》卷十所载的壕桥和折叠桥。"

⑧转关辘轳：一种起重装置，可以把飞桥吊起或转移方向。

⑨环利通索：指带有铁环的绳索。

⑩飞江：一种浮桥。

⑪天浮：一种浮游器材。铁螳螂：《武经七书注译》曰："铁制的像螳螂双臂似的东西，可理解为铁锚之类的器材，用以锚定天浮。"

⑫"济大海"三句：天潢，原为星名，这里是渡河工具名。天肮（chuán），原为星名，这里是渡河工具名。又，此三句《太平御览》卷七六八引《太公六韬》作"天肮，一名天横，以济大水"。

⑬虎落柴营：指用木材结成的栅塞营地。

⑭环利铁锁：连环铁索。朱墉《直解》曰："环利铁锁，通索徽缧，即今之连环铁索也，但有大小长短之异耳。"

⑮环利大通索：指带有铁环的大号粗绳子。

⑯小徽缧（léi）：细绳子。

⑰结枲（xǐ）钼铻（jǔ yǔ）：《武经七书注译》曰："结，编织。枲，麻。钼铻，是'不可入'的意思。这里根据上下文意，结枲钼铻似应理解为用麻编织的盖车篷布，用以防止漏雨。"

⑱具：《武经七书直解》本作"乘"。

⑲铁杙（yì）：朱墉《直解》曰："杙，橛也。以铁为橛，用以张木，使不

散也。"《武经七书注译》曰:"杙,小木桩。铁杙,可能是小铁桩或钉子之类的东西。"

【译文】

"在狭窄的小路和地势低洼之处,可设置铁械锁参连,共一百二十具。可以用它击败敌人的步兵、骑兵,拦截穷途末路的敌寇,阻击战败逃跑的敌人。

"守卫营门,可配备矛戟小橹十二具,附带配置绞车连弩。军队驻守时,可配备天罗虎落锁连,每部宽度为一丈五尺,高度为八尺,共一百二十具。还可配置虎落剑刃扶胥,宽度为一丈五尺,高度为八尺,共一百二十具。

"跨越沟堑时应配备飞桥,每座飞桥的宽度为一丈五尺,长度两丈以上,装有转关辘轳,共八具,用连环铁锁架设。渡大江大河时,应配备飞江浮桥,它的宽度为一丈五尺,长度两丈以上,共八具,用连环铁锁架设。天浮与铁螳螂,内方外圆,直径四尺以上,附带配置铁环绳索,共三十二具。把飞江浮桥架设在天浮上,可以渡过大江,这就叫'天潢',又名'天舡'。

"军队在山林野外宿营时,应构筑营垒虎落柴营,届时需要配备连环铁锁链,其长度为两丈以上,共一千两百条。还应配备环利大通索,这种连环铁锁链的宽度为四寸,长度四丈以上,共六百条。还应配备环利中通索,这种连环铁锁链的宽度为两寸,长度四丈以上,共二百条。还应配备环利小徽缧,这种连环铁锁链的长度为两丈以上,共一万两千条。

"'天雨盖',下雨时将它盖在辎重车的车顶,它是用麻绳编织而成的防雨车篷,宽度为四尺,长度四丈以上,每车一付,用小铁桩固定在车顶上。

"伐木大斧^①,重八斤,柄长三尺以上,三百枚。棨镶^②,

刃广六寸,柄长五尺以上,三百枚。铜筑固为垂^③,长五尺以上,三百枚。鹰爪方胸铁杷^④,柄长七尺以上,三百枚。方胸铁叉,柄长七尺以上,三百枚。方胸两枝铁叉^⑤,柄长七尺以上,三百枚。

"芟草木大镰^⑥,柄长七尺以上,三百枚。大橹刀^⑦,重八斤,柄长六尺^⑧,三百枚。委环铁杙^⑨,长三尺以上,三百枚^⑩。椓杙大锤^⑪,重五斤,柄长二尺以上,百二十具。

"甲士万人,强弩六千,戟楯二千,矛楯二千。修治攻具、砥砺兵器巧手三百人^⑫。此举兵军用之大数也^⑬。"

武王曰:"允哉^⑭!"

【注释】

①大斧:《武经七书直解》本作"天斧"。

②棨钁(qǐ jué):朱墉《直解》曰:"大锄也。"

③铜筑固为垂:朱墉《直解》曰:"亦伐木之器也。"《武经七书注译》曰:"按字义可能是铜杵或大锤。"

④鹰爪方胸铁杷:形似鹰爪、齐胸高的铁钯。杷,农具名,即耙子。

⑤方胸两枝铁叉:齐胸高且有两个枝杈的铁叉。

⑥芟(shān):除草,割草。

⑦大橹刀:割草用的形状像船橹的刀。

⑧重八斤,柄长六尺:《太平御览》卷三四五引《太公六韬》作"重一斤,长四尺"。

⑨委环铁杙:朱墉《直解》曰:"委环铁杙者,以铁为概上连以环也。"《武经七书注译》曰:"即是带有铁环的铁概子。"

⑩长三尺以上,三百枚:《太平御览》卷三三七引《太公六韬》作"长三丈,千三百"。

⑪椓(zhuó)杙(yì)大锤：打木桩的大锤。椓，击。杙，木桩。

⑫砥砺：磨刀石。这里作动词讲，磨砺，磨快。

⑬此举兵军用之大数也：意即这是发兵作战时需要的军用器材与人员的大致数目。朱墉《全旨》曰："古者战阵以车为主，故预备攻守器具，亦以车为先，由武卫大扶胥以及武翼、提翼，有大小之不同，又有冲车、辎车、轻车，电击霆击之或异，总之陷坚败强之所必需也。但大车少，小车多，少者止于三十六，多者至一百六十，则非可以概施也。器用有天楛、天钺、天槌，以败步骑之寇也。飞钩、行马，以败车骑之寇也。木铁蒺藜，张地罗，织女参连，以为要截走北之敌也。若据守之器则有虎落、大通索、小徽缧，何虑于屯营乎？结枲、钼锯以盖车，何虞天雨乎？济水之器则有飞桥、飞江、天潢、天船，何患于水阻乎？下及大斧、铁叉、大镰、大槌，无一之弗备，而又以巧手工匠营造之，奚忧其缺略乎？举其大数，亦既详且悉，此武事之所以成功也。"

⑭允哉：黄朴民说："军用，即军队的各种武器装备。武器装备是战争力量诸要素中的重要因素之一。它是军队战斗力的物质基础，不仅影响军队的士气，还对战争的进程甚至结局发挥重大影响。本篇具体讨论了军队的武器装备问题，作者首先指出武器装备的重要作用，即'王者举兵，三军器用，攻守之具'，'各有科品，此兵之大威也'。接着，作者以出兵万人为例，详细罗列了攻陷坚阵、击败强敌所需要的兵器之种类、数量、编配和运用；陷坚阵、败步骑所需要的兵器的种类、数量、编配和运用；败步骑、追穷寇、遮北走所需要的兵器的种类、数量、编配和运用；军队拒守、越堑、渡河、结营等所需器材的种类、数量、编配和运用。最后指出，除以上配备的器材外，还需配备整治维修各种器材的工匠，以随时修补毁坏的器材。兵技巧家的基本特征是：'习手足，便器械，积机关，以立攻守之胜者也。'（《汉书·艺文志·兵书

略》)本篇可谓是'兵技巧家'的具体例证。"

【译文】

"砍伐树木时用的大斧,每把重八斤,柄的长度三尺以上,共三百枚。棨镢是一种大锄,刃的广度为六寸,柄的长度五尺以上,共三百把。铜筑固为垂是一种大锤,长度五尺以上,共三百把。鹰爪方胸铁耙,这种铁耙的柄长七尺以上,共三百把。方胸铁叉,这种铁叉的柄长七尺以上,共三百把。方胸两枝铁叉,这种铁叉的柄长七尺以上,共三百把。

"割除草木的大镰,柄长七尺以上,共三百把。大橹刀,重八斤,柄长六尺,共三百把。带环的铁橛子,长度三尺以上,共三百把。打木桩的大锤,重五斤,柄长二尺以上,共一百二十把。

"一万人的军队,应配备强弩六千张,戟和盾两千套,矛和盾两千套。还需要修理攻城器械和磨快兵器的能工巧匠三百人。这是发兵作战时需要的军用器材与人员的大致数目。"

武王曰:"您说得真对啊!"

三陈第三十二

武王问太公曰:"凡用兵为天陈、地陈、人陈,奈何①?"

太公曰:"日月、星辰、斗杓②,一左一右,一向一背③,此谓天陈;丘陵水泉,亦有前后左右之利,此谓地陈;用车用马,用文用武,此谓人陈④。"

武王曰:"善哉⑤!"

【注释】

①凡用兵为天陈、地陈、人陈,奈何:意谓凡是出兵打仗,有天阵、地阵、人阵的不同布阵方式,其中有什么讲究吗? 施子美曰:"阵制

不一,有八阵,有五阵,又有三阵。天、地、风、云、龙、虎、鸟、蛇,此八阵之制也。方、圆、曲、直、锐,此五阵之制也。而三阵之说又异,与天、地、人是为三阵。天阵果何取耶? 阴阳向背也。地阵果何所取耶? 土地之利也。至于人阵,则人与器用耳。太公指日月、星辰、斗杓、左右、向背以为天阵,此则取之天时也明矣。以丘陵、水泉、前后、左右之利为地阵,此则取之于地利也明矣。车马、文武是为人阵,非人与器用耶? 在《张昭兵法》论三阵之说,谓:‘凡用兵有三阵,善用兵者,备详三者形势,然后可用兵。阴阳、时日、风云、星气,天阵也。山川、险易、丘陵、水泉,地阵也。将帅、士卒、器械,人阵也。此三者将兵之急务。’观此,则太公之三阵可知矣。”刘庆在《〈六韬〉与齐国兵学》一文(收入《姜太公新论》一书)中指出:“此‘三才’之说本源于《孙子》。其《计》篇言:‘故经之以五事,校之以计而索其情:一曰道,二曰天,三曰地,四曰将,五曰法。’道、将、法三者皆属人事系统,加上天、地恰好构成决定战争事物发展变化的三方面要素。其《地形》篇说:‘知彼知己,胜乃不殆。知天知地,胜乃不穷。’对‘三才’之说的概括已经相当明确。战国中后期,‘三才’理论在儒家思想的影响下已较为成熟,普遍为兵家学派所接受。《孙膑兵法·月战》言:‘天时,地利,人和,三者不得,虽胜有殃。’便是明证。《六韬》更进一步将此说运用于阵法编练上,提出:‘日月、星辰、斗杓,一左一右,一向一背,此为天陈;丘陵水泉,亦有前后左右之利,此为地陈;用车用马,用文用武,此为人陈。’虽不乏故弄玄虚的性质,在阐述阵法与天候、地利和人事关系上却有开创之功。明何良臣《阵纪》曾仿之以成‘三才五行阵’,说明它对后世的影响是深远的。”又,此二句《太平御览》卷三〇一引《六韬》作:“为天陈奈何? 为地陈奈何? 为人陈奈何?”

②斗杓:即北斗柄,指北斗七星中的第五至七星,即衡、开泰、摇光。

③向:《太平御览》卷三〇一引《六韬》作"迎"。

④"用车用马"三句:意谓出兵是使用战车还是使用骑兵,是使用计谋还是使用勇力,根据这些情况来布阵就是人阵。朱墉《全旨》曰:"立阵不能离三才,以为运用而制宜,尤在于人,非截然三阵也。然诡设神奇以惊人耳目,又何不可? 太公法天之悬象,法地之刚柔,用人之文武,亦非术家不经之论。"又,用文用武,《太平御览》卷三〇一引《六韬》作"用人用文用武"。

⑤善哉:国英曰:"古之阵法,三才以分,左右向背,五行八卦,取其相生相克。后之学者,须察敌情,审地势,譬如以众击寡,用冲包阵,以少击众,用方圆鸳鸯等阵,山谷之间,用卷镰螺蛳等阵。至虚实分合,步步为营,抄伏之巧全在相机变化,使敌莫测为善。"黄朴民说:"本篇论证了三种阵势的布列方法。所谓阵势,简单地说就是战斗队列的排列与组合。阵势的布列,既要考虑到天候、地形等自然条件,更要考虑到有利于充分发挥己方的战斗力,抑制敌方战斗能力发挥的各种有利因素,以扬长避短,克敌制胜。作者在篇中首先介绍了天阵,即仿依各种天象而布列的阵势。接着介绍了地阵,即根据各种地形而布列的阵势。最后介绍了人阵,即根据武器装备和部队的实际情况布列的阵势。"

【译文】

武王问太公道:"凡是出兵打仗,有天阵、地阵、人阵的不同布阵方式,其中有什么讲究吗?"

太公答道:"根据天上的日月、星辰、北斗柄是在我军的左与右还是前与后来布阵,这就是天阵;丘陵、水泉是在我军的前与后还是左与右,利弊也是有所不同的,依据这种地形来布阵就是地阵;出兵是使用战车还是使用骑兵,是使用计谋还是使用勇力,根据这些情况来布阵就是人阵。"

武王说:"您说得真好啊!"

疾战第三十三

武王问太公曰:"敌人围我,断我前后,绝我粮道①,为之奈何?"

太公曰:"此天下之困兵也②。暴用之则胜,徐用之则败③。如此者,为四武冲陈④,以武车骁骑惊乱其军而疾击之⑤,可以横行⑥。"

武王曰:"若已出围地,欲因以为胜,为之奈何?"

太公曰:"左军疾左,右军疾右,无与敌人争道⑦,中军迭前迭后⑧。敌人虽众,其将可走⑨。"

【注释】

①断我前后,绝我粮道:《太平御览》卷三七一引《六韬》作"断后绝粮",其下又有"我欲徐以为陈,以败为胜"二句。

②此天下之困兵也:《太平御览》卷三一一引《六韬》此句上有"不可"二字。

③暴用之则胜,徐用之则败:意谓如果我军反应灵活、行动迅速就能突围取胜,反应迟钝、行动迟缓就会失败。暴用,指军队反应灵活、行动迅速。徐用,指军队反应迟钝、行动迟缓。施子美曰:"孙子曰:'兵之情,围则御,不得已则斗。'又曰:'疾战则存,不疾战则亡,为死地。'是则危亡之地,宜在疾战。武王之所问,前后断,粮道绝,此则死地,不得已之时也。宜太公以为天下之困兵,必以暴用之,则可以胜,不暴而徐则人心恐矣,故败。"

④四武冲陈:指有武冲大扶胥守卫四面的战斗队形。刘寅曰:"四武冲陈者,谓以武士结为四陈,并力而冲击之耳。"又,《太平御览》卷三一一引《六韬》无"武"字。

⑤以武车骁骑惊乱其军而疾击之:《太平御览》卷三一一引《六韬》作"以骁骑惊其亲君。"

⑥横行:比喻所向披靡,无可阻挡。

⑦"左军疾左"三句:意谓左翼的军队快速向左冲击,右翼的军队快速向右冲击,不要与敌人争抢道路。刘寅曰:"左军疾击而左,右军疾击而右,无与敌人争道。与敌争道,则我之力分,亦恐彼有伏也。"

⑧中军迭前迭后:《太平御览》卷三一一引《六韬》此句下有"往敌之空,吾军疾击,鼓而当之"三句。

⑨敌人虽众,其将可走:朱墉引《开宗》曰:"此言出围而为制胜之计。"朱墉《全旨》曰:"此章见受围不可迟缓需滞,当乘我之锐气而图出之。若已突围而出,因势以建功,方可雪围困之辱,故必左右协力,中军更迭死斗,庶可胜敌于万一耳。"孔德骐说:"《疾战》、《必出》两篇,都是讲突围战法的。前者是指小分队突围,后者是讲大部队突围。如果小分队被敌人包围,切断了与前后左右的联系,粮道断绝,而成为'困兵',就应该以最快的速度突围,摆脱被动挨打的处境。在作战指导上,要注意三个方面:第一,速战速决。突围贵在'疾'和'暴'二字。'暴用之则胜,徐用之则败'。第二,先以车、骑扰乱敌阵,继用主力实行中央突破。为此,可列成四武冲阵,以进行护卫;主力居中;用战车和骑兵扰乱敌人营阵,接着再以主力迅猛袭击敌军,即可达到突围的目的。第三,对尾追之敌要及时加以围歼。冲出敌人包围之后,若发现敌人尾其后,应命'左军疾左,右军疾右','中军迭前迭后',诱敌进入埋伏圈,即可一举歼敌。"

【译文】

武王问太公道:"敌人将我军包围,阻断了我军前后的通路,断绝了我军的粮道,在这种情况下我军该如何突围?"

太公答道:"这是天下处境最困难的军队了。这时如果我军反应灵活、行动迅速就能突围取胜,反应迟钝、行动迟缓就会失败。在形势如此危急的情况下,应该摆出四武冲阵,把武冲大扶胥摆在四周以阻挡敌人进攻,用骁勇善战的骑兵惊扰并打乱敌人的部署,向敌人发起快速冲击,这样就可以畅行无阻,实现突围。"

武王问道:"如果已经冲出敌人的包围,想要乘势打击敌人取得胜利,该怎么做呢?"

太公说:"左翼的军队快速向左冲击,右翼的军队快速向右冲击,不要与敌人争抢道路,中路的军队忽而向前冲击,忽而向后冲击。这样敌人即使人数众多,也能打败敌人,使其主将败逃。"

必出第三十四

武王问太公曰:"引兵深入诸侯之地①,敌人四合而围我,断我归道,绝我粮食。敌人既众,粮食甚多,险阻又固。我欲必出②,为之奈何?"

太公曰:"必出之道,器械为宝,勇斗为首③。审知敌人空虚之地,无人之处,可以必出。将士人持玄旗④,操器械,设衔枚⑤,夜出。勇力、飞足、冒将之士居前⑥,平垒为军开道⑦,材士强弩为伏兵居后,弱卒车骑居中。陈毕徐行,慎无惊骇。以武冲扶胥前后拒守,武翼大橹以备左右⑧,敌人若惊,勇力、冒将之士疾击而前,弱卒车骑以属其后,材士强弩隐伏而处。审候敌人追我,伏兵疾击其后,多其火鼓,若从地出,若从天下。三军勇斗,莫我能御⑨。"

【注释】

①诸侯：古代帝王所分封的各国君主，这里指敌国。

②必出：成功突围。

③"必出之道"三句：意谓成功突围的方法，最关键的是要拥有必备的军用器械，同时最重要的是将士们要能勇敢作战。器械，指各种兵器和器材。施子美曰："孙子曰：'围地则谋。'又曰：'围则御。'是则为敌所围，归路既断，粮食既绝，而敌之粮食甚多，险阻又固，可不求所以为必出之道乎？必出之道，在器与气耳。器械者，人之所资以为用。勇斗者，气之所资以振。器械为宝，则器为可重也。勇斗为首，则勇为可先也。昔李广为右贤王所围，广乃命士持满而身自以大黄射其裨将。此则欲出者，必以器械为宝也。吴汉为谢丰所围，乃厉诸将使人自为战以立大功。此则欲出者，必以勇斗为首也。"朱墉引《大全》曰："器械不利以卒予敌，况当陷围求出之时乎？说一'宝'字，正见器械者，三军所持，以为威猛者也，务必极其犀利，极其锋锐，然后可以破围能生。"又引《新宗》曰："'勇斗'，兼将帅士卒言。当被围之时而求必出之道，生死悬于顷刻，若非奋勇疾击，安能决围而出耶？"

④玄旗：黑旗。玄，黑色。

⑤衔枚：横衔枚于口中，以防喧哗或叫喊。枚，形如筷子，两端有带，可系于颈上。

⑥冒将之士：指敢于冒险犯难的将士。又，飞足，《武经七书直解》本作"飞走"。

⑦平垒为军开道：意谓攻占敌人的营垒为我军打开通道。

⑧以武冲扶胥前后拒守，武翼大橹以备左右：意谓将武冲大扶胥战车置于前后以护卫部队，让武翼大橹矛戟战车防御部队的左右两翼。刘寅曰："武冲扶胥，即大扶胥冲车。武翼大橹，即矛戟扶胥。皆用之拒御而已。"又，备，《武经七书直解》本作"蔽"。

⑨三军勇斗，莫我能御：朱墉引叶氏曰："伏兵，火鼓，此亦受围俟夜
求出之奇略也。言我俟夜以求出，必审候敌人追我，乃发伏兵疾
击其后，而又多设火鼓以壮军威，有若从地而出、从天而下一般。
自是敌人莫我敢御，不亦可以出乎？"又引《开宗》曰："此言被围
而夜出，及出而防追之事。"

【译文】

武王问太公道："如果率领军队深入敌国作战，敌人从四面将我军
合围，阻断了我军的退路，切断了我军的粮道。敌人人数众多，粮食充
裕，占据险要难攻的地形，阵地非常坚固。在这种情况下，我军要想成
功突围，应该怎样做呢？"

太公答道："成功突围的方法，最关键的是要拥有必备的军用器械，
同时最重要的是将士们要能勇敢作战。察明敌人空虚薄弱的地方，以
及无人防守之处，从这些地方突围就可以成功。将士们人人举着黑旗，
拿着器械，口中衔枚以禁喧哗，趁着夜色突围。安排勇猛有力、善于奔
跑、敢于冒险的战士在前面行动，攻占敌人的营垒为我军打开通道，让
作战本领高强的士兵拿着强弩，作为伏兵断后，弱卒和车兵、骑兵处于
中部。阵形安排好了以后缓慢行进，小心谨慎，不可惊慌失措。将武冲
大扶胥战车置于前后以护卫部队，让武翼大橹矛戟战车防御部队的左
右两翼，敌人如果被惊动，发现我军的突围意图，就命令勇猛有力、敢于
冒险的士兵快速在前面冲击，弱卒和车兵、骑兵紧紧在后面跟随，让作
战本领高强的士兵拿着强弩隐藏起来以伏击敌人。确切察知敌人追赶
我军，就命令伏兵快速攻击敌人的尾部，多拿火把和战鼓，好像从地下
冒出，又像从天而降。全军勇敢战斗，这样就谁也阻截不了我们了。"

武王曰："前有大水、广堑、深坑，我欲逾渡，无舟楫之
备。敌人屯垒，限我军前①，塞我归道，斥候常戒②，险塞尽
中③。车骑要我前，勇士击我后，为之奈何？"

太公曰："大水、广堑、深坑，敌人所不守，或能守之，其卒必寡。若此者，以飞江、转关与天潢以济吾军，勇力材士从我所指，冲敌绝陈，皆致其死。先燔吾辎重，烧吾粮食，明告吏士，勇斗则生，不勇则死④。已出者，令我踵军设云火远候⑤，必依草木、丘墓、险阻，敌人车骑必不敢远追长驱。因以火为记，先出者令至火而止⑥，为四武冲陈。如此，则吾三军皆精锐勇斗，莫我能止。"

武王曰："善哉⑦！"

【注释】

①限：这里是阻挡、隔绝的意思。

②斥候：指侦察敌情的哨兵。

③险塞尽中：《武经七书直解》本作"险塞尽守"。按，"中"字疑误，似应作"守"。

④勇斗则生，不勇则死：朱墉引叶氏曰："三军皆勇锐精斗，所谓置之死地而能生者也。"

⑤踵军：指后卫部队。云火：烟火。

⑥先出者令至火而止：意谓要让先期突围出去的部队到达有火的地方就停下来。朱墉引《大全》曰："先出至火而止，无非欲并气齐力以求必出之意。"

⑦善哉：朱墉引《开宗》曰："此言欲出险阻而当屯垒在备济军之具，明必死之心。"朱墉《全旨》曰："此章'必出之道，器械为宝，勇斗为首'三句，是一篇之纲。首节之器械，则在武冲扶胥、武翼大橹，为拒守遮蔽之具，强弩为射阵之具，而使材士勇斗疾击则敌难御，而我可以必出。及武王又有大水逾渡之问，更为危难，奚能必出？次节之器械，则在预备飞江、转关、天潢，可以济渡。格

斗已出之时,又结为四武冲阵,所恃精锐之力战,则敌亦莫能止御,何非藉赖于器械勇斗,不此之重而奚重也?虽然,军士艰苦万死一生甚矣,深入之不可不谨也。"孔德骐说:"如若大部队被敌人重重包围,突围就更加困难,需要创造更好的条件,需要更高的指挥艺术。第一,要备有充足的器械,士卒要具备勇猛的战斗精神。第二,需将敌情侦察清楚,选择敌人力量最薄弱的地段作为突破口。第三,兵力部署恰当,设好埋伏。行动时,令勇力走在最前面以开辟通路,'材士强弩'居后,'弱卒车骑'居中,'武冲扶胥'战车配置在前后,'武翼大橹'战车配置在左右。如遇大河、广堑、深谷,可用'飞江'、'转关'、'天潢'渡过。在实施突破时,反复强调勇敢精神,阐明'勇斗则生,不勇则死'的道理。"

【译文】

武王问道:"假如前方有大水、宽沟、深坑,我军想要渡过去,却没有准备船只。敌人屯兵筑垒,阻止我军前进,堵住我军归路,他们的侦察兵常备不懈,高度警戒,凡是地势险要的地方都有人驻守。敌人的车兵、骑兵在前面阻拦,勇士在后面追击,该怎么做才能突围出去呢?"

太公答道:"大水、宽沟、深坑,这些地方敌人往往不派兵防守,有的即使派兵防守了,兵力也必定不多。在这种情况下,可以用飞江、转关与天潢把我军渡过去,让勇武善战的精兵听从指挥,冲锋陷阵,都尽全力拼死作战。先烧掉我们的军需物资,再烧掉我们的粮食,明确地告诉全体官兵,只有勇敢战斗才有活路,不勇敢战斗就死路一条。突围以后,命令断后的部队设置篝火信号,远远地侦察敌军动态,一定要依靠草木、坟墓以及各种险要地势打击敌人,这样敌人的车兵、骑兵必定不敢长途追赶。之所以用火作为信号,是因为要让先期突围出去的部队到达有火的地方就停下来,并摆出四武冲阵的阵形。这样,我三军将士就精悍锐利,勇猛善战,无人能挡了。"

武王说:"您讲得真好啊!"

军略第三十五

武王问太公曰:"引兵深入诸侯之地,遇深豀大谷险阻之水,吾三军未得毕济,而天暴雨,流水大至,后不得属于前,无有舟梁之备,又无水草之资①。吾欲毕济,使三军不稽留,为之奈何?"

太公曰:"凡帅师将众,虑不先设,器械不备,教不素信,士卒不习②,若此,不可以为王者之兵也③。凡三军有大事,莫不习用器械④。攻城围邑,则有轒辒、临冲⑤;视城中则有云梯、飞楼⑥;三军行止,则有武冲、大橹⑦,前后拒守;绝道遮街,则有材士强弩卫其两旁⑧;设营垒,则有天罗、武落、行马、蒺藜⑨;昼则登云梯远望,立五色旗旌⑩;夜则设云火万炬⑪,击雷鼓⑫,振鼙铎,吹鸣笳;越沟堑,则有飞桥、转关、辘轳、钼铻⑬;济大水,则有天潢、飞江;逆波上流,则有浮海、绝江⑭。三军用备,主将何忧⑮?"

【注释】

①水草:这里指堵水用的草捆。

②士卒不习:意即士卒不能熟练掌握各种武器装备。朱墉引《新宗》曰:"习,练习也,言用兵大事,未有器械不练习于平日而能临事周备者也。"

③若此,不可以为王者之兵也:朱墉引《大全》曰:"王者之兵在于万全,故虑不先设,器械不备,教不精信,士卒不习,若此者是以兵为侥幸者矣,尚可以言军略乎? 不可以言军略,尚可以为王者之兵乎?"

④凡三军有大事，莫不习用器械：《太平御览》卷三三六引《太公六韬》"大事"作"大器"，无"莫不习用器械"一句。

⑤辒辌（fén wēn）：一种攻城器械。《孙子兵法》杜牧注曰："辒辌，四轮车，排大木为之，上蒙以生牛皮，下可容十人，往来运土填堑，木石所不能伤，今俗所谓木驴是也。"临冲：古代的两种战车。临，临车，可以居高临下用以攻城，故名。冲，冲车，用以冲城攻坚。

⑥视城中则有云梯、飞楼：云梯，古代攻城时攀登城墙的长梯。飞楼，攻城用的一种楼车。刘寅曰："窥视城中则有云梯、飞楼，可以平地起望也。"又，此二句《太平御览》卷三三六引《太公六韬》作"旦则有云梯远望"。

⑦武冲：即武冲大战车。大橹：大盾牌。

⑧卫：底本原作"冲"，误。据《武经七书直解》本改。

⑨武落：即虎落，竹篱。

⑩旗旌：《武经七书直解》本作"旌旗"。

⑪云火：《太平御览》卷三三六引《太公六韬》及《武经七书直解》本作"火云"。

⑫雷鼓：古时祭天神时用的鼓，这里指的是军中大鼓。

⑬钼铻：齿状物。《武经七书注译》曰："同龃龉，指上下齿不相对。此处可理解为带齿轮的机具。"

⑭浮海、绝江：《武经七书注译》曰："二者都是古代的渡河器材，按上文有'逆波上流'，这里可能指浮囊、皮舡、木罂等。"

⑮三军用备，主将何忧：意谓如果上述器械全军都准备好了，主将还有什么可忧虑的呢？朱墉引《指归》曰："三军既能水陆之器具尽备，而登高涉险之飞渡俱全，则无坚不破矣。主将又何忧虑其前途之阻塞哉？"又引《开宗》曰："此言行军要器用各备，而后能无暴雨不济之忧。"朱墉《全旨》曰："此章大旨在'三军用备，主将

何忧'二句,见王者之兵必设虑于未然,备器于平日,一旦有事,取而应之,必不致有意外之患。武王之问,单为客兵渡水而发。太公所对预备之器,则不止于渡水。军中需用各有其具,精密周详,充类尽义。书曰:'有备无患。'正此意也。"

【译文】

武王问太公道:"如果领兵深入敌国作战,遇到深山险谷中阻碍我军前进的河流,我军尚未全部过河时,突然天降暴雨,水流迅疾,水位大涨,后面的部队与前方部队接连不上,而我们事先没有准备好船只,同时又没有水草供给。我想让全军都能顺利过河,不让他们在此停留过久,该怎么办呢?"

太公答道:"凡是将帅领兵出征,如果作战计划不事先制定,装备器械不提前备好,军事训练平素不扎实管用,士卒不能熟练掌握各种武器装备,这样的军队就不能称作王者之师。凡是军队有大的战事,没有不训练士卒使其熟练使用各种器械的。如果要围攻敌人的城邑,就用轒辒、临车、冲车;如果要观察城中敌情,就用云梯、飞楼;在三军行进止息时,就用武冲、大橹在前后防卫;如果要断绝道路街道,就命令有作战本领的士卒拿着强弩守卫在两侧;如果要构筑营垒,就用天罗、武落、行马、蒺藜;白天登上云梯远望,并竖立五色旌旗;夜晚燃起众多冲天火炬,并击雷鼓,敲鼙鼓,摇大铃,吹鸣笳;如果要越过深沟,就用飞桥、转关、辘轳、钽锘;如果要渡过大河,就用天潢、飞江;逆水而行,就用浮海、绝江。如果上述器械全军都准备好了,主将还有什么可忧虑的呢?"

临境第三十六

武王问太公曰:"吾与敌人临境相拒,彼可以来,我可以往,陈皆坚固,莫敢先举。我欲往而袭之,彼亦可来,为之奈何?"

太公曰:"分兵三处,令我前军^①,深沟增垒而无出,列旌旗,击鼙鼓,完为守备;令我后军,多积粮食,无使敌人知我意。发我锐士潜袭其中,击其不意,攻其无备^②,敌人不知我情,则止不来矣^③。"

【注释】

①我:底本原作"军",误。据《武经七书直解》本改。

②"发我锐士潜袭其中"三句:意谓发动我方精锐部队偷袭敌人内部,攻击它没有想到的地方,攻打它没有防备之处。施子美曰:"孙子有所谓'攻其不备,出其不意',亦此意也。夫以力角人,不若以谋伐人。事有所当虑,敌之不意则可击矣。戒有所当修,敌之不备则可攻矣。既击其不意,攻其无备,则敌安得而知之?故敌不知我情,则止不来矣。"朱墉引《指归》曰:"兵与敌相临,在我之预备已周,而仍用精锐之兵潜袭其中,乘敌人意想之所不到处出奇兵而击之,又审其防御疏懈之处而驱勇士以突攻之,则敌为我所致而不致于人矣。"

③敌人不知我情,则止不来矣:意谓敌人不了解我方情况,就会停止行动,不敢来犯了。朱墉引《大全》曰:"兵家最坏事者,莫坏于我意方萌于此,敌人先已探知,我意既知,自难禁其来。所以善袭人者,必深秘其意而不露其隐。阳示其守,而阴行其袭,则敌人自止而不敢来矣。"又引《开宗》曰:"此言敌势相当,而欲止其不来,当前固守,后贮粮,精锐潜袭其中,令敌不知我情而自阻。"

【译文】

武王问太公道:"我与敌人国境邻接,相互对抗,敌可来犯我,我也可以攻敌,彼此的阵地都很坚固,却没有谁敢于首先发兵。我想要前去袭击它,它也会来进犯,在这种情况下该怎么做呢?"

太公答道:"可将我军兵力一分为三,命令我军的前部,要挖深沟筑高垒,不要出击,要多插旌旗,敲击战鼓,严密守卫,高度戒备;命令我军的后部,要多积粮食,不要让敌人了解我方意图。发动我方精锐部队偷袭敌人内部,攻击它没有想到的地方,攻打它没有防备之处,敌人不了解我方情况,就会停止行动,不敢来犯了。"

武王曰:"敌人知我之情、通我之谋①,动而得我事②,其锐士伏于深草,要隘路③,击我便处,为之奈何?"

太公曰:"令我前军,日出挑战,以劳其意④;令我老弱,曳柴扬尘⑤,鼓呼而往来⑥,或出其左,或出其右,去敌无过百步,其将必劳,其卒必骇。如此,则敌人不敢来。吾往者不止,或袭其内,或击其外,三军疾战,敌人必败⑦。"

【注释】

①谋:《武经七书直解》本作"机"。

②而:《武经七书直解》本作"则"。

③要隘路:《武经七书直解》本"要"下有"我"字。"我"字疑脱,当补。

④以劳其意:以消磨敌人的斗志。朱墉曰:"挑战非实与之战也。彼去则挑之以致其来,彼来则佯北以致其追,而实不与之合战也。不过劳扰其意,以使其力疲焉尔。"

⑤曳柴扬尘:拖曳柴草奔驰,扬起尘土,以制造人多势众的假象以迷惑敌人。

⑥鼓呼:擂鼓呼喊。

⑦三军疾战,敌人必败:朱墉引《开宗》曰:"此言敌人亦完守而袭

我，便处在先挑战以劳骇之，待其不来而袭击之，然后可以胜敌。"朱墉《全旨》曰："此即苏洵三权之说。兵之有上中下也，是兵之有三权也。三权也者，以一致三者也。管仲曰：'攻坚则瑕者坚，攻瑕则坚者瑕。'不从其下而攻之，天下皆强敌也。一阵之间必有牝牡左右，要当以吾强攻其弱耳。视敌强其左，吾亦强吾左；弱其右，吾亦弱吾右。使弱常遇强，强常遇弱。敌犯吾弱，追奔不过数十百步，吾击敌弱，常突出自背反攻之，以是必胜。太公制敌之法，兵分三处发我锐士，潜袭其中，若虑敌知情，或出其左，或出其右，总欲蔽敌之力，张我之势，则可伺便而克之矣。"

【译文】

武王问道："敌人了解我方内情，掌握我方计谋，我们一行动他们就知道我军的意图。他们的精锐士卒埋伏于深草之中，在险要路段拦截我军，在方便他们作战的地方发动对我军的攻击，在上述情况下我们该怎么办呢？"

太公答道："命令我军的前部，每天前去挑战，以消磨敌人的斗志；命令军中的老弱士卒，拖动木柴，扬起尘土，击鼓呼叫，往来走动，有的出现在敌人左方，有的出现在敌人右方，距离敌人不要超过一百步，这样敌将一定会疲于应付，敌兵一定会惊慌害怕。这样，敌人就不敢来犯。我军如此不间断地袭扰敌人，或袭扰敌人的内部，或攻击敌人的外部，全军上下迅速地发动进攻，一定会打败敌人。"

动静第三十七

武王问太公曰："引兵深入诸侯之地，与敌之军相当，两陈相望，众寡强弱相等，未敢先举。吾欲令敌人将帅恐惧，士卒心伤，行陈不固，后陈欲走，前陈数顾①，鼓噪而乘之，敌人遂走，为之奈何？”

太公曰：“如此者，发我兵去寇十里而伏其两旁，车骑百里而越其前后，多其旌旗，益其金鼓。战合②，鼓噪而俱起，敌将必恐，其军惊骇，众寡不相救，贵贱不相待，敌人必败③。”

【注释】

①数顾：屡次回头观望。这表明士卒内心的惊恐不安。

②战合：两军交锋。

③“众寡不相救”三句：意谓大小部队不相救援，官兵上下只顾自己，互不关照，这样敌军必败无疑。按，《孙子兵法·九地篇》有相近的表述，即：“古之所谓善用兵者，能使敌人前后不相及，众寡不相恃，贵贱不相救，上下不相收，卒离而不集，兵合而不齐。”朱墉引《大全》曰：“众寡强弱相等之兵，非可以两军相望能为也。必退我兵，去寇十里，而伏其两旁，车骑百里而越其前后，多张旌旗，增益金鼓。战合，鼓噪而俱起，则敌自然惊恐，众寡自不相救，贵贱自不相待也。”又引《开宗》曰：“此言势均力等，当离敌而张虚势，绕其左右，前后鼓噪，合敌以惧其心，而后敌可胜。”国英曰：“觇敌动静，将之识与谋也。察敌之将才不才，可定强弱，不可论兵之众寡。兵众而将谋浅者可胜，兵寡而将谋深者不可胜也。”

【译文】

武王问太公道：“率领军队深入敌国作战，我军实力与敌军旗鼓相当，双方阵地相对，多少强弱相等，谁也不敢首先发动进攻。我想让敌方将帅心生恐惧，士卒悲观怯战，敌军阵形不稳，后阵的人想要临阵逃跑，前阵的人屡次回头观望，我军击鼓呼叫，乘机出兵，敌人就此败逃，该怎么做呢?"

太公答道:"如果想达此目的,就要命令部队赶到距离敌人十里的地方,在敌军两侧埋伏下来,还要派遣战车、骑兵赶到距离敌人百里的地方,忽而出现在敌人的前方,忽而迂回到敌人的后方,各部队都要多备旌旗,增设战鼓。两军一旦交战,我军击鼓呼叫,各部队同时展开攻击,敌将必定恐惧,敌兵必定惊骇,大小部队不相救援,官兵上下只顾自己,互不关照,这样敌军必败无疑。"

武王曰:"敌之地势,不可以伏其两旁,车骑又无以越其前后,敌知我虑,先施其备,我士卒心伤,将帅恐惧,战则不胜,为之奈何?"

太公曰:"微哉^①!王之问也。如此者,先战五日,发我远候,往视其动静,审候其来,设伏而待之,必于死地^②。与敌相避,远我旌旗,疏我行陈,必奔其前,与敌相当。战合而走,击金无止^③,三里而还,伏兵乃起,或陷其两旁,或击其前后,三军疾战,敌人必走。"

武王曰:"善哉^④!"

【注释】

①微哉:《武经七书直解》本作"诚哉"。

②死地:指速战就能生存、不速战就会灭亡的地形。《孙子兵法·九地篇》曰:"疾战则存,不疾战则亡者,为死地。"

③击金无止:《武经七书注译》曰:"这里是故意发出退兵信号,诱敌深入的意思。"击金,即鸣金,以示收兵。

④善哉:朱墉引《大全》曰:"世将谁不知设伏待敌?但不先战五日,发兵远候,以侦其来止,不几以伏兵为虚设乎?所以远候往视其

动静者,方足以收设伏待敌之功效。"又引《开宗》曰:"此言敌之左右前后无可设伏,当乘敌人未来先设待之,避死地,佯北诱之,伏兵齐发,敌人必走。"朱墉《全旨》曰:"此章以'动静'名篇。总之,敌静而可使之动,我动而亦可使之静,在于设伏、诱敌、鼓噪、攻击,则敌自不能当,而为我所败。而欲知敌之动静,必先得之于远候侦探之人。所以善用兵者,不吝百金以赏间谍也。"

【译文】

武王问道:"如果敌人所处的地势,使我军无法在其两旁设置伏兵,兵车、骑兵又无法在其前后运动,而且敌人还掌握了我军的谋略,事先做了防备,我军士卒悲观怯战,将帅心生恐惧,与敌交战无法取胜。这种情况下该怎么办呢?"

太公答道:"大王您提的这个问题很微妙啊!如果碰到这种情况,在双方交战前的五天,就要派出侦察兵赶赴远方,前往侦察敌人的动静,确切地查明敌军前来进攻的情况,设置伏兵,等待敌人,一定要在敌人无法逃脱的死地。避开敌人,远远设置我军的旌旗,使我军的行列显得稀疏不整,一定要派出一支部队赶到敌军前方,与敌对阵交锋。刚一交战就佯装败逃,不停地击鼓鸣金,后退三里再转而回击,伏兵伺机发动攻击,有的攻陷敌军两旁,有的袭击敌军前后,全军上下快速发动进攻,敌人必定败逃。"

武王说:"您讲得真好啊!"

金鼓第三十八

武王问太公曰:"引兵深入诸侯之地,与敌相当,而天大寒甚暑,日夜霖雨①,旬日不止,沟垒悉坏,隘塞不守,斥候懈怠,士卒不戒,敌人夜来,三军无备,上下惑乱,为之奈何?"

太公曰："凡三军以戒为固②，以怠为败。令我垒上，谁何不绝③，人执旌旗，外内相望，以号相命，勿令乏音，而皆外向④。三千人为一屯，诚而约之，各慎其处。敌人若来，亲我军之警戒⑤，至而必还。力尽气怠，发我锐士，随而击之⑥。"

【注释】

①霖雨：久下不停的雨。

②凡三军以戒为固：意即大凡军队只有保持戒备，才能坚不可摧。施子美曰："用兵之道，以戒为宝。吴子之对武侯，尝谓'先戒为宝'。而于将之五谨，其四亦曰戒。萧琮恃秋潦，所以见败于李靖。贺鲁惟恃深雪，所以见擒于定方。彼惟不戒而怠，所以败也。若夫知所戒，则敌不得而乘之。"朱墉引《大全》曰："戒者，警戒之谓。固者，内外坚固无隙之可乘而入也，戒备也，能备则固。"又引《新宗》曰："既谓之三军，便非一身一家。势已难固，故贵在戒。戒者正欲使之如一身一家也。戒字，不但刑与威才叫作戒，如约束、节制，正是戒处。"又引《文诀》曰："上言大寒霖雨云云，此是何等时候，何等光景，而讲节制、设备，岂不可缓乎？看来要见当此之时，三军已不固矣，惟有人人兢兢业业，保败备胜，乃为可固耳。必将帅平日能治其心，当艰难危困时，方能倡率三军，以戒为固。"又引《指归》曰："三军不能自固，必为将者，设金鼓、旗铃以一其外，明号令节制以严其内，内外俱知戒慎，而三军自能严守矣。"又引卢氏曰："无一事之不严，不与敌以可乘之隙。无一时之不谨，不使我有未备之虞。""戒之之本在于将心，而戒之之用在于将事。即如一沟垒也，必以戒而始严；一隘塞也，必以戒而始守；一斥堠也，必以戒而始密；一士卒也，必以戒而始备。且旌旗非戒不整，号令非戒不肃，其所以为固者，非以武士也，而以克谨也，非以粮饷也，而以克慎也，非以甲兵也，

而以克密也。”

③谁何不绝：意谓使哨兵诘问口令之声连续不断。

④勿令乏音，而皆外向：意谓不要让金鼓之声断绝，向外表示均已做好战斗准备。朱墉《直解》曰：“金鼓之声，勿令断乏，皆外向示欲战也。”

⑤亲：《武经七书直解》本作“视”。“亲”疑误，似应作“视”。

⑥“力尽气怠”三句：意谓我军应乘敌人筋疲力尽、精神懈怠之际，派遣精锐部队，紧随其后实施攻击。朱墉引《开宗》曰：“此言霖雨失守，防敌人夜袭，当先分屯戒备，伺敌觇还力尽，发精锐击之。”

【译文】

武王问太公道：“率领军队深入敌国作战，我军实力与敌军旗鼓相当，而天气要么十分寒冷，要么酷热难耐，要么日夜阴雨连绵，十几天不停，沟壑与营垒全都崩毁，险隘要塞无人把守，侦察人员消极懈怠，士卒疏于警戒，敌人夜晚来袭，三军没有防备，上下迷惑，一片混乱，在这种情况下该怎么办呢？”

太公答道：“大凡军队只有保持戒备，才能坚不可摧；如果懈怠了，就会招致失败。应命令我军营垒上的哨兵，使诘问口令之声连续不断，人人手持旌旗，前后相望，传递口令，不要让金鼓之声断绝，向外表示均已做好战斗准备。以三千人为一屯，郑重告诫，严格约束，使每一屯都慎重守护好各自的区域。敌人如果来犯，发现我军高度戒备，即使到达了也必定返还。我军应乘敌人筋疲力尽、精神懈怠之际，派遣精锐部队，紧随其后实施攻击。”

武王曰：“敌人知我随之，而伏其锐士，佯北不止，过伏而还，或击我前，或击我后，或薄我垒①，吾三军大恐，扰乱失次，离其处所，为之奈何？”

太公曰："分为三队，随而追之，勿越其伏。三队俱至，或击其前后，或陷其两旁，明号审令，疾击而前，敌人必败②。"

【注释】

①薄：逼迫，逼近，这里是进攻的意思。

②"明号审令"三句：意谓严明号令，快速出击，奋勇向前，这样敌人必败无疑。朱墉引《大全》曰："明号审令，总是节制意。当三队俱至，或击其前后矣，或陷其两旁矣，这时稍有懈怠，则胜败尚不可知。故必愈加严谨，明号以一其心，审令以作其气，然后三队之兵可以疾击前进，则敌人必败。"又引《开宗》曰："此言敌伏精锐佯北，则我当分三队追及其伏，合而击之。"朱墉《全旨》曰："此章见大寒霖雨，人心易至懈怠，必为将者愈加严敕，使士卒始终不惰，伺敌之弛而乘之。若敌人诱我入伏，则必分兵迭出，听号令而行，犹可以胜敌也。"孔德骐说："《金鼓》一章，主要阐述担负防御任务的部队，受到敌人突然袭击后进行反攻的作战方法。敌人突袭，一般是利用夜暗及警戒懈怠之机，所以，防御一方最重要的是设置严密警戒，如在阵地前设置哨兵，并事先规定好使用旗号、灯光联络的方法，并做好随时出击的准备。其次，要善于捕捉战机。在敌人来袭时，如果敌军见我戒备严密，无隙可乘，就可能撤退。应该说，这时发起反攻较好。因为敌人退兵时往往营阵混乱，我可乘机派精锐部队将其歼灭。第三，追击敌人时要慎重，避免中敌埋伏。敌人不甘失败，很可能设法诱我进入其设伏地区。遇此情况，将帅要灵活机动，迅速将部队分为三部分，尾随其后，在未到达敌人设伏地区前就要迅速发起攻击，有的击其前，有的击其后，有的袭其侧翼，即可制胜。"

【译文】

武王问道:"如果敌人知道我军紧追不舍,就会埋伏下精锐部队,假装败北,不停后退,越过埋伏圈以引诱我军进入埋伏圈,然后折回反击,有的攻击我军前方,有的攻击我军后方,有的逼近我军营垒,这样就会使我全军产生极大恐慌,队列混乱失序,士卒偏离各自的战位,在这种情况下该怎么办?"

太公答道:"将我军分成三队,每队跟随追击不同的目标,不要进入到敌人埋伏之处,三队要赶在到达敌人伏兵处之前同时追到敌人,有的攻击敌人的前后,有的攻击敌人的两侧,严明号令,快速出击,奋勇向前,这样敌人必败无疑。"

绝道第三十九

武王问太公曰:"引兵深入诸侯之地,与敌相守,敌人绝我粮道,又越我前后。吾欲战则不可胜,欲守则不可久,为之奈何?"

太公曰:"凡深入敌人之地,必察地之形势①,务求便利,依山林、险阻、水泉、林木而为之固,谨守关梁,又知城邑、丘墓地形之利。如是,则我军坚固,敌人不能绝我粮道,又不能越我前后②。"

【注释】

①凡深入敌人之地,必察地之形势:意谓凡是深入敌境作战,一定要考察当地的地形地貌。按,《孙子兵法·地形篇》论及地形之于战争胜负的重要道:"地形者,兵之助也。料敌制胜,计险厄远近,上将之道也。知此而用战者必胜,不知此而用战者必败。"朱

墉引《大全》曰："形势原为将之所当察,而况深入敌境,尤为要紧。所以他务未遑,而于山林、险阻、水泉、林木之形势,必谨慎图维焉。形势得而敌人自不敢绝我粮道,越我前后矣。"

②敌人不能绝我粮道,又不能越我前后:意谓敌人既不能截断我军的粮道,也不能在我军前后肆意运动。朱墉引《开宗》曰："此言深入敌人之地,当审地形而求其利,依险阻而固其守,而后敌人不能制。"国英曰："绝粮道,是行军必虑之事。然其中变化皆在将之才识。深入敌境,敌必绝我粮道,斯时惟有激厉士卒有必死之志,反客为主,方能获胜。霸者因粮于敌,不但足食,且使敌困。孙子曰'掠乡分众'、'廓地分利'、'悬权而动',是军争善法,是因粮巧术。王者惟以正风俗、通教化,使敌畏威怀德为善。"

【译文】

武王问太公道:"率领军队深入敌国作战,与敌军对峙,敌人截断了我军的粮道,还在我军前后肆意运动。我想与敌军作战,却难以取胜;想要防守,却又难以持久。在这种情况下该怎么办呢?"

太公答道:"凡是深入敌境作战,一定要考察当地的地形地貌,务必占据有利地势,依托山林、险阻、水泉、林木等构筑坚固的阵地,严守关隘、桥梁,还应了解城邑、坟墓等区域当中哪些地形对我军有利。这样,我军就能坚不可摧,敌人既不能截断我军的粮道,也不能在我军前后肆意运动。"

武王曰:"吾三军过大陵、广泽、平易之地,吾盟误失①,卒与敌人相薄,以战则不胜,以守则不固,敌人翼我两旁②,越我前后,三军大恐,为之奈何?"

太公曰:"凡帅师之法,当先发远候③,去敌二百里,审知敌人所在。地势不利则以武冲为垒而前④,又置两踵军于

后⑤,远者百里,近者五十里,即其警急,前后相救⑥。吾三军
常完坚,必无毁伤。"

　　武王曰:"善哉⑦!"

【注释】

①盟:《武经七书直解》本作"候望"。

②翼:这里作动词讲,从侧翼包围的意思。

③当:《武经七书直解》本作"常"。

④武冲:底本原作"武卫",误。据《武经七书直解》本改。

⑤踵军:指后卫部队。刘寅曰:"踵军,收后之军也。"

⑥救:《武经七书直解》本作"知"。

⑦善哉:朱墉《全旨》曰:"此章为敌人断绝粮道而发。恐粮道之绝,
　则必以得地利为主,依险阻而守关梁,则我先据形胜,敌不能制
　而粮道自通。又因军行遇险失恃,深虑难以持守,则用武冲前
　拒,踵军后殿,前后互相救援,可以长保无虞矣。"

【译文】

　　武王问道:"我军通过大片的丘陵、广阔的沼泽地以及平坦之地时,
盟军因失误而未能与我军会合,我军突然与敌人相遇,想与敌人交战却
不能取胜,想防守又怕守不住,敌人已经包抄我军两侧,还在我军前后
肆意运动,我军官兵非常恐慌,在这种情况下该怎么办?"

　　太公答道:"大凡统帅军队的法则,应当是首先向远方派遣侦察兵,
在距离敌人二百里的地方,探查敌人所处的位置。如果地势对我军不
利,就用武冲车作为壁垒,在前面抵挡敌人,又安排两支部队殿后,它们
与大部队的距离远的可达百里,近的可达五十里,一旦预警告急,就可
前后相互救援。我军各部队一直完好无恙,坚不可摧,必定不会遭受敌
人的损害。"

　　武王说:"您讲得真好啊!"

略地第四十

武王问太公曰："战胜深入，略其地，有大城不可下，其别军守险与我相拒①，我欲攻城围邑，恐其别军卒至而击我②，中外相合③，击我表里④，三军大乱，上下恐骇，为之奈何？"

太公曰："凡攻城围邑，车骑必远，屯卫警戒，阻其外内。中人绝粮，外不得输。城人恐怖，其将必降⑤。"

【注释】

①别军：指敌军主力之外的另一支军队。险：《武经七书直解》本作"险阻"。

②击：《武经七书直解》本作"薄"。

③中外：指城中守军和城外援军。

④击：《武经七书直解》本作"拒"。

⑤城人恐怖，其将必降：意谓城中敌人难免惊恐害怕，敌将一定会投降。朱墉引《合参》曰："敌人大城未下，则宜守险相拒。当使内外阻绝，粮不得输，则将必降。"

【译文】

武王问太公道："我军与敌交战取胜，接着乘胜深入敌境，占领了敌国的土地，还有一座大城未能攻下，另外敌人还有一支部队固守险要地形与我军对抗，我军想要围困这座城邑，又怕那支部队突然到达城外救援，攻击我军，敌军里应外合，内外夹击我军，导致我军各部大乱，官兵上下惊恐，在这种情况下该怎么办呢？"

太公答道："大凡围攻敌人的城邑，必须把战车、骑兵安排到离城较远的地方，负责守卫、警戒，阻断城内城外敌人的联系。城内敌人断粮，城外敌人却无法把粮食输送进去。这时城中敌人难免惊恐害怕,敌将一定会投降。"

武王曰:"中人绝粮①,外不得输,阴为约誓,相与密谋,夜出穷寇死战,其车骑锐士,或冲我内,或击我外。士卒迷惑,三军败乱,为之奈何?"

太公曰:"如此者,当分军为三军,谨视地形而处。审知敌人别军所在,及其大城别堡②,为之置遗缺之道,以利其心,谨备勿失。敌人恐惧,不入山林,即归大邑。走其别军,车骑远要其前,勿令遗脱。中人以为先出者得其径道,其练卒材士必出,其老弱独在。车骑深入长驱,敌人之军必莫敢至。慎勿与战,绝其粮道,围而守之,必久其日。无燔人积聚,无坏人宫室③,冢树社丛勿伐④,降者勿杀,得而勿戮,示之以仁义⑤,施之以厚德。令其士民曰:罪在一人⑥。如此,则天下和服⑦。"

武王曰:"善哉⑧!"

【注释】

①中人:指困在城中的敌军。

②堡:土筑的小城,用以驻兵防敌。

③坏:《武经七书直解》本作"毁"。

④冢树:指墓地上的树木。社丛:指社神庙旁的树丛。

⑤示之以仁义:意即要向俘虏表明我们的仁义立场。施子美曰:"汤武之师,吊民伐罪之师也,非有所害也。《汤誓》、《泰誓》之作,无非示之以仁义也。大德之所昭,财粟之所散,无非施之以

厚德也。不惟汤武然也。高祖入关,秋毫无犯,则于人必无怀
也。秦王子婴既降,且以之属吏,况有所杀戮乎? 其语父老则以
除害为言,非示之以仁义乎? 三章之约,田租之减,非施之以厚
德乎? 此汉之所以盛也。"朱墉引《大全》曰:"示之以仁义,即上
文无燔五事,如文王伐崇侯,缓攻徐,战亦是仁义之示。"

⑥罪在一人:意即有罪的只有敌国国君一人,只追究他的罪责而
已。按,从"无燔人之积聚"至"罪在一人",论述了攻克城邑后的
对敌政策。其内容可与《司马法·仁本第一》的以下表述对读:
"入罪人之地,无暴神祇,无行田猎,无毁土功,无燔墙屋,无伐林
木,无取六畜、禾黍、器械。见其老幼,奉归无伤。虽遇壮者,不
校勿敌。敌若伤之,医药归之。"表明《六韬》也整合了《司马法》
的思想,闪烁着古军礼的余晖。又,罪,《武经七书直解》本作
"辜"。

⑦如此,则天下和服:朱墉引张氏曰:"以术笼之者,术穷而人不服;
以力制之者,力尽而人不服;以威劫之者,威去而人不服。吾
必有求服于天下之念,而所为者无大拂乎天下之心,天下何畏而
不吾与也? 用兵以爱民为先,出人于水火,奠之于衽席,则来苏
是慰,天下不期其服而自服。"

⑧善哉:朱墉引《开宗》曰:"此言处穷寇之法。敌人绝粮,夜出死
战,当分军三处,为置空缺,便其出脱。以一军要击之,以一军御
其别军,以一军入城招抚之。"朱墉《全旨》曰:"此章见围城不拔
者,以其有别军外援,粮食充足耳。必阻隔中外,使不得相通,以
馈运不继,困乏难支,不降何待? 若困极死斗,背城一战,则当分
军以利诱别军,使不相顾。以车骑当其材勇,以持久困其老弱,
以仁德抚其士民,则天下无不倾心而归服矣,何有地之不可略、
城之不可下者哉?"黄朴民说:"本篇论述攻打城邑的作战要领。
攻城作战是古代常见的作战样式之一。城邑一般是一国或一地

的政治、经济、军事中心，势所必争。但在冷兵器时代，由于攻城技术相对落后，高城深池难以强力攻取。因此，在攻城时，必须将强攻与智取结合起来。在围城的同时，断敌粮道，歼敌援兵，才能达到攻克敌人坚固城池的目的。作者认为，攻打敌人城池，一是要加强警戒，扼守交通要道，切断敌人外援。这样，城内被围军民便会恐慌不安，最终只能投降。同时要防备敌人假装投降，乘我麻痹懈怠时发起反击。二是采取'围师必阙'的方法，诱敌出城突围，乘机予以聚歼。三是围城打援，'审知敌人别军所在，及其大城别堡'，严加防备，这样敌人援兵就'必莫敢至'。四是攻克敌人城池之后，要严肃军纪，以'仁义'、'厚德'收揽民心，'无燔人积聚，无坏人宫室'，'降者勿杀，得而勿戮'。"

【译文】

武王问道："城内敌人断粮，城外敌人却无法把粮食输送进去，这时敌人暗中订约发誓，相互密谋突围，夜晚派出那些自知身陷绝境的勇士拼死作战，还派遣车兵、骑兵以及精锐战士，或者冲入我军营内攻击，或者在我军营外发动攻击。我军士卒惊慌迷惑，全军溃败混乱，在这种情况下该怎么办呢？"

太公答道："在这种情况下，应当将全军分成三个部分，审看地形，分别驻扎。要查明城外敌军所处的位置，以及其他城邑与军事堡垒的情况，为城内的敌军开设一条特别通道，以诱其外逃，但工作布置要周密完备，万无一失。这时敌人恐惧万分，不是想逃入山林，就是想撤回大城。这时我军要设法赶走前来救援的另外一支部队，车兵、骑兵要在城外远处拦截城内突围出来的先头部队，不要让他们逃脱。城内敌军误以为先头部队已经打开通道，突围成功，他们的精锐士卒必定开始外逃，城内仅留下老弱士卒。这时我军的车兵、骑兵可以长驱直入，试图突围的敌军一定不敢迎战。我军切记不要与敌军交战，要切断敌人的粮道，把敌人围困在城里，时间一久，敌人自会投降。攻克大城后，不要焚烧敌人的粮食，不要毁坏敌人的房屋，不要砍伐坟地和神庙的树木，不要杀掉降者，不要虐待俘虏，要向他们表明我们的仁义立场，让他们感受到我们的大德。向敌国的士民宣告道：有罪的只有一个人，那就是你们的无道君主。这样，天下人就会心悦诚服。"

武王说："您讲得真好啊！"

火战第四十一

武王问太公曰："引兵深入诸侯之地，遇深草蓊秽①，周吾军前后左右，三军行数百里，人马疲倦休止。敌人因天燥疾风之利，燔吾上风，车骑锐士坚伏吾后。吾三军恐怖，散乱而走，为之奈何？"

太公曰："若此者，则以云梯、飞楼远望左右，谨察前后。见火起，即燔吾前而广延之②，又燔吾后。敌人若至，即引军而却，按黑地而坚处。敌人之来，犹在吾后，见火起，必还走。吾按黑地而处，强弩材士卫吾左右，又燔吾前后。若此，则敌不能害我③。"

【注释】

①蓊（wěng）秽：草木茂盛。蓊，茂盛貌。秽，杂草多，荒芜。

②即燔吾前而广延之：意即在我军军营的前方放火，清理出一个开阔的防火带。朱墉引《大全》曰："深草蓊秽之地，必不得已而欲舍止，即先于营外斩除三五丈地，使之光洁。若敌以火焚我，我亦于斩除净地之前纵火焚之。"《武经七书注译》曰："意思是敌人在我前方放火，我也在前方适当地点放火。由于我事先在前面斩除了三五丈的净地，这火就烧不到我军，而敌人前来攻我时，

却被火势所阻。所以下文说：'敌人之来，犹在吾后，见火起，必
还走。'"

③若此，则敌不能害我：朱墉引《开宗》曰："此言以火御火之法。"国
英曰："自前明尚火器，于是火攻之法既精且备，三代以来未之有
也。而毒虐士卒亦三代所未有者。王者行军或攻或守，皆在知
己知彼，即是胜算，不忍用残杀之器。孟子曰善阵善战大罪也，
可绎思矣。"

【译文】

武王问太公道："率领军队深入敌国作战，进入深草灌木地带，我军
前后左右都被荒草围绕，全军行进数百里，人马疲惫，宿营休息。敌人
乘天干风急之便，在上风处放火，他们的战车、骑兵以及精锐战士顽强
地埋伏在我军的后面。我军官兵陷入恐慌，秩序散乱，四下逃跑，在这
种情况下该怎么办呢？"

太公答道："遇到这种情况，要利用云梯、飞楼登高瞭望，严密观察
左右前后的情况。发现敌人放火烧草，就在我军军营的前方放火，清理
出一个开阔的防火带，接着又在军营的后方放火。敌人如果来攻，就领
兵退却，将部队带到黑地坚守。敌人来攻，此时他们还位于我军后面，
看见大火烧起来必定转身逃走。我军占据黑地坚守着，作战本领高强
的士卒拿着强弩护卫在大军的左右，又按照上述办法在前后放火。这
样，敌人就不能加害我军了。"

武王曰："敌人燔吾左右，又燔吾前后，烟覆吾军，其大
兵按黑地而起①，为之奈何？"

太公曰："若此者，为四武冲陈，强弩翼吾左右，其法无
胜亦无负②。"

【注释】

①黑地：草木焚烧后地面呈黑色，故称。

②其法无胜亦无负：意谓使用这种战术虽然无法取胜，但也不会失败。朱墉引《新宗》曰："言敌人燔吾四面，及大兵按黑地而起，当为四武冲阵，宜有备，不宜荒乱，虽无胜亦无负也。"又引《大全》曰："四面俱燔，敌人意吾军必在火中矣。乃吾军反冲阵而出，是又其智之所不及料者也，所以无害。"又引《开宗》曰："此言备四面燔火之法。"朱墉《全旨》曰："此章见御火必察前后左右，以火先燔之，而自卫黑地坚处，惟赖强弩材勇，则不至于散乱而保全。若我不能先燔前后左右而被敌人燔之，非四武冲阵、强弩为翼不为功，然亦仅足以相持而已。究之深草蓊秽之地，当速去之而不宜处也。"孔德骐说："本卷所谈'火战'，与孙子所言'火攻'是在不同条件下的不同战法。前者是处在被围状态，即'周吾军前后左右'的情况下进行的；后者是在采取攻势的情况下进行的，其目的是'以火佐攻'。因此，《六韬》说的'火战'战法，是在营阵前后烧成'黑地'，在战术上具有防御性质；而《孙子》说的'火攻'，则是具有积极的进攻性质，'火人'、'火积'、'火辎'、'火库'、'火队'，都是用以辅助进攻的。在实践意义方面，'火攻'比'火战'要大，因此文献记载的有关战例也较多。"

【译文】

武王问道："敌人不仅在我军的左右放火，还在我军的前后放火，烟雾笼罩住了我军，敌人大军占据了黑地并向我进攻，这种情况下该怎么办？"

太公答道："如果是这种情况，我军就布下四武冲阵，让士卒拿着强弩护卫在我军的左右，使用这种战术虽然无法取胜，但也不会失败。"

垒虚第四十二

武王问太公曰："何以知敌垒之虚实,自来自去①?"

太公曰："将必上知天道,下知地理,中知人事②。登高下望,以观敌之变动。望其垒,即知其虚实;望其士卒,则知其去来。"

武王曰："何以知之?"

太公曰："听其鼓无音,铎无声,望其垒上多飞鸟而不惊,上无氛气,必知敌诈而为偶人也。敌人卒去不远,未定而复返者,彼用其士卒太疾也。太疾则前后不相次,不相次则行陈必乱。如此者,急出兵击之,以少击众,则必胜矣③。"

【注释】

①何以知敌垒之虚实,自来自去:意谓怎样才能知道敌军营垒的虚实状况以及他们的调兵意图? 自来自去,指敌军或进攻或撤退的兵力调动情况。朱墉引《大全》曰:"虚实去来,如郑见幕上有鸟而知楚兵之去,晋见城上有鸟而知齐师之遁是也。"

②"将必上知天道"三句:按,《孙膑兵法·垒虚》有相近表述,作:"知道者,上知天之道,下知地之理,内得其民之心,外知敌人之请(情)。"朱墉引《合参》曰:"天地人三才,统于将略,一或不知,便有缺失,即知而不能明晰底蕴,洞彻微妙,亦不得谓之知。故必全知之,且深知之,而后可以谓之将也。"又引《新宗》曰:"知敌垒之虚实,亦是将之一事。因讲到知天知地知人,是何等学问,惟其学问大,所以将略成也。"又引纪氏曰:"将略之所在,即将业之所由成。而将智之未周,亦将道之有未尽。苟昧昧从事而无洞微测渺之见,则问以休咎而不知,问以形势而不知,问以治忽

而不知,如此而欲威望显著,身系安危,何可得哉?"又曰:"占星可以料敌,望气可以图几,平易可以用众,险隘可以用寡,晰几于未萌,察情于未著,一举而决形之强弱,一动而定势之虚实。"

③以少击众,则必胜矣:朱墉引《开宗》曰:"此言觇敌垒虚实、敌人去来之法。"朱墉《全旨》曰:"此章与孙子《行军》相敌章相似,而惟在于将之智。敌之虚实,固秘之而不欲露,然有不能不露之时,听其鼓铎,观于鸟氛,则可以知其虚而去,复乘其虚而击之,则寡可以胜众。为将者乌可不求全于天地人哉?"

【译文】

武王问太公道:"怎样才能知道敌军营垒的虚实状况以及他们的调兵意图?"

太公答道:"主将必须上能懂天道,下能懂地理,中能懂人事。登高瞭望敌情,以观察敌人的变化。观测敌人的营垒,就能了解敌人的虚实;观察敌人的士卒,就能了解主将的军事部署。"

武王问道:"凭什么就能知道这些呢?"

太公答道:"听不到敌人的鼓音,也听不到敌人的铎声,远观敌人营垒上方虽有很多飞鸟,却没有受到惊扰,空中没有飞扬的尘土,据此可知敌人必定有诈,在军营中放置了一些假人以迷惑我们。如果敌人仓促撤退,士卒还没安定下来就又匆忙返回,那就能说明他们调动士卒太过急促。这方面太过急促,军队就会前后次序混乱;前后次序混乱,队伍的行列就会混乱。像这种情况,我军就应快速出兵攻击敌人,即使以少击众,也一定能够取胜。"

豹韬

【题解】

《豹韬》为《六韬》全书的第五部分,共由以下八篇组成:

《林战第四十三》,论述了在森林作战的基本战术,即应编排若干四武冲阵的阵形,弓弩手位于阵形的里层,使用矛戟的士卒位于外层;斩除草木,拓宽道路,以方便作战;高挂旌旗,三军严守秘密;在林木稀疏的地方,用骑兵辅助作战;在险阻地带部署四武冲阵,防止敌人前后偷袭;形势对我军有利才开战,反之停战;各部队轮番作战轮番休息,按编组行动等。

《突战第四十四》,首先针对敌人的突然袭击、兵临城下,给出了破解危局的方法,指出应从远方组织外援进攻敌人后部,与我城中士卒里应外合,消灭围城敌人。其次针对少部敌寇逼近城下的情况,指出可在城外设伏,完善城防设施,极力诱敌攻城,快速发动伏兵消灭敌人。

《敌强第四十五》,首先认为在敌众我寡、敌强我弱、夜袭我军的情况下,必须积极应战,快速出击,不能消极防御,所谓“利以出战,不可以守”。其次,针对敌人四面围攻、我军人心涣散的情况,指出要想挽回败局,就要申明号令,选出勇士拼死作战,大显声威,察明敌军方位,部队里应外合,按照约定的信号快速投入战斗。

《敌武第四十六》,先是论述突然遭遇敌人优势兵力时应采取的战法,指出可让材士强弩埋伏起来,再把大战车与勇敢的骑兵配置在左右两翼,待敌人追击我军就安排战车、骑兵冲击敌军两翼。接着针对突然遭遇敌军优势兵车、骑兵的情况,认为可让材士强弩埋伏在敌人的左右两侧,车兵和骑兵编成作战阵形,严阵以待,等敌人一旦进入埋伏圈便四面出击。

《鸟云山兵第四十七》,论述了山地御敌的战术指导思想。首先指出了山地防御的一条原则——"凡三军处山之高,则为敌所栖;处山之下,则为敌所囚",军队驻扎在山头,容易被敌人团团围住,驻扎在山麓也容易被敌人困住。接着指出军队驻扎在山地时,可布成"鸟云之阵",以保证军队能支援、控制各个方向的作战,使驻守之地变成一座缜密布防、坚不可摧的"山城"。

《鸟云泽兵第四十八》,论述了江河防御的战术指导思想。首先针对与敌隔水对峙,我军物资贫乏、兵力不足的情况,认为应欺骗敌人,制造迎战假象,实则寻找机会尽快离去,并设置伏兵以防止敌人追击。接着针对敌人并未受骗且在我军前后肆意运动的情况,认为可采用金玉贿赂敌人的方法。最后又针对敌人察知我军设伏,只派小分队与我军交战的情况,认为可将我军战车、骑兵编成"鸟云之阵",指出这一阵法名称的由来,在于它像鸟的来去飞翔与云的聚拢开合一样变化无穷。

《少众第四十九》,论述了以少击众、以弱击强的战术指导思想。首先指出要想以少击众,就要充分利用黄昏、夜幕等天时与深草、险道等地利,采取设伏、拦截的方式出奇制胜;要想以弱击强,就要争取大国的支持与邻国的帮助。其次,针对如下困境——既无黄昏、夜幕等天时,又无深草、险道等地利,同时还没有大国的支持与邻国的帮助,认为要想摆脱困境,就要想方设法欺骗敌将,诱使敌军在日暮之时、深草之地与我军交战,也可趁敌军渡河的时候攻击敌人。重视开展外交工作,利用各种手段争取得到大国的支持与邻国的帮助。

《分险第五十》,论述在险隘地带发动攻击的战术指导思想,分别给出了由水路与山路攻敌的基本方法。篇中突出了加强戒备的思想,所谓"处山之左,急备山之右;处山之右,急备山之左",要布防严密,不给敌人留下任何可乘之机。

林战第四十三

武王问太公曰:"引兵深入诸侯之地,遇大林,与敌分林相拒①,吾欲以守则固,以战则胜,为之奈何②?"

太公曰:"使吾三军分为冲陈③,便兵所处,弓弩为表,戟楯为里,斩除草木,极广吾道,以便战所。高置旌旗,谨敕三军④,无使敌人知吾之情⑤,是谓林战。林战之法,率吾矛戟,相与为伍。林间木疏,以骑为辅,战车居前,见便则战,不见便则止。林多险阻,必置冲陈,以备前后。三军疾战,敌人虽众,其将可走。更战更息,各按其部⑥。是谓林战之纪⑦。"

【注释】

①敌:《武经七书直解》本作"敌人"。

②"吾欲以守则固"三句:施子美曰:"孙子论行军则有处山之军,吴子对武侯之问则有丘陵、林谷之说,是则山林之战,岂无其法耶?宜武王于遇大林,分林相据之际,必求所以守则固、战则胜之道。夫守而不固,不足为善守。战而不胜,不足为善战,故守则欲必固,战则欲必胜。孙子云:'善战者先为不可胜,以待敌之可胜。'继之以不可胜者守也,可胜者攻也,是则守则必固,战则必胜也。"

③冲陈:即四武冲阵,指有武冲大扶胥守卫四面的战斗队形。

④敕:告诫。

⑤无使敌人知吾之情：朱墉引《大全》曰："兵以诡谲为道，凡战守动静，原不示人以情，何况林战耶？故不使敌人知我林战之情也。"又引方氏曰："以战决胜原不可必，况相拒在分林之间乎？故惟使吾三军分为冲阵，不战而示以战之意耳，敢轻于一决哉？然其防卫之法，尤在弓弩居外，戟楯居内，不示人以情。"

⑥更战更息，各按其部：意谓要让各部队轮番作战轮番休息，各自按照其单位编制展开行动。朱墉引方氏曰："林中交战，不比平原旷野之地，所以战而更番休息，各按其部次不乱，是全以法纪胜者也。"

⑦是谓林战之纪：纪，准则，原则。朱墉引《开宗》曰："此言林战之纪，大要在除翳广道，密敕三军，乘便而进。"朱墉《全旨》曰："此章见林中之战，草木障碍不同于平旷之地，必有条理纪律，然后可以御敌。冲阵、弓弩、戟楯，所以资捍卫者也；开辟战地，所以利驰突也；更番迭换，所以能持久也。用矛戟为主而骑兵为辅者，盖以林木险阻非骑兵所宜也。惟谨慎其行止而已。"孔德骐说："《林战》论述了森林作战的战术和方法。林地的自然地理特点，多数是林密草深，通视度差，部队通行困难，不便机动。同时，还不便于组织指挥和施展兵力兵器，通信联络和前送、后送等保障工作任务也比较艰巨。另一方面，也有它有利的地方，如隐蔽条件好，便于秘密接敌和突然发起攻击，便于包围、迂回、穿插分割，各个歼灭敌人，便于就地取材制作简易的保障器材，有些茅草地还便于发起火攻。在这种条件下，要达到'守则固'、'战则胜'的目的，必须注意以下几点：第一、在兵力部署上，要加强警戒，并根据地形情况，将三军部署为'四武冲阵'。将弓弩部署在外围，戟楯在里层。同时，还要斩除草木，广辟道路，以利于战斗；高悬旌旗，作为识别信号；命令三军严加保密，不让敌军知道我军情况。第二、在作战指导上，要采取近战、速决战战法。

运用兵力,应以矛戟队为攻击主力,将其划分为若干小分队,相互应援,齐头并进。如果林木稀疏,就以骑兵为辅,战车居前,见到有利时机就战斗,不利时立即停止。由于林内险阻之处较多,主力部队必须部署为'四武冲阵',以防备前后左右敌人的袭击。与敌接战后,只要迅速猛烈战斗,不管敌人兵力多强,都可以取胜。各个分队轮流作战,轮流休息,就可将林内的敌人消灭掉。”

【译文】

武王问太公曰:“率领军队深入敌国作战,遇见大片林地,与敌人各占林地的一部分对峙,在这种情况下我想做到采取守势就能坚不可摧,与敌作战就能取胜,该怎么做呢?”

太公答道:“在我军编排若干四武冲阵,安置在便于作战的地方,让那些弓弩手处于阵形的外层,让那些使用矛戟和大盾的士卒位于阵形的内层,砍除草木,极力拓宽道路,以方便作战。高悬雄旗,严正告诫全军,不要让敌人掌握我军情况,这就叫林地作战。林地作战的方法是:率领我军使用矛戟的士卒,把他们编成若干相互配合的小队。在林地间树木稀疏的地方,就用骑兵辅助作战,把战车排在队伍的前面,看见形势对我军有利就开战,形势对我军不利就停战。如果林地有许多险要地形,就一定要安置四武冲阵,以防备前后被敌偷袭。全军快速作战,敌人即使人数众多,我们也能让其主将败逃。要让各部队轮番作战轮番休息,各自按照其单位编制展开行动。这就是林地作战的要点。”

突战第四十四

武王问太公曰:“敌人深入长驱,侵掠我地,驱我牛马,其三军大至,薄我城下①。吾士卒大恐,人民系累②,为敌所虏。吾欲以守则固,以战则胜,为之奈何?”

太公曰:"如此者,谓之突兵③。其牛马必不得食,士卒绝粮,暴击而前④。令我远邑别军,选其锐士,疾击其后,审其期日,必会于晦⑤,三军疾战,敌人虽众,其将可虏⑥。"

【注释】

①其三军大至,薄我城下:薄,迫近,逼近。意谓敌军大举进逼,兵临城下。《中国历代军事思想》指出:"《六韬》的战争指导思想,基本上继承了孙、吴思想,主张进攻战略。全书很少提及防守。即使在敌军'深入长驱'、'薄我城下'时,仍主张以进攻完成防御任务:使'勇士锐士,隐伏而处',使'敌人以我为守城',在敌军进至城下时,'发我伏兵','或击其前,或击其后',以求歼敌于城下。甚至在被敌包围,而且又'敌众我寡、敌强我弱'时,也认为'利于出战,不可以守'。"

②系累:拘禁,掳掠。

③突兵:指担任突击任务的部队。

④暴:猛烈。

⑤晦:古代历法把每月的最后一天称为"晦"。

⑥"三军疾战"三句:施子美曰:"孙子论'死地',以疾战则存、不疾战则亡者为死地。武王所问敌人长驱侵掠,系累人民,此正孙子不疾战则亡之地利也。武王所求以守固战胜之道,而太公则以是为突兵。曰'突兵'者,谓宜疾战也。"吴如嵩等著的《中国军事通史》第三卷《战国军事史》说:"《六韬》在战略上,既讲了进攻战略,也讲了防御战略,但绝大部分的篇幅是阐述进攻战略的。只有《突战》一篇可视为论述战略防御问题。……即在远处组织精锐部队袭击敌后,正确估计战争发展趋势,确定会战日期,隐密地汇集和部署兵力,前后夹击,歼灭敌人。"

【译文】

武王问太公道："敌人侵入我国,长驱直入,侵占土地,掠夺物资,驱走牛马,敌军大举进逼,兵临城下。我军士卒十分恐惧,人民被捆绑囚禁,被敌人所俘虏。在这种情况下我想采取守势就能坚不可摧,与敌作战就能取胜,该怎么做呢?"

太公答道："像这种情形的敌军,可以称之为仓促来袭的敌兵。敌人发兵仓促,他们的牛马必定得不到饲料,士卒会断粮,只能猛烈向前进攻。这时可以命令我方位于远方城邑的另外一支军队,从中选出精锐士卒,快速攻击敌军的后部,要把预期的日子精准算好,务必赶在晦日没有月光的夜晚会合,全军快速投入战斗,这样敌人即使人数众多,他们的主将也会被俘虏。"

武王曰:"敌人分为三四,或战而侵掠我地,或止而收我牛马,其大军未尽至,而使寇薄我城下,致吾三军恐惧,为之奈何?"

太公曰:"谨候敌人未尽至,则设备而待之。去城四里而为垒,金鼓旌旗皆列而张,别队为伏兵。令我垒上多积强弩,百步一突门①,门有行马,车骑居外,勇力锐士隐伏而处②。敌人若至,使我轻卒合战而佯走,令我城上立旌旗,击鼙鼓,完为守备。敌人以我为守城,必薄我城下。发吾伏兵,以冲其内③,或击其外。三军疾战,或击其前,或击其后,勇者不得斗,轻者不及走,名曰突战。敌人虽众,其将必走④。"

武王曰:"善哉⑤!"

【注释】

①突门:指方便部队突然出击的暗门。《武经七书注译》曰:"突门,

在城墙或垒壁上预先开设的便于部队出击的暗门。一般由城墙内向外挖，外面留四、五寸，不挖透。部队出来时，临时将其推倒，突然出击。"

②隐伏而处：《武经七书直解》本无"伏"字。

③冲：《武经七书直解》本作"充"。

④敌人虽众，其将必走：朱墉引《大全》曰："牛马虽为驱逐，然轻骑突入，其牛马必不得食。其志在于速战，我兵必不可轻与战也。惟在审其期日，比及于晦，乃始令三军疾击之。金鼓旌旗皆列者，此乃设营垒以示敌，而实锐兵不尽于此也。盖突战之兵，难以骤与交锋，故必候敌大军未尽至之时，当令离城营垒置军别队，伏兵积强弩，又备旗鼓，示以守城，诱敌薄我城下，内外合击，其将可走也。此突战法也。正用之如段德操乘敌未集，伏兵掩击是也。巧用之如李谦溥登城未暇，遣壮士反袭是也。是在神明而用之耳。"

⑤善哉：朱墉引《开宗》曰："此言备敌人分军侵掠之法。"朱墉《全旨》曰："此章见敌寇突至侵掠，贪得牛马人民，惟利于速战，不可以持久。则当会合别军锐士，犄角以击之，若敌以先锋骤至，薄我城下，更当因其未尽至而挫其锐，利诱佯走，发伏合击。彼进无所据，退无所归，不走何待？"孔德骐说："《突战》阐述突破敌人包围、出其不意地消灭敌人的战法，是从防御作战角度说的。主要有两种情况、两种战法：第一、敌人长驱直入，对我侵掠，我有意地将其主力诱至城下。同时，令我远方精锐部队埋伏于敌人退路隐蔽处，成犄角之势，然后再取内外夹击的战法出击。因敌人行军路途长远，时间短促，一般说军粮不可能带很多，这是它最大的弱点。根据这种情况，城内被围部队和远方部队应约好会攻日期，选择月光晦暗之夜晚，对敌实行内外夹击，方可胜敌。第二、敌人分路来袭，侵掠我营，有的已攻至我城下，但大军尚未

开到,对此应采取出奇设伏、四面包围战法。面对敌人多路出击的情况,必须先把敌情侦察清楚。只要搞清敌人的行动及其企图,才能预作准备,以待时机。敌人若至,先派我轻装步兵与敌接战,旋即伴败撤退。此时,再令我城上守军树旗击鼓,示以出击之形。敌人误认为我极力守城,必然要前来进行猛攻。此时,我可速发伏兵,以四面包围战法,配合三军迅速投入战斗,即可取得战争胜利。公元前 270 年的秦赵阏与(今山西和顺西)之战,秦韩联军进攻赵国的阏与,赵王派大将赵奢前往解围。赵奢军距邯郸三十里即停止前进,示以怯战。秦军分兵围攻武安(今河南武安西南五十里),也故意不往救,以稳住秦军。赵奢按预定计划,积极配合城内守军,以两天一夜急行军,到距阏与五十里处停下筑垒,并占领北山有利地形。秦军进攻受挫,赵奢与城内赵军内外夹击,大败秦军。"

【译文】

武王又问:"敌人分为三四个部分,有的从事作战以侵占我国土地、掠夺我国物资,有的停止战斗以抢夺我国的牛马,他们的大军还没有完全到达,只是派遣部分敌寇逼近我城下,致使我军上下恐惧,这种情况下该怎么办?"

太公答道:"认真观察敌人大军没有全部到达的情况,据此做好战斗准备,严阵以待。在距城四里的地方构筑营垒,里面摆好战鼓,插好旌旗,再安排另外一支部队担任伏兵。命令我营垒上的部队多多集中强弩,营垒内每百步设置一座突门,每座突门都用行马防御,车兵、骑兵配置在营垒的外面,还要安排一些勇士锐卒在营垒中隐藏起来。敌人如果到来,就派我轻装步兵与敌交战,假装败逃,再命令我城上守军树立旌旗,敲击鼙鼓,做好防守准备。敌人会认为我军全力守城,必定会逼近城下。这时出动我们的伏兵,让他们有的冲入敌军内部,有的攻打敌军外部。全军快速投入战斗,有的攻击敌军前部,有的攻击敌军后部,让作战勇敢的敌兵来不及拼斗,行动迅捷的敌兵来不及逃走,这种作战方法可叫做突战。敌人即使人数众多,我们也能让其主将败逃。”

武王曰:“您讲得真好啊!”

敌强第四十五

武王问太公曰:“引兵深入诸侯之地,与敌人冲军相当①,敌众我寡,敌强我弱。敌人夜来,或攻吾左,或攻吾右,三军震动。吾欲以战则胜,以守则固。为之奈何?”

太公曰:“如此者,谓之震寇②。利以出战,不可以守。选吾材士强弩,车骑为之左右,疾击其前,急攻其后,或击其表,或击其里,其卒必乱,其将必骇③。”

【注释】

①冲军:指敌方突击进攻的部队。

②震寇:使我军感到震惊恐惧的敌人。

③其卒必乱,其将必骇:意谓敌人的士卒一定会陷入混乱,他们的主将一定会惊慌失措。朱墉引《大全》曰:“震寇者,其势不可当,为我所震动之寇也。制御之法,利在战不利在守,在选吾材士锐兵,以疾击急攻为主。”又引方氏曰:“三军既震动矣,如何犹利在出战乎?是驱震动之夫以往也,安有不败?然所畏者三军,若材士锐兵,安得有此?故须乘锋一战,勿为披靡。”又引王氏曰:“此等震惧境界,在先筹之,庶几临危不惧。”

【译文】

武王问太公道:“率领军队深入敌国作战,与担任突击任务的敌军相遇对峙,敌人兵力多而我军兵力少,敌人力量强而我军力量弱。敌人夜晚来袭,有的攻击我军左方,有的攻击我军右方,使我全军上下震惊恐惧。在这种情况下我想做到采取守势就能坚不可摧,与敌作战就能取胜,该怎么做呢?"

太公答道:"像这种情形的敌军,可以称之为使我军震惊恐惧的敌兵。在这种情况下我军利于出战,不宜于防守。应从全军选出有作战本领的士卒,给他们配备强弩,再把战车、骑兵布置在他们的左右两翼,然后迅猛攻击敌军的前部与后部,有的攻击敌军的外层,有的攻击敌军的里层,敌人的士卒一定会陷入混乱,他们的主将一定会惊慌失措。"

武王曰:"敌人远遮我前,急攻我后,断我锐兵,绝我材士,吾内外不得相闻,三军扰乱,皆散而走,士卒无斗志,将吏无守心,为之奈何?"

太公曰:"明哉!王之问也。当明号审令,出我勇锐冒将之士,人操炬火,二人同鼓,必知敌人所在,或击其表,或击其里。微号相知,令之灭火,鼓音皆止[①]。中外相应,期约皆当,三军疾战,敌必败亡[②]。"

武王曰:"善哉[③]!"

【注释】

①"微号相知"三句:意谓大家互相记住联络暗号,主将命令一下,就同时熄灭火炬,中止鼓声。微号,暗号。朱墉引《大全》曰:"举火之意不过要联其声势以探察敌人屯兵处耳。今声势既联,敌处已知,所以必暗相期约,悉令灭火止鼓,庶足以奏克胜之功。"

②三军疾战,敌必败亡:朱墉引《开宗》曰:"此言夜战设火息火之法。"

③善哉:朱墉《全旨》曰:"此章论寡胜众、弱胜强,惟在速战,不可持

守，故用材勇强弩疾击急攻，稍迟缓则彼势愈盛矣。若敌人攻我前后，则令我勇锐多其火鼓，以张其声势。若敌人断绝吾军，则又灭火止鼓，暗号期约，奋击应援，何有扰乱之足虑哉?"孔德骐说:"《敌强》阐述关于对付敌人夜间强袭的作战方法。夜间强袭，即所谓'震寇'。它是在敌我双方野战军处于相持状态和敌众我寡、敌强我弱的情况下，敌人乘夜间突然对我发起攻击的作战行动。由于夜视困难，对于敌人这种进攻样式，只能采取以攻对攻的战法，切忌以守对攻，消极防御。要选用最精锐的材士、强弩、轻骑为左右翼，'疾击其前，急攻其后；或击其表，或击其里'。这样，是没有不打胜仗的。如果已被敌人分割包围，断绝外援，切断各部之间的联系，处于即将败溃的紧急时刻，首先应集中兵力打破敌人的包围，变被动为主动。其次，要派出勇锐将士，'人操炬火，二人同鼓'，大造声势，以弱示强。再次，要在查清敌情的基础上，部署自己的部队。充分做好以上准备之后，就要熄灭火炬，停止击鼓，麻痹敌人，接着就要按照预定计划，向敌人展开猛攻，使'中外相应，期约皆当'，即可破敌。公元前301年，齐楚垂丘(今河南泌阳北)之战，秦联合齐、魏、韩各国之军攻楚，楚怀王派唐眜率军迎击，两军隔沘水(今清水河，源出河南泌阳，东流入唐河)对峙。齐将匡章侦知楚军在沘水设防情况，以精锐士卒夜渡沘水袭击楚军，楚军措手不及，全军被歼，死亡两万余人，唐眜被杀，联军遂占领垂丘。这是夜战取胜的一例。"

【译文】

武王又问:"敌人在远处拦击我军前部，急速攻击我军后部，阻断我派出的精兵强士，使其无法救援，最终导致我军内外失去联系，三军惊扰混乱，四散逃走，士卒没有斗志，将吏无心坚守，在这种情况下该怎么办?"

太公答道:"大王您问的这个问题真高明啊!这时应向全军申明号

令,选出军中那些英勇善战、敢于冒险不怕死的战士,让他们每人手持火炬,两人同击一鼓,务必探知敌人的确切方位,然后命令部队有的攻击敌军外层,有的攻击敌军里层。大家互相记住联络暗号,主将命令一下,就同时熄灭火炬,中止鼓声。我军里应外合,都能按照事先约定的信号展开行动,全军快速投入战斗,敌人必定败亡。”

武王说:“您讲得真好啊!”

敌武第四十六

武王问太公曰:“引兵深入诸侯之地,卒遇敌人,甚众且武。武车骁骑,绕我左右,吾三军皆震,走不可止,为之奈何?”

太公曰:“如此者,谓之败兵。善者以胜,不善者以亡①。”

武王曰:“用之奈何②?”

太公曰:“伏我材士强弩,武车骁骑,为之左右,常去前后三里。敌人逐我,发我车骑,冲其左右。如此,则敌人扰乱,吾走者自止③。”

【注释】

①善者以胜,不善者以亡:施子美曰:“乘胜以胜者易,易败而胜者难。南原之役,右师少却,高祖失色,此败兵之举也,而太宗乃能因是以禽老生,非易败而胜乎? 武王所问敌众且武,武车骁骑,绕我左右,三军震走。太公谓此为败兵易败而胜,其事为难,是必善者而后可以成功,故曰善者以胜,不善者以亡。善者以其能战也,故孙子论胜于易胜之说,亦以善战者为言。非善者安能易

败而胜乎?"

②用:《武经七书直解》本作"为"。

③则敌人扰乱,吾走者自止:朱墉引《大全》曰:"敌以车骑绕吾左
右,此最众武之敌,引兵深入,不其危乎? 而太公更有转危为安
之法在:离前后三里伏材士强弩于中,分车骑于左右,俟敌来逐,
发我左右冲其左右,则可出奇制胜,转败为功。"又引《开宗》曰:
"此言应敌众武之法。"

【译文】

武王问太公道:"率领军队深入敌国作战,突然与敌军遭遇,他们人
数多,武艺高,大型战车和勇猛的骑兵,从左右两翼将我军包抄,致使我
军上下都很震惊害怕,士卒吓得逃跑,不可遏止,在这种情况下该怎
么办?"

太公答道:"像这种情形的敌军,可以称之为能让我军失败的敌军。
这种情况下善于指挥作战的就能取胜,不善于指挥作战的就会失败。"

武王问道:"怎么做才能取胜呢?"

太公答道:"让我军那些有作战本领的士卒拿着强弩埋伏起来,再
把大战车与勇猛的骑兵,配置在左右两翼,通常将埋伏的地点安排在距
我大军前后三里处。敌人若来追击,就出动我军的战车与骑兵,冲击敌
人的左右两翼。这样,敌人就会陷入混乱,我军士卒就会自动停止
逃跑。"

武王曰:"敌人与我车骑相当,敌众我少,敌强我弱,其
来整治精锐①,吾陈不敢当,为之奈何?"

太公曰:"选我材士强弩,伏于左右,车骑坚陈而处,敌
人过我伏兵,积弩射其左右②,车骑锐兵疾击其军,或击其
前,或击其后。敌人虽众,其将必走③。"

武王曰：“善哉④！”

【注释】

①整治：整齐不乱。

②积弩：集中弓弩。

③敌人虽众，其将必走：朱墉引《大全》曰："坚阵而处者，所以保我大军以待敌过也。故敌人过，我强弩射其左右，车骑击其中及前后。"又引黄皇肱曰："从来士卒之心未有不畏敌者也，所恃有材官战将耳。"又引《开宗》曰："此言应敌众强之法。"陈亚如在《〈六韬论〉》（载《上海师范大学学报》1992年第2期）一文中说："《六韬》所述兵车作战往往与骑兵协同，这反映了车、骑过渡时期的一个特点。当骑兵登上而车兵将要退出战争舞台之际，《六韬》推出骑兵辅助车兵战法，视车、骑配合为主要打击力量，从而把它置于有待突破的正面，实在是一种天才的构想，简直可与第二次世界大战期间纳粹德国隆美尔元帅发明航空兵支援坦克作战相媲美。"

④善哉：朱墉《全旨》曰："此章见御众武之敌，惟在设伏诱逐，精锐冲击，出奇制胜，则强整不足畏也。"孔德骐说："《敌武》讲的是进攻战斗中的遭遇战。一般说，这是敌对双方在运动中相遇发生的战斗。遭遇战可分为预期遭遇战和非预期遭遇战。其特点是：战斗触发时对敌方的情况不大明了，组织战斗的时间仓促，双方都有暴露的翼侧，战斗行动紧张急促，战斗样式转换迅速。敌军'甚众且武，武车骁骑，绕我左右'，而'我三军皆震，走不可止'，就是遭遇战触发时的基本态势。因为缺乏准备，在双方力量对比悬殊的情况下，很容易战败。所以，作者称其为'败兵'是有道理的。遭遇战的基本作战原则是争取主动，先机制敌。首先，在军队运动的过程中，要组织不间断的侦察，尽可能提前发

现敌人。其次,发现敌情后,要迅速果断地定下决心,先敌展开,占领有利地形,先敌发起冲击,大胆向敌翼侧实施突击。如果是预期遭遇,可尽量采用先佯退,设伏兵以口袋战歼敌。这种方法,是将材士、强弩、戎车骁骑,埋伏于道路两侧适当的地域(一般以离己方主力三里处为最好),诱敌至口袋内,再行出击。'敌人逐我,发我车骑,冲其左右',敌人必败无疑。公元前341年的齐魏马陵(今河南范县西南)之战,齐将孙膑以逐日'减灶'的办法,制造齐军大量逃亡的假象,迷惑敌人,诱敌至马陵险要地区,齐军万弩齐发,全歼魏军十万,魏将庞涓被迫自杀。公元前353年的齐魏桂陵(今山东曹县东北)之战,齐田忌采纳了孙膑'围魏救赵'的建议,直接进攻魏都大梁(今河南开封市),迫使魏军回救,双方于桂陵遭遇,经激战,齐军大胜。这两个战例,均属预期遭遇战类型。"

【译文】

武王又问:"敌人与我军的兵车、骑兵相遇对峙,敌人兵力多而我军兵力少,敌人力量强而我军力量弱,他们来攻时军容严整,精干锐猛,我军与敌对阵,信心缺乏,不敢抵挡,这种情况该怎么办呢?"

太公答道:"从我军选出有作战本领的士卒,给他们配备强弩,让他们埋伏在敌人的左右两侧,车兵和骑兵编成作战阵形,严阵以待。敌人进入我军的埋伏圈,就集中弓弩从左右两侧射击,战车、骑兵和精锐步兵一起快速攻击敌军,有的攻击敌军的前部,有的攻击敌军的后部。敌人即使人数众多,他们的主将也必定会战败逃走。"

武王说:"您讲得真好啊!"

鸟云山兵第四十七①

武王问太公曰:"引兵深入诸侯之地,遇高山磐石②,其上亭亭③,无有草木,四面受敌,吾三军恐惧,士卒迷惑。吾欲以守则固,以战则胜,为之奈何?"

太公曰:"凡三军处山之高,则为敌所栖④;处山之下,则为敌所囚⑤。既以被山而处;必为鸟云之陈⑥。鸟云之陈,阴阳皆备⑦。或屯其阴,或屯其阳。处山之阳,备山之阴;处山之阴,备山之阳;处山之左,备山之右;处山之右,备山之左。其山敌所能陵者,兵备其表⑧,衢道通谷⑨,绝以武车。高置旌旗,谨敕三军,无使敌人知吾之情。是谓山城⑩。行列已定,士卒已陈,法令已行,奇正已设,各置冲陈于山之表,便兵所处,乃分车骑为鸟云之陈。三军疾战,敌人虽众,其将可擒⑪。"

【注释】

①鸟:《武经七书直解》本作"乌",下同。

②磐石:巨石。

③亭亭:高耸的样子。

④为敌所栖:意即被敌人团团围住不能下来。刘寅曰:"栖者,如栖集于危巢之上,而不得下也。"盛冬铃说:"谓被敌围困于山上,如同鸟栖于高树之上不能飞下。《史记·越世家》司马贞《索隐》引邹诞云:'保山曰栖,犹鸟栖于木以避害也,故《六韬》曰'军处山之高者则曰栖'。"

⑤为敌所囚:意即被敌人困住出不来。刘寅曰:"囚者,如囚系于深狱之中,而不得出也。"

⑥鸟云:《太平御览》卷三〇一引《六韬》作"云象"。

⑦阴阳:山的北面为阴,山的南面为阳。

⑧其山敌所能陵者,兵备其表:意谓山上只要是敌人能攀爬到的地

方,都要派士兵占据把守。陵,攀登。

⑨衢道:四通八达的道路。

⑩山城:依托山地为城,以防御敌人。

⑪"三军疾战"三句:施子美曰:"孙子论行军有处山之军,有处泽之军,盖以地无常形,兵有异用。而太公论山泽之兵,则本于一法。在山之兵,既取鸟云以为兵,而在泽之兵,亦取之矣。古人言鸟合之众,以其易散也。以鸟名之,非以其散乎? 古人论兵之轻者,谓如云覆之,谓其可以包覆之也。以云名之,其合可知也。夫兵之道,不过乎散与合而已。山泽虽有异地,而鸟云本无异制。用之于山,则山可以胜,用之于泽,则泽可以胜,此无他,用得其法也。"朱墉引《大全》曰:"鸟云之阵,凡处山者,皆当备此阵以待敌人,何分山之阴阳哉?"又引《开宗》曰:"此言高山结阵之法。"朱墉《全旨》曰:"此见三军既处高山,必结为鸟云阵以御之。屯兵于前后左右,无所不备。且于敌之所能登临者,备之;于敌之所能往来者,断之。置冲阵于山表,然后分车骑为鸟云之阵,疾战而前,敌将可擒。"孔德骐说:"《鸟云山兵》一篇,讲述行军作战的原则和方法。《孙子·行军篇》说的'绝山依谷,视生处高,战隆无登',指出了行军、宿营和战斗的方法,但限于当时战争实践经验还不很丰富,因而论述得比较笼统。《六韬》所述山地作战,则比较完备。山地行军作战,虽然便于部队隐蔽接敌,也有利于迂回、包围和秘密渗透,有利于凭险固守,但却不便于指挥机动,通信联络和后勤补给均较困难。作者认为,如果部队处之高处,则易被敌人所迫;若占领山之低处,则为高处敌人所瞰视,不能自由行动;如果占领整个山峰,必须采取特有的一种部署,即所谓'鸟云之阵'。这种作战队形,如同乌鸟有聚有散、流云飘忽不定那样机动灵活。其方法是:一要控制由车骑编组成的强有力的机动部队,随时准备机动作战,策应各方;二要加强警戒,

山之前后左右四面都要派出警戒；三要分区控制攻击部队，凡是敌人有可能侵入的地段，都要派部队防守；四是衢道、通谷要以戎车为障，进行阻挡；五要高树旌旗，加强联络；六要严加保密。这样，无论是进攻还是防守，都必将像'山城'一样坚不可摧。作战时，主力部队要以材士强弩编为数个攻击分队，各自占领有利地形，迅速夺占和控制道路、谷地、隘路，向敌纵深实施穿插、渗透，将其歼灭。同时还要用骑兵和战车作为机动部队，以策应主力部队，采取机动灵活的战术，即可取胜。"

【译文】

武王问太公道："率领军队深入敌国作战，遇到高山巨石，山头高耸，草木不生，我军四面受敌，大军惊慌恐惧，士卒疑虑不安。在这种情况下我想做到采取守势就能坚不可摧，与敌作战就能取胜，该怎么做呢？"

太公答道："大凡军队驻扎在山头，就容易被敌人团团围住不能下来；驻扎在山麓，也容易被敌人困住出不来。既然在山地驻扎，就必须布成'鸟云之阵'。这种'鸟云之阵'，能兼顾山的南北两侧，两边均有防备。有的部队驻扎山的北侧，有的部队驻扎山的南侧。驻扎在山的南侧，要同时防备山的北侧；驻扎山的北侧，要同时防备山的南侧；驻扎在山的左面，要同时防备山的右面；驻扎山的右面，要同时防备山的左面。山上只要是敌人能攀爬到的地方，都要派士兵占据把守，交通要道和能通行的山谷之地，都要用大型兵车封堵阻断。高高地树立旌旗，严正告诫全军，不要让敌人了解我军情况。这座经过缜密布防的高山，可称为山城。我军队列已经排好，士卒已经布好阵形，军中法令已经执行，奇正战术已经制定，各部队都在方便出兵的山坡高地布下四武冲阵，然后分出一部分战车与骑兵布下鸟云之陈。全军快速投入战斗，敌人即使人数众多，他们的主将也定会擒获。"

鸟云泽兵第四十八①

武王问太公曰:"引兵深入诸侯之地,与敌人临水相拒,敌富而众,我贫而寡,逾水击之则不能前,欲久其日则粮食少。吾居斥卤之地②,四旁无邑,又无草木,三军无所掠取,牛马无所刍牧③,为之奈何?"

太公曰:"三军无备,牛马无食,士卒无粮,如此者,索便诈敌而亟去之,设伏兵于后④。"

【注释】

①鸟:《武经七书直解》本作"乌",下同。

②斥卤之地:即盐碱地,这里指荒芜贫瘠之地。

③刍牧:割草放牧。

④索便诈敌而亟去之,设伏兵于后:意谓像这种情况,就应该寻找机会,欺骗敌人,赶快离去,并在后面设置伏兵。朱墉引黄氏曰:"势既不敌,当寻便亟去,更设伏于后,以防敌之袭我。"又引《开宗》曰:"此言处兵水泽之法。"

【译文】

武王问太公道:"率领军队深入敌国作战,与敌人隔水对峙,敌军物资丰富,人数多,我军物资贫乏,人数少,我军想要过河击敌,却又因缺乏器械而无力渡水前行;想延长对峙时间,却又缺少粮食。我军驻扎在河边盐碱之地,四周没有城邑,地面不长草木,军队无处掠取粮食物资,牛马无处吃草放牧,在这种情况下该怎么办呢?"

太公答道:"军队没有渡河器械,牛马没有饲料,士卒没有粮食,像这种情况,就应该寻找机会,欺骗敌人,赶快离去,并在后面设置伏兵。"

武王曰:"敌不可得而诈,吾士卒迷惑,敌人越我前后,吾三军败乱而走,为之奈何?"

太公曰:"求途之道,金玉为主①。必因敌使,精微为宝②。"

【注释】

①求途之道,金玉为主:意谓这时寻求出路的主要办法,就是用金玉贿赂敌人。朱墉引《大全》曰:"求途一事,因三军迷惑生来,言当败走之时,若复从旧途而出,断不能也,须多方求途,然后得出。然求途之道,他物亦不足重也,必以金玉为主,要说主将不可吝惜之意。"

②必因敌使,精微为宝:意谓一定要通过贿赂敌人的使臣,最主要的是得到敌人最细致隐秘的情报。朱墉引《大全》曰:"以我兵求途,难保其勿诳而欺之者。必因敌使之来者,而多以金玉赂之,以得其精详微妙之情,而后不被其误也。""欲因敌使以求出危迫,必我之料度极其精详微妙,能灼知其情而用吾之术以中之,乃可以济。必因者,言结纳敌使,多方以阴诱之,深得敌人之用计用谋,以至精详微妙为贵,故曰宝。然又不可被其愚而误之也。"又引《开宗》曰:"此言救士卒迷惑之法。"

【译文】

武王又问:"敌人没有受骗,我军士卒疑虑不安,敌人在我军前后肆意迂回运动,我军败乱溃逃,在这种情况下该怎么办?"

太公答道:"这时寻求出路的主要办法,就是用金玉贿赂敌人。一定要通过贿赂敌人的使臣,最主要的是得到敌人最细致隐秘的情报。"

武王曰:"敌人知我伏兵,大军不肯济,别将分队以逾于水,吾三军大恐,为之奈何?"

太公曰:"如此者,分为冲陈,便兵所处,须其毕出①,发我伏兵,疾击其后,强弩两旁,射其左右。车骑分为鸟云之陈,备其前后,三军疾战。敌人见我战合,其大军必济水而来,发我伏兵,疾击其后,车骑冲其左右。敌人虽众,其将可走。凡用兵之大要,当敌临战,必置冲陈②,便兵所处,然后以车骑分为鸟云之陈③,此用兵之奇也。所谓鸟云者,鸟散而云合,变化无穷者也④。"

武王曰:"善哉⑤!"

【注释】

①须:等待,等到。

②置:底本原作"宜",误。据《武经七书直解》本改。

③车:底本原作"军",误。据《武经七书直解》本改。

④"所谓鸟云者"三句:意谓所谓"鸟云之阵"名称的由来,在于它像鸟的来去飞翔与云的聚拢开合一样变化无穷。朱墉引《指南》曰:"变化无穷,言用兵之奇也。"又引《大全》曰:"鸟散而云合,鸟无常聚之理,云有常合之势也。总之鸟云之阵是能散能聚之意,散如鸟之散而不知其散之何自,合如云之合而不知其合之何来,盖又见聚散之无从也。"又引《指南》曰:"言鸟云阵之出没不常,时而正时而奇,循环无端,而其变化之术莫能穷尽者也。"又引《文诀》曰:"阵势之奇,能聚能散,能散能聚,聚而散,一如鸟云之倏聚倏散,忽离忽合,令人测之而无从。""以为散矣,然而不尽散也,其合之机势已变化于人之难识;以为合矣,然而不尽合也,其散之权衡已变化于人之不知。"

⑤善哉:朱墉引《开宗》曰:"此言待敌人追兵之法。"朱墉《全旨》曰:

"此章见以贫敌富，以寡敌众，粮食匮乏而又无所掠，惟亟去之勿留。若恐其失途，必用货赂敌使，而秘密委曲以求通。若敌人知我有伏，不以大军追，先分队逾水而来，则当设冲阵，伏兵强弩并发，而鸟云之阵为之备。及大军尽渡，伏兵车骑合并冲击，其将可走。大抵用兵之要，必置冲阵，便兵所处，分为鸟云。鸟散云合，变化无穷。二者乃兵家第一要法也。"孔德骐说："《鸟云泽兵》阐述横渡河川作战的原则和方法。春秋战国以来，随着战争规模和战场范围的扩大，以及舟船制造业的发展，横渡江河湖泊作战是常有的事。公元前638年宋楚泓水之战，前478年越王勾践战胜吴王夫差的笠泽之战，都是比较有名的渡水作战。江河是天然的屏障，'逾水击之，则不能前；欲久其日，则粮食少'，造成物资补给困难，使部队的机动受到限制。根据这些特点，在作战指导上强调以下几点：第一，诈敌。在器械不全、补给困难时，可'索便诈敌而亟去之，设伏兵于后'。就是寻找适当战机，设法欺诈敌人，以便使自己赶快离开此地，脱离险区。为了击败追来之敌，可在后边设伏兵，一旦敌人追来，即可将其歼灭。第二，诱敌。敌人不受我诈，继续对我追击，可采取丢弃金银财物，诱敌产生贪财之心，然后乘机歼敌。第三，以'鸟云之阵'歼敌。敌怕中我埋伏，大军不敢渡水，若派先遣队渡水攻我时，要令主攻部队预备队和伏兵密切配合，待其渡水分队引渡时，再向敌人发起攻击。此时，敌大军很可能向前跟进，我若发伏兵和预备队袭其左右，敌人必败无疑。公元前506年的吴楚柏举之战，吴军以水路攻楚，在淮汭（今河南潢川西北）登陆后，进至预章，隔汉水与楚军对峙。楚以囊瓦、沈尹戌率军渡过汉水，连战失利，被迫与吴军在柏举交战。吴军夫概率所部五千人击败囊瓦军，楚军大乱。吴军出击，乘胜追至清发（水名，今湖北汉川境涢水），于楚军半渡时突击，楚军大败，吴军进而攻占楚都郢（今湖北江陵）。"

【译文】

武王又问："敌人知道我军设有伏兵，大军不肯渡河，另外派出了一支小分队过河与我交战，我军十分恐慌，在这种情况下该怎么办？"

太公答道："碰到这种情况，就要在军中编成若干四武冲阵，让其在便于作战的地方驻扎，等敌人全部渡河之后，让我军伏兵发起进攻，快速攻击敌人的后部，拿着强弩的步兵在两旁射击敌人的左右两侧。将战车、骑兵编成鸟云之阵，在前后防备敌人，全军快速投入战斗。敌人见我军与他们的小分队交战，他们的大军必定渡河前来救援，这时让我们的伏兵发起进攻，快速攻击敌军的后部，让战车、骑兵冲击敌人的左右两侧。此时敌人即使人数众多，他们的主将也会逃跑。大凡用兵的要则，在于与敌人对阵交战前，必须设置若干四武冲阵，让其在便于作战的地方驻扎，然后把战车、骑兵编成鸟云之阵，这是用兵出奇制胜的良策。所谓鸟云之阵名称的由来，在于它像鸟的来去飞翔与云的聚拢开合一样变化无穷。"

武王说："您讲得真好啊！"

少众第四十九

武王问太公曰："吾欲以少击众，以弱击强，为之奈何①？"

太公曰："以少击众者，必以日之暮，伏于深草②，要之隘路，以弱击强者，必得大国之与，邻国之助③。"

【注释】

①"吾欲以少击众"三句：施子美曰："众寡强弱，势不相敌，然寡或可以胜众，弱或可以胜强，兹又不可不求其所以然。《三略》有

曰:'以寡胜众,以弱胜强。'则众与强或不足恃,安得武王不以是而为问?"《中国历代军事思想》指出《六韬》的战争指导思想,"一般未超出前人的成就。稍有发展的有二点:一是强调集中统一,说'凡兵之道,莫过于一'。'一'指军权、兵力集中,指挥、行动统一。这和战国后期战争规模大,兵力、兵种多,情况更复杂多变等形势是适应的。二是比较重视'以少击众,以弱击强'的研究。除专有一篇《少众》外,还在论述各种战法时,多次提到这一问题。在战略上,它的主要论点是'得大国之与、邻国之助'等。这也是战国时期'连横'、'合纵'等外交战略盛行的反映。"

②必以日之暮,伏于深草:施子美曰:"昔者庞涓以全魏之师而败于孙膑之万弩,此以寡胜众也。然非马陵道隘、庞涓暮至,则孙膑之谋亦无所施。"朱墉引《大全》曰:"日暮伏深草,如孙膑日暮伏兵马陵破庞涓是也。"又,《太平御览》卷三一三引《六韬》"必以日之暮"句下有"以众击众,必以日之早"两句,卷三五七引《太公六韬》则此句下有"人操炬火,合则灭之,或鼓呼而行,或衔枚而止"四句。

③必得大国之与,邻国之助:与,帮助。施子美曰:"昔者楚子伐郑,而楚师夜遁,是岂郑强而楚弱耶? 必得大国之与、邻国之助也。《春秋》书荆伐郑,继之以公会齐人,宋人救郑子,此以弱胜强者,必藉人之力也。"朱墉引《大全》曰:"大国与助,如班超因乌孙力,卒降西城龟兹诸国是也。"又,大国之与,底本原作"大国而与",误。据《武经七书直解》本改。

【译文】

武王问太公道:"我想以少击众,以弱击强,该怎么办呢?"

太公答道:"若想做到以少击众,一定要在黄昏天黑的时候,埋伏于茂密的草丛,在险要的道路上拦截敌军;若想做到以弱击强,一定要得到大国的支持与邻国的帮助。"

武王曰：“我无深草，又无隘路。敌人已至，不适日暮，我无大国之与，又无邻国之助，为之奈何？”

太公曰：“妄张诈诱，以荧惑其将①；迂其道，令过深草；远其路，令会日暮②。前行未渡水，后行未及舍，发我伏兵，疾击其左右，车骑扰乱其前后。敌人虽众，其将可走。事大国之君，下邻国之士，厚其币，卑其辞，如此则得大国之与，邻国之助矣！”

武王曰：“善哉③！”

【注释】

①荧惑：原为火星名，这里是迷惑、眩惑的意思。

②暮：底本原作“路”，误。据《武经七书直解》本改。

③善哉：朱墉引《开宗》曰：“此言以少弱击强众之法。”朱墉《全旨》曰：“此章见少可以击众，惟出奇致敌，要之以险隘之间，弱可以击强，惟事大交邻，得之于援助之力。”孔德骐说：“‘奇’与‘正’，在古代兵法中是相辅相成的两种用兵方法。一般说来，‘正’是指用兵的常法，反映着战争指导的一般规律；‘奇’是指用兵的变法，反映着战争指导的特殊规律。在作战双方中，弱、寡、劣的一方，尤其需要用‘奇’。《少众》阐述的就是这一用兵方法。‘以少击众’，通常情况下要充分利用所能利用的天时、地利条件，以弥补自己力量的不足，使众多的敌人遭到出其不意的打击。例如，利用夜暗、草丛、森林等条件，采取伏击、截击等战法歼灭敌人。公元前353年、341年的齐魏桂陵、马陵之战，就是著名军事家孙膑用伏击战战法，以少击众战胜魏将庞涓的典型战例。如果从战略的高度看，那就要争取大国、邻国的支持和援助，以弥补自己力量的不足。例如，战国后期的秦赵长平之战，就是一例。当

时赵国由于长期战争,国力削弱,秦国乘机步步进逼,于公元前258年又进攻赵国首都邯郸(今河北邯郸)。城内民困兵竭,形势危急。在这种形势下,赵军除了在军事上采取坚守待援的积极防御战略外,惠文王的弟弟赵胜,多次遣使向相邻的魏国告急,又亲率门客毛遂等人往楚国求援。不久,楚、魏兵至,遂解邯郸之围。最后,终于以赵国取胜结束战争。"

【译文】

武王又问:"如果我军所处之地既没有茂密的草丛,也没有险要的道路。敌人已经来到,时间又正好不是在黄昏天黑的时候。我军既无大国的支持,又无邻国的帮助,该怎么办呢?"

太公答道:"应该用虚张声势、诈骗引诱的手段来迷惑敌将;诱使敌人迂回前进,让他们经过茂密的草丛;诱使敌人绕路前进,让他们在黄昏天黑的时候与我军相遇交战。敌人的先头部队还没有全部渡过河,殿后部队还没有来得及安营住宿,就命令我军的伏兵发起进攻,快速攻击敌人的左右两翼,用战车、骑兵扰乱敌军的前后两部。敌人即使人数众多,他们的敌将也会战败逃走。敬奉大国国君,结交邻国贤士,多给他们奉送金钱,言辞谦卑恭顺。这样做,定能得到大国的支持与邻国的帮助!"

武王说:"您讲得真好啊!"

分险第五十

武王问太公曰:"引兵深入诸侯之地,与敌人相遇于险厄之中。吾左山而右水,敌右山而左水,与我分险相拒。吾欲以守则固,以战则胜,为之奈何①?"

太公曰:"处山之左,急备山之右;处山之右,急备山之左。险有大水，无舟楫者，以天潢济吾三军^②；已济者，亟广吾道，以便战所。以武冲为前后，列其强弩，令行陈皆固。衢道谷口，以武冲绝之，高置旌旗，是谓车城^③。凡险战之法，以武冲为前，大橹为卫，材士强弩翼吾左右。三千人为屯，必置冲陈，便兵所处。左军以左，右军以右，中军以中，并攻而前。已战者还归屯所，更战更息，必胜乃已^④。"

武王曰："善哉^⑤！"

【注释】

①"吾欲以守则固"三句：施子美曰："昔晋楚泜水之役，阳处父与子尚，分泜水而守。阳处父退舍，而子尚亦退舍，此则分险而守，各求所以为便利，而不敢轻动也。分险拒，其难如此。如欲守则固、战则胜，可不求其所以为之术？"

②天潢：渡河工具名，指浮桥、木筏等。

③车城：指用连接战车的方式构筑起来的营寨。《武经七书直解》本"车"作"军"。

④"已战者还归屯所"三句：朱墉引《大全》曰："相战惟务图胜，更战更息者，一则劳倦敌军，一则休佚吾军。用兵如此，自然要胜人，所以说个必胜。"朱墉《全旨》曰："此章山水之险不同，皆当预备器具，武冲大橹，以为之防卫，材勇强弩以为之蔽翼，则三军有所恃而协力并攻，期于必胜，则分险不足虑矣。"

⑤善哉：孔德骐说："《分险》阐述在山水等各种险要地形上取胜的战法。孙子说'夫地形者，兵之助也'，说明地形在战争中有重要作用。这里所讲的'险'，主要指山、水等天然屏障。然而，山险、水险交错在一起，给作战带来更加复杂的情况。善用兵者，可能利用得好而取胜；不善用兵者，利用得不好则可能失败。'吾左

山而右水,敌右山而左水,与我分险相拒。'这是指敌对双方以山、水为险阻,形成相持状态。此种情况下的作战指导,要注意两点:第一、加强警戒。'处山之左,急备山之右;处山之右,急备山之左',也就是说,若占领山的右侧,必须戒备山的左侧,以防被敌人包围;若占领山的左侧,同样也必须戒备山的右侧。只有这样,才能不给敌人以可乘之机。第二、发起进攻的方式,可取水路,也可取山路。水路进攻的兵力配置,如果没有船只,可用'门舟'、'飞江'等渡水工具引渡,将武冲戎车配置在前后,以材士强弩为正面固守阵地,其他道路都要用戎车阻绝。同时还要在阵地高树旌旗,建立起桥头阵地,以掩护主力部队进行突击。如由山路进攻,兵力配置要以武冲戎车为前导,大楯戎车为后卫,材士强弩配在左右翼,以步兵为主力从正面进攻。战斗时,'左军以左,右军以右,中军以中,合攻而前'。如果战斗不能很快结束,还可采取'更战更息'的办法,轮番进攻,轮番休息,也是可以取得胜利的。"

【译文】

武王问太公道:"率领军队深入敌国作战,与敌人在险要狭隘的地方相遇。我军左边靠山右边临水,敌人右边靠山左边临水,与我军分别占据险要的地形相互对峙。在这种情况下,我想做到采取守势就能坚不可摧,与敌作战就能取胜,该怎么做呢?"

太公答道:"占据了大山的左侧,就要迅速戒备大山的右侧;占据了大山的右侧,就要迅速戒备大山的左侧;险要的地形中如果有大河,而我军没有渡河的船只,就用天潢把全军渡过河;已经过了河,就要赶快拓宽道路,使我军能在有利的地形作战。用武冲大扶胥战车部署在大军的前后,同时配置强弩,使我军阵势坚不可摧。交通要道和能通行的山谷出入口,都要用武冲大扶胥战车封堵阻断,高高地树立起旌旗,这种御敌方式可称之为'车城'。大凡在险要地形作战的方法,是把武冲大扶胥战车部署在部队的前面,用武翼大橹矛戟扶胥战车担任后卫,让有作战本领的士卒拿着强弩防护我军左右两翼。每三千人为一屯,一定要编成四武冲阵,使我军能在有利的地形作战。左军在左侧作战,右军在右侧作战,中军在中路作战,全军一齐向前进攻。部队完成作战任务后就返回驻地,各军轮番作战,轮番休息,一定要到战胜敌人后才停止战斗。"

武王说:"您讲得真好啊!"

犬韬

【题解】

《犬韬》为《六韬》全书的第六部分,共由以下十篇组成:

《分合第五十一》,论述了各支部队在预定的时间、地点准时会合的方法,提出了"先期至者赏,后期至者斩"的纪律要求。

《武锋第五十二》,论述了"十四变",即十四种必须紧紧抓住的打击敌人的有利战机。"十四变"与《吴子·料敌篇》所述"十三可击"内容近似。

《练士第五十三》,论述了根据品质、性格、才艺、出身、经历等挑选士卒,以及把特质相近的士卒编成一队的方法。挑选出来的士卒类型有以下十一种:冒刃之士、陷阵之士、勇锐之士、勇力之士、冠兵之士、死斗之士、敢死之士、励钝之士、必死之士、幸用之士、待命之士。

《教战第五十四》,论述了由简到繁、由点到面的军事训练方法,其内容与《尉缭子·勒卒令》、《吴子·治兵篇》所述近似。

《均兵第五十五》,先是指出了车兵、骑兵的作战性能,即"车者,军之羽翼也,所以陷坚陈,要强敌,遮走北也;骑者,军之伺候也,所以踵败军,绝粮道,击便寇也"。继而论述了在平坦与险隘两种不同地形上车兵、骑兵较之于步兵的作战能力。最后论述了车兵、骑兵的编制及其在平坦与险隘两种不同地形上所应采用的不同阵法。

　　《武车士第五十六》和《武骑士第五十七》,论述了战车兵和骑兵的挑选标准,其要求包括年龄、身高、身体素质、军事素养等,认为对战车兵和骑兵在待遇上"不可不厚",表现出对入选标准较高的战车兵和骑兵的重视。

　　《战车第五十八》,首先分别指出了步兵、战车、骑兵的不同作战特点,即"步贵知变动,车贵知地形,骑贵知别径奇道,三军同名而异用也"。其次,一一论述了战车作战的十种"死地"与八种"胜地",认为将领只有清楚"十害"与"八胜"的各种情况,才能取得作战胜利。

　　《战骑第五十九》,一一论述了骑兵作战的"十胜"(实际上只论了"八胜")与"九败",指出"十胜"是骑兵作战取胜的战机,"九败"则被明智的将领所规避。

　　《战步第六十》,首先论述了一般情况下步兵与战车、骑兵的作战方法,指出步兵要依托山陵险阻,坚守有利地形,灵活配置长短兵器、轮番战斗轮番休息等。其次论述了没有山陵险阻可依托的情况下步兵与战车、骑兵的作战方法,指出要布好四武冲阵阵形,设置障碍物,挖掘环形壕沟,构筑防御工事,材士强弩防守两翼等。

分合第五十一

　　武王问太公曰:"王者帅师,三军分为数处,将欲期会合战①,约誓赏罚②,为之奈何?"

　　太公曰:"凡用兵之法,三军之众,必有分合之变③。其大将先定战地、战日,然后移檄书与诸将吏④,期攻城围邑,各会其所,明告战日,漏刻有时⑤。大将设营而陈,立表辕门⑥,清道而待。诸将吏至者,校其先后,先期至者赏,后期至者斩。如此则远近奔集,三军俱至,并力合战⑦。"

【注释】

①合战:指将各支部队在预定的时间、地点会合起来,合力对敌作战。

②约誓:朱墉《直解》曰:"约誓,与三军约为盟誓也。"誓,出征前告诫将士,表示决心。

③"凡用兵之法"三句:意谓大凡用兵打仗的方法,表现在指挥全军众多官兵作战,必定要有分散兵力或集中兵力的变化。分合,指兵力的分散与集中。施子美曰:"分不分为糜军,聚不聚为孤旅,分合之变,兵之大要也。故孙子云分合为变,而太宗与卫公答问,亦以分聚通宜为言,是则分合之变,不可不明。"朱墉引《大全》曰:"分合之变,一'变'字当看。若只一分一合,谁人不能?所谓变者,分中之合,合中之分,分而不分,合而不合,人揣摩不得,指定不得也。"

④檄书:古代用来征召、声讨的文书。

⑤漏刻有时:指规定好各部队具体到达的时间。漏刻,也称"漏壶",古代利用滴水多少来计算时间的一种仪器。

⑥立表辕门:指在军营正门树立标杆,观察日影以计算时间。表,古代测量日影、定时刻的标杆。辕门,指军营的正门,因在军营出入之处,仰起两车,车辕相向以表示门,故称。

⑦"如此则远远近近奔集"三句:意谓这样无论是路远的还是路近的部队都会快速前来会合,全军都能到达作战地点,合力作战。朱墉引《开宗》曰:"此言三军既分而又合战之法。"朱墉《全旨》曰:"此章分合与他处不同。他章俱重分布,此又以合为主,盖三军之众有分有合,变化不常,苟非主将赏罚明信,则诸将士无所劝惩,孰肯应期而至,同心协力以克敌哉?"孔德骐说:"《分合》一篇阐述出师前部队由出发到集中的原则和方法,也就是所谓约期会战的作战原则。部队平时分驻各地,战时则应集中,这叫做有分有

合。要把分散在各地的军队集合在一起,首先必须确定会师的时间和地点,然后再以下达命令的形式通知诸将。'时'、'地'观念的重要性,《孙子兵法·虚实篇》说过:'知战之日,知战之地,千里而战。不知战之日,不知战之地,则前不能救后,后不能救前,左不能救右,右不能救左。'这说明时间、地点对军队来说多么重要。遵守时间,赢得时间,就是胜利;延误了时间,就可能遭到失败。所以,军队平时必须通过训练,养成严格遵守时间的观念。当时没有今天这样先进的计时工具,而是用'漏'测定时间,用'立表'、'树辕'的办法记录各部队到达集中地域的先后。尽管这样计算时间远没有今天准确,但对遵守时间的要求还是很严格的。按规定时间到达集合地的予以奖赏,不按时间到达的要重罚。只有这样,军队才能养成严格遵守时间的观念,战时才能完成任务。"黄朴民说:"本篇论述的是集结军队、约期会战的制度和方法。部队平时分驻各地,战时则应集结起来,这就是分合。作者认为,要将分散在各地的军队集结起来,大将必须首先确定会师的地点和时间,然后再通知所属各部将领。由于在战争中时间就是生命,时间就是胜利。遵守时间,赢得时间,就会赢得胜利。延误时间,就可能贻误战机,导致失利。因此,只有严格时间观念,才能完成战斗任务。正是因为这样,本篇认为应严格军纪,强调'先期至者赏,后期至者斩'的原则,对于按时到达集结地的,要给予奖赏;不能按时到达指定位置的,予以惩罚。"

【译文】

武王问太公道:"君王率军出征,三军分别驻扎在不同地方,准备要约定日期以集中各部协同作战,向全军申明盟誓,严格赏罚,该怎么做呢?"

太公答道:"大凡用兵打仗的方法,表现在指挥全军众多官兵作战,必定要有分散兵力或集中兵力的变化。主将要预先确定作战的地点与日期,然后将作战文书传送各部队的将领,部署围攻城邑的作战任务,确定各部队会合的地点,明确告知作战的日期,规定好各部队具体到达的时间。主将筑好营垒,布好阵势,在军营正门竖立好测量时间的标杆,清理出通道,等待各部队到达。对于已经到达的各部队将官,要核实他们是早于还是晚于规定时间到达,早于规定时间到达的就奖赏,晚于规定时间到达的就处斩。这样,无论是路远的还是路近的部队都会快速前来会合,全军都能到达作战地点,合力作战。”

武锋第五十二

　　武王问太公曰:“凡用兵之要,必有武车、骁骑、驰陈选锋①,见可则击之。如何则可击?”

　　太公曰:“夫欲击者,当审察敌人十四变②。变见则击之,敌人必败。”

　　武王曰:“十四变可得闻乎?”

　　太公曰:“敌人新集可击③,人马未食可击④,天时不顺可击⑤,地形未得可击⑥,奔走可击⑦,不戒可击⑧,疲劳可击⑨,将离士卒可击⑩,涉长路可击⑪,济水可击⑫,不暇可击⑬,阻难狭路可击⑭,乱行可击⑮,心怖可击⑯。”

【注释】

　　①驰陈选锋:指冲锋陷阵的勇士。

　　②当审察敌人十四变:朱墉引《大全》曰:“十四项俱是敌人可击之变。审察者,要我不可失其可击而反为敌击之也,总是见可而进之意。”又引方氏曰:“十四变中那一件不是虚处,人若遇此好机

会不可错过了，错过便追悔无及。"又引《合参》曰："十四变非是要件件皆备，只是察得敌有一变便击之勿失耳。审者，反覆思维；察者，精详体验。变自敌生，审察在我，乘瑕抵隙，机不可失。"又引《拟题镜》曰："此是要毋自恃其武车、骁骑、驰阵，以失敌人之可击。"又引许氏曰："用兵不徒恃其能修己之备，而贵乎有观人之明；亦不贵乎倡勇敢之锋，而恃其有相敌之智。""智者自居于静而不失敌之动，自居于安而不失敌之危，于以乘间捣虚，当有莫御之势。""兵之不能乘胜者，以无变之可乘耳，亦非敌之终无变也，以敌有变而我不能察之耳。""不必十四变并见于一时，而一变偶生，正启我以易乘之会。不必其审数变于一日，而或窥一变皆开我以轻取之机。此而犹得以观望不前乎？犹得以疑惧不进乎？"

③敌人新集可击：施子美曰："新集可击，此则因其始至而击之也。陈庆之克魏也，尝以未集而胜之矣。"

④人马未食可击：施子美曰："人马未食可击，则因其未修备而击之也。光弼之伺其方饭以击贼是也。"

⑤天时不顺可击：施子美曰："天时不顺，则违天时者也，故可击。吴方得岁，苻坚欲伐之，所以败也。"

⑥地形未得可击：施子美曰："地形未得，此则失地利也者，故可击。宝泰依山未列，周文帝所以克之也。"

⑦奔走可击：施子美曰："奔走则师无统者也，故可击。北戎遇覆而奔，所以为郑所败也。"

⑧不戒可击：施子美曰："不戒则无备者也，故可击。李靖之讨萧铣，以其无备也。"

⑨疲劳可击：施子美曰："疲劳则倦，故可击。周访击杜曾，以其彼劳我逸也。"

⑩将离士卒可击：施子美曰："将离士卒则所守不固，故可击。刘裕

去关，令其子守，所以狼狈而归。"

⑪涉长路可击：施子美曰："涉长路则人困，故可击。高欢数日行八九百里，所以为周文帝所克。"

⑫济水可击：施子美曰："济水则可邀而击之，此韩信所以克龙且也。"

⑬不暇可击：不暇，忙乱不定。施子美曰："不暇则人烦，故可击。此贺若弼之平陈，所以欲彼出我入以烦之。"

⑭阻难狭路可击：施子美曰："阻难狭路则厄塞之地也，故可击。马陵道隘，孙膑所以克庞涓。"

⑮乱行可击：施子美曰："乱行则无统，故可击。乱次以济，楚人所以败于罗。"

⑯心怖可击：施子美曰："心怖则多疑，故可击。见八公山草木皆人形，秦师所以败于晋。"朱墉引《开宗》曰："此言审变击敌之法。"朱墉《全旨》曰："此章见可击之道，当乘其虚，所谓攻瑕则坚者亦瑕矣。"又曰："敌蹈覆辙，还为我鉴。一或不慎，变态斯须，彼得以乘我矣。然其至要总不越于无犯进止之节。《吴子》论敌必可击之道，与此大同小异。"按，自"敌人新集可击"至此，所述与《吴子·料敌篇》内容近似。《吴子·料敌篇》作："敌人远来新至，行列未定，可击；既食未设备，可击；奔走，可击；勤劳，可击；未得地利，可击；失时不从，可击；涉长道，后行未息，可击；涉水半渡，可击；险道狭路，可击；旌旗乱动，可击；阵数移动，可击；将离士卒，可击；心怖，可击。"孔德骐说："《武锋》一篇，主要阐述如何掌握和创造良好战机，以使战争致胜的问题。战史说明，在车战时代，由于战车笨重，行动不变，机动性差，因而战机对战斗胜负的影响不是很大。到春秋战国时，车战渐衰，而步、骑新兵种的出现，使部队的机动性大大增强，所以战机问题开始突出起来。在这一篇中，不仅提到'武车（车兵）'，而且还有'骁骑（骑兵）'、'选

锋(优秀步兵)',从而使机动作战成为可能。本篇中所述'十四变',就是指十四种战机,同《孙子兵法》讲争取先机之利意同,可以说是孙子机动作战思想的发挥和具体化,也是孙子所说'兵者,诡道也'这一观点的生动体现。本篇所论战机,归纳起来主要有两种情况:第一、以乘虚袭击取胜。强调利用'敌人新集'、'人马未食'、'天时不顺'、'地形未得'、'疲劳'、'不戒'、'将离士卒'等时机乘机袭击敌人,这就是《孙子》所说的'攻其无备,出其不意'的作战指导原则。其中有利用敌方弱点的,也有靠发挥己方主观能动性的,其实质为抓住战机,集中兵力,击其虚弱。例如,公元前 684 年的齐鲁长勺(今山东莱芜东北)之战,即属'疲劳可击'的战例。……第二、力求运动中歼敌。诸如敌人在'奔走'、'不暇'、'乱行'、'心怖'、'涉长路'、'济水'、'阻难狭路'等情况下,都有立足未稳问题。这几种情况同《孙子兵法》的《行军篇》《地形篇》所讲的情况相似。当出现这类对敌不利而对己有利的情况时,果断地进行侧翼攻击,或采用迂回包围战法,即可取胜。例如,公元前 634 年晋楚城濮之战,晋军首先突击楚军的右翼,击溃其一部;接着晋军又佯退,诱使楚军左翼追击,然后再回头夹攻,又击溃其一部;再迫使其中间主力后退,从而击溃楚军全部。再如,公元前 341 年,齐国孙膑以'减灶'之计诱敌追击,自己在马陵(今河南范县)待机破敌,也是打敌立足未稳而致胜的。这都是属于'奔走可击'和'阻难狭路可击'的战例。总之,创造和捕捉战机,是指挥员主观能动性的集中表现。战争的胜负并不完全由兵力强弱来决定。兵力弱的一方,如果主观能动性发挥得好,弱可以胜强,寡可以击众,劣可以胜优,其中战机选择和创造得好坏,有重要作用。战场情况是千变万化的,有利战机稍纵即逝,关键看战争的指导者能否随机应变,审时度势,把战争引向胜利。"刘庆在《〈六韬〉与齐国兵学》一文中指出《六韬》的"十四变","其内容系由《吴子·料敌》的'十三可击'演变而来。但《六韬》的'十四变'与《发启》篇中'吾观其野,草菅胜谷。吾观其众,斜曲直直。吾观其吏,暴虐残贼'的'三观'之法是密切相关的,二者构成了由微观到宏观,从战术到战略的不同层次的战机征候体系,在理论构成上比前人要严密"。

【译文】

武王问太公道:"大凡用兵打仗的要则,在于必定要有威武的战车、勇猛的骑兵以及敢于冲锋陷阵的精兵,发现有利战机就向敌人发起攻击。问题是怎样才能抓住有利战机呢?"

太公答道:"想要打击敌人,就应当慎重地察明敌人的十四种变化。一旦变化显露就发动攻击,敌人必定失败。"

武王问道:"您能把十四种变化的情况说给我听听吗?"

太公答道:"敌人刚刚集结时可以出击,敌人人马未食时可以出击,气候、季节对敌不利时可以出击,敌人未占据有利地形时可以出击,敌人仓皇奔跑时可以出击,敌人没有防备时可以出击,敌人疲惫不堪时可以出击,敌将离开士卒时可以出击,敌人跋涉长路时可以出击,敌人渡河时可以出击,敌人忙乱不定时可以出击,敌人走在艰险狭窄的路上时可以出击,敌人行列散乱时可以出击,敌人心慌胆怯时可以出击。"

练士第五十三

武王问太公曰:"练士之道奈何①?"

太公曰:"军中有大勇、敢死、乐伤者②,聚为一卒③,名曰冒刃之士④;有锐气壮勇强暴者⑤,聚为一卒,名曰陷陈之士⑥;有奇表长剑、接武齐列者⑦,聚为一卒,名曰勇锐之士;有拔距伸钩、强梁多力、溃破金鼓、绝灭旌旗者⑧,聚为一卒,名曰勇力之士;有逾高绝远、轻足善走者,聚为一卒,名曰冠兵之士⑨;有王臣失势,欲复见功者,聚为一卒,名曰死斗之士⑩;有死将之人子弟,欲为其将报仇者,聚为一卒,名曰敢死之士;有赘婿人虏⑪,欲掩迹扬名者⑫,聚为一卒,名曰励钝之士⑬;有贫穷愤怒,欲快其心者,聚为一卒,名曰必死之士⑭;有胥靡免罪之人⑮,欲逃其耻者,聚为一卒,名曰倖用之士⑰;有材技兼人,能负重致远者,聚为一卒,名曰待命之士。此军之服习,不可不察也⑱。"

【注释】

①练士之道奈何:意谓从军中挑选出各种类型的士兵,有什么办法吗?练士之道,指挑选士卒的方法。练,通"拣",选择,挑选。施子美曰:"霍去病所以每战皆克者,以其所将常选也。余公理所以不能成功者,以其所驱市人也。惟练而用之,则所战无不克矣,此武王所以问也。"朱墉引《大全》曰:"练士而言道,便有分别区处,因至情而用微权之意在其中。"又引《新宗》曰:"练士者,因其士之自锐处而用之,故谓之练士。不可不察者,要晓得某士则为某用,若此能为彼用,则不得其力矣。要之不过因材器使之意。"又,练,《太平御览》卷四三七引《太公六韬》作"陈"。

②大勇:《武经七书直解》本作"大勇力"。

③卒:古代军队编制,一百人为一卒。

④冒刃之士:指不畏强敌、勇于冒险的士卒。刘寅曰:"冒刃者,冒敌之刃而不畏也。"

⑤有锐气壮勇强暴者:《太平御览》卷四三七引《太公六韬》作"有大勇暴强者"。

⑥陷陈之士:刘寅曰:"陷阵者,陷敌之阵而不惧也。"

⑦奇表长剑：外表奇异，手持长剑，以示心怀与众不同的志向。屈原在《九章·涉江》中写道："带长铗之陆离兮，冠切云之崔嵬。"以示自己怀有远大的理想。接武齐列：步伐稳健，队列整齐。接武，原指后列踏着前列的足迹，这里是步伐稳健的意思。武，足迹。

⑧有拔距伸钩、强梁多力、溃破金鼓、绝灭旌旗者：军中有臂力过人、强横凶悍、捣破敌人金鼓、拔下敌人旌旗的士卒。拔距，亦作"拔拒"，比腕力。一说跳跃，古代的一种练武活动。《汉书·甘延寿传》曰："少以良家子善骑射为羽林，投石拔距绝于等伦，尝超逾羽林亭楼，由是迁为郎。"颜师古注："应劭曰：'投石，以石投人也。拔距，即下超逾羽林亭楼是也。'……师古曰：'投石，应说是也。拔距者，有人连坐相把据地，距以为坚而能拔取之，皆言其有手掣之力。超逾亭楼，又言其矫捷耳，非拔距也。今人犹有拔爪之戏，盖拔距之遗法。'"伸钩，力气很大，能把弯钩拉直。强梁，强横，凶悍。溃破金鼓，指攻下敌军的指挥中心，捣破敌人的金鼓。绝灭旌旗，指攻下敌军指挥中心，拔下敌人的战旗。刘寅曰："拔距，即超距，谓跳跃也。昔甘延寿投石投距，绝于等伦；王翦士卒投石超距，即此义也。或曰：'拔'字，乃'投'字之误也。伸钩，能伸铁钩也。以其强梁而多力，故能溃破敌之金鼓，绝灭敌之旌旗。"又，此句《太平御览》卷四三七引《太公六韬》作"有枝格强良、多力，能溃破金鼓、绝灭旌旗者"。

⑨冠兵之士：指最早投入战斗的士卒。又，冠，《武经七书直解》本作"寇"，刘寅注曰："寇，暴，疾也。"

⑩死斗之士：死斗，拼死战斗。刘寅曰："死斗者，恨其失势，欲死斗立功也。"

⑪赘婿：指就婚、定居于女家的男子。秦汉时赘婿地位等同于奴婢，后世有所改变。《史记·秦始皇本纪》曰："发诸尝逋亡人、赘

婿、贾人略取陆梁地,为桂林、象郡、南海,以適遣戌。"

⑫掩迹:掩盖劣迹。

⑬励钝之士:指消沉的意志得到激励的士卒。钝,指因受挫而意志消沉。

⑭名曰必死之士:《太平御览》卷四六四引《太公六韬》此句下有"辩言巧辞,善毁誉者,名曰飞言之士"。

⑮胥靡:刑徒,囚犯。

⑯逃:弃置,丢掉。

⑰倖用之士:指侥倖得到任用的士卒。

⑱此军之服习,不可不察也:服习,熟悉。施子美曰:"夫含生之类,皆有所欲,人固有以材而欲见用者,亦有以志而欲见用者。吾因其材而用之,则天下之材无或遗。因其志而用之,则天下之志有所伸。曰冒刃之士、曰陷阵之士、曰勇锐之士、曰勇力之士、曰冠兵之士、曰待命之士,凡此者皆其材为可用也。吾则各使聚为一卒以尽其材。曰死斗之士、死愤之士、必死之士、曰励钝之士、倖用之士,此则皆其志欲求用也。吾则各使之聚为一卒以伸其志。有材者以材擢,有志者以志奋,练士之法,无出于此,不可不察也。察之既审,则人皆可用之人矣。其在《吴子》,亦有所谓练锐之说,谓强国之君,必料其民,自有胆勇气力者聚为一卒,以至于弃城去守、欲除其丑者聚为一卒。凡五者皆军之练锐。其与太公所言,殆表里矣。"朱墉引《合参》曰:"一'察'字要重看。十一等,俱军之练士,但须为将者一一深晓某等人以某法用之,否则必致失宜矣。"又引《指南》曰:"此与吴子练锐不同,此重在有一等人,便有一等用,不可混淆。"又引《指归》曰:"此结上文而言。人主用才贵因其性之偏全而区分之,果用之得其当,庶人才不至废弃,而趋事者争先矣。"又引曹氏曰:"流品既分而各见其长,心力复瘁而相动以义,则英能之自效有期,而朝廷之御侮有资矣。"

"练士之自视甚异,必有迫于一日自见之情,而不欲苟安于庸众之内,以冀上之知之而宜之也。素矣,特患上之人不能察之耳。"又引《开宗》曰:"此言练材士之法。于士之中,分别人品,毋混为一,则人人自奋。"朱墉《全旨》曰:"此章见用人当识人之情,因其情而用其所长,随在可以建功。"国英曰:"练士须察时势所趋,风俗所尚,不可拘一定之法。人才有所长即有所短,用人宜取其长弃其短,全在有知人之明。桀傲者则羁縻之,反覆者则驾驭之,然后可皆为我用。"

【译文】

武王问太公道:"从军中挑选出各种类型的士兵,有什么办法吗?"

太公答道:"军中有勇气很大、敢于赴死、不怕受伤的士卒,可把他们编成一队,称之为勇于冒险的士卒;军中有锐意进取、壮硕勇敢、强横凶暴的士卒,可把他们编成一队,称之为冲锋陷阵的士卒;军中有外表奇异、手持长剑、步伐稳健、能保持行列整齐的士卒,可把他们编成一队,称之为勇敢精锐的士卒;军中有臂力过人、强横凶悍、捣破敌人金鼓、夺下敌人旌旗的,可把他们编成一队,称之为勇猛多力的士卒;军中有善爬高城、能走远路、四肢轻便、擅长奔跑的士卒,可把他们编成一队,称之为最早投入战斗的士卒;军中有失势丧权的王公大臣,想要重建功勋,可把他们编成一队,称之为拼死战斗的士卒;军中有阵亡将帅的子弟,想为他们的父兄报仇,可把他们编成一队,称之为不怕死的士卒;军中有上门女婿与做过奴仆的,想要掩盖劣迹、显扬名声的,可把他们编成一队,称之为以受挫来激励自己的士卒;军中有因贫穷而愤怒,想要扬眉吐气、改变处境的,可把他们编成一队,称之为一心赴死的士卒;军中有犯了罪而免于惩处的人,想要洗雪自己的耻辱,可把他们编成一队,称之为侥幸得到任用的士卒;军中有技艺过人,能背负重物长途跋涉的,可把他们编成一队,称之为等待命令的士卒。以上是军中必须熟悉的挑选士兵的方法,不能不清楚了解。"

教战第五十四

武王问太公曰:"合三军之众,欲令士卒服习教战之道奈何①?"

太公曰:"凡领三军,有金鼓之节,所以整齐士众者也②。将必先明告吏士,申之以三令③,以教操兵起居④,旌旗指麾之变法⑤。故教吏士,使一人学战⑥,教成,合之十人⑦;十人学战,教成,合之百人;百人学战,教成,合之千人;千人学战,教成,合之万人;万人学战,教成,合之三军之众;大战之法,教成,合之百万之众⑧。故能成其大兵,立威于天下⑨。"

武王曰:"善哉⑩!"

【注释】

①服习:底本原作"练士",误。据《武经七书直解》本改。

②"凡领三军"三句:意谓大凡率领军队,要使用金鼓这样的指挥工具,它是使士兵动作整齐划一的手段。节,节制,指挥。朱墉引《大全》曰:"闻金声则退,闻鼓声则进,此从来整齐士众之第一法也。若教法不明,即心期向往,不免错乱,亦是无节制之兵。"又,《武经七书直解》本"有"上有"必"字。

③申之以三令:《太平御览》卷二九七引《六韬》作"三令五申"。

④教操兵起居:指教导士卒怎样使用兵器,掌握站立进退等基本动作。

⑤指麾:即指挥。麾,同"挥"。

⑥故教吏士,使一人学战:《太平御览》卷二九七引《六韬》作"令吏士一人学战"。

⑦教成,合之十人:《太平御览》卷二九七引《六韬》无"合之"二字,

下"合之百人"、"合之千人"、"合之万人"、"合之三军之众"同。

⑧合之百万之众：按，自"故教吏士"句至"合之百万之众"，与《尉缭子·勒卒令》、《吴子·治兵篇》所述内容近似。《尉缭子·勒卒令》作："百人而教战，教成，合之千人；千人教成，合之万人；万人教成，会之于三军。三军之众，有分有合，为大战之法。"《吴子·治兵篇》作："故用兵之法，教戒为先。一人学战，教成十人。十人学战，教成百人。百人学战，教成千人。千人学战，教成万人。万人学战，教成三军。"施子美曰："其《吴子》教战之法，自一人学战，教成十人，至于万人学战，教成三军，皆由寡以及众也。其在《尉缭子》教战之法，自百人教战，合之千人，至于万人，教成，合之三军，亦由寡以至众也。教战之法，无出诸此。所以二子之言与太公言，皆一律也。"又，众，《太平御览》卷二九七引《六韬》作"师"。

⑨故能成其大兵，立威于天下：意谓这样就能造就一支强大的军队，扬威天下。朱墉引《新宗》曰："兵家孰不欲震耀寰区，威服四海，然其教未成，必与人争胜负，而为人所抗衡。惟善教战者能使一人学成教十人，以至千百万之众，悉皆旋规折矩，允为节制之师，则天下自不敢摇撼我，而我之威常振而不屈矣。"又引《大全》曰："惟能教战，所以称作'大兵'。大者，天下无敌之谓。说一'立'字，言我不必将威去震耀邻国，只是此威常立在这里，人自不敢窥伺我。"又引《指南》曰："'成'字最重，见得要立威，必定要教。"又引《文诀》曰："教之所由成，又不徒在金鼓进退，旌旗指麾，而在谕之以义方，辑之以和惠，乃是教成第一义。"又，此二句《太平御览》卷二九七引《六韬》作"故能成大功也"。

⑩善哉：朱墉引《开宗》曰："此言教战立威之道。"朱墉《全旨》曰："此章见兵必教而后可用。教则威立，不教则无威。""教虽不能离金鼓旌旗，然教成固能使三军同力，未必能令上下一心，故苟

子曰兵要在于附民。齐之技击不可以遇魏之武卒,魏之武卒不可以遇秦之锐士,秦之锐士不可以当桓文之节制,桓文之节制不可以敌汤武之仁义,顾所用之人何如耳。"孔德骐说:"根据文献记载,早在西周时,军队就有严格的军事训练。《礼记·乐记》说:'武王克殷,散军而郊射,左射狸首,右射驺虞。'春秋时期,儒家孔子传授'六艺',其中有'射'、'御'两项,就是军事课目。到过山东曲阜的都知道,孔庙西侧的'矍相圃',就是当年孔子对其弟子进行军事、体育训练的地方,可以说既是体育场,又是练兵场。《孙子兵法》曾多处提到'练'字,就是指的军事训练,对军事训练的重要性、训练内容和方法都有全面论述。当时晋国的军事训练是比较突出的,不仅设有专管训练的部门,还设有专人分管对国君禁卫队、御者、勇力之士、养马人等的不同训练,甚至还有步、车协同训练。正是由于重视军队的训练,所以晋军战斗力较强,使晋国很快跃入称霸的行列。战国时代,战争规模扩大,次数频繁,铁兵器种类增多,特别是弩机的出现,使军队的编制有了变化,这就需要大量的技术熟练的职业军人,而过去那种'寓兵于农'的军制和军训方法,已经不适应这些变化。在此情况下,军队的训练有了进一步的发展。战国初期(一说春秋末期)成书的《司马法》等兵书,都有军事训练的内容。该书的《严位篇》很像战斗条令,说明军事训练的理论和实践已有很大进步。《六韬》的《练士》和《教战》两篇,对训练的编组、训练内容及方法,阐述得更加完备、系统。"

【译文】

武王问太公道:"集合全军,想让全体战士接受军事训练,掌握军事技能,该怎样进行呢?"

太公答道:"大凡率领军队,要使用金鼓这样的指挥工具,它是使士兵动作整齐划一的手段。主将必须事先明确告诉官兵训练方法,反复讲解,不断训示,教导他们怎样使用兵器,怎样掌握站立进退等基本动作,了解旌旗指挥的号令变化所蕴含的不同信息。训练官兵时,可让一个人先学习训练内容,把他教会以后,再集合十个人一起合练;十个人一起学习训练内容,把他们教会以后,再集合一百人一起合练;一百人一起学习训练内容,把他们教会以后,再集合一千人一起合练;一千人一起学习训练内容,把他们教会以后,再集合一万人一起合练;一万人一起学习训练内容,把他们教会以后,再集合全军一起合练;全军统一进行军事训练,练好了以后,就可以集合百万大军统筹训练。这样就能造就一支强大的军队,扬威天下。"

武王说:"您讲得真好啊!"

均兵第五十五

武王问太公曰:"以车与步卒战,一车当几步卒①？几步卒当一车？以骑与步卒战,一骑当几步卒？几步卒当一骑？以车与骑战,一车当几骑？几骑当一车②?"

太公曰:"车者,军之羽翼也,所以陷坚陈,要强敌,遮走北也③;骑者,军之伺候也,所以踵败军,绝粮道,击便寇也④。故车骑不敌战,则一骑不能当步卒一人⑤。三军之众成陈而相当,则易战之法⑥,一车当步卒八十人,八十人当一车。一骑当步卒八人,八人当一骑。一车当十骑,十骑当一车。险战之法⑦,一车当步卒四十人,四十人当一车。一骑当步卒四人,四人当一骑。一车当六骑,六骑当一车⑧。夫车骑者,军之武兵也⑨。十乘败千人,百乘败万人。十骑败百人,百骑走千人,此其大数也。"

【注释】

①以车与步卒战,一车当几步卒:当,相当,相当于。邵鸿、徐勇说:"《均兵》以及下面的《战车》、《战骑》和《战步》诸篇,或许是《六韬》中最重要的一组讨论战术的文章。其之所以重要,是因为它们是现知中国古代最早研究车、骑、步兵战斗力的数量关系和车、骑、步兵作战基本方法的专文。而在时代最近的其它军事著作中,类似的论述几乎阙如,只有《汉书·晁错传》所引古兵法有与之相近的文字,惜已佚失。正因为《六韬》是现存最早最详尽研究上述问题的著作,其对后代兵书的有关论述影响很大。"

②几骑当一车:施子美曰:"《司马法》有五兵五当之制,是则兵之敌战,皆有所当也,况车、步、骑乎?晁错尝论得地形之说,谓土山丘阜,步兵之地也,车、骑二不当一。平原旷野,车骑之地也,步兵十不当一。是三者通相与战,必有所当,均而用之,得无术乎?此武王以车、步、骑三者所当之数而为问也。"

③"车者"五句:军之羽翼,朱墉《直解》曰:"羽翼者,军之有车,犹鸟之有羽翼,凭之而奋飞也。"朱墉引《大全》曰:"'翼'犹言庇护也。古战法皆言平陆则用车,谓其止则为营,行则能治力也,而未及御敌之法。今言能陷坚阵、要强敌、遮走北,是能战能守,且保三军之无虞,皆自车得来。车战之法,可弗讲乎?"

④"骑者"五句:伺候,指侦察、突击部队。踵,跟随,这里是追击的意思。便寇,指流窜之敌。朱墉引《大全》曰:"伺候犹言探哨也,军中用以飞报敌情至神至速者。谓骑之功踵败军,谓追逐败军也;绝粮道,绝敌粮路也;击便寇,击便利之寇也,皆伺候之事也。"

⑤车骑不敌战,则一骑不能当步卒一人:意谓战车和骑兵没有被投放于合适的环境去作战,那么一个骑兵显示出的战斗力就连一个步兵都不如。朱墉引《大全》曰:"晁错曰:上下山坂,出入溪

洄,中国之马弗如也。险道倾仄,且驰且射,中国之骑弗与也。坚甲利兵,什伍俱前,边外之兵弗能当也。下马地斗,剑戟相接,边外之兵弗能给也。材技各殊,风土亦异,顾用之何如耳。"

⑥易战:指在平坦之地作战。

⑦险战:指在险阻之地作战。

⑧车:底本原作"卒",误。据《武经七书直解》本改。

⑨武兵:指最具威力的兵种。

【译文】

武王问太公道:"用战车与敌人的步兵交战,一辆战车相当于几个步兵?几个步兵相当于一辆战车?用骑兵与敌人的步兵交战,一个骑兵相当于几个步兵?几个步兵相当于一个骑兵?用战车与敌人的骑兵交战,一辆战车相当于几个骑兵?几个骑兵相当于一辆战车?"

太公答道:"战车是军队的翅膀,是用来攻克敌人坚固阵地、拦击强大敌人、阻断逃跑敌人的;骑兵在军中发挥侦察、突击作用,可用来追击逃敌、断绝粮道、打击流窜之敌。所以,如果战车和骑兵没有被投放于合适的环境去作战,那么一个骑兵显示出的战斗力就连一个步兵都不如。如果全军排好阵势,各兵种配合得当,那么在平坦地形作战的法则是:一辆战车相当于八十个步兵,八十个步兵相当于一辆战车。一个骑兵相当于八个步兵,八个步兵相当于一个骑兵。一辆战车相当于十个骑兵,十个骑兵相当于一辆战车。在险要地形作战的法则是:一辆战车相当于四十个步兵,四十个步兵相当于一辆战车。一个骑兵相当于四个步兵,四个步兵相当于一个骑兵。一辆战车相当于六个骑兵,六个骑兵相当于一辆战车。车兵与骑兵,是军队当中最具威力的兵种。十辆战车可以打败千人,百辆战车可以打败万人。十个骑兵可以打败一百个步兵,一百个骑兵可以打败一千个步兵,以上这些都是大概估摸出来的数字。"

武王曰:"车骑之吏数、陈法奈何?"

太公曰:"置车之吏数,五车一长,十车一吏,五十车一率^①,百车一将。易战之法,五车为列,相去四十步,左右十步,队间六十步。险战之法,车必循道,十车为聚^②,二十车为屯,前后相去二十步,左右六步,队间三十六步。五车一长。纵横相去二里,各返故道。置骑之吏数,五骑一长,十骑一吏,百骑一率,二百骑一将。易战之法,五骑为列,前后相去二十步,左右四步,队间五十步。险战者,前后相去十步,左右二步,队间二十五步。三十骑为一屯,六十骑为一辈。十骑一吏^③。纵横相去百步,周环各复故处^④。"

武王曰:"善哉^⑤!"

【注释】

①率:同"帅",主将,将领。

②聚:一种战斗编组单位。下文的"屯"、"辈"都是战斗编组单位。

③十骑一吏:《武经七书直解》本无此四字,疑为衍文。

④周环:周旋,这里是交战的意思。

⑤善哉:朱墉引《开宗》曰:"此言车骑与步卒相当及吏数、阵法,而险易之用各异,为主将者相其宜而参用之可也。"朱墉《全旨》曰:"此章见车、步、骑各有其地,各有其宜,用之当各得其当。吏数有多寡,行阵有疏密,皆为将者不可不详悉也。""用车必识地形,用骑必知奇伏,用步必知变动。制既善,虽一骑足以当一车,十步足以当十骑,况不止一骑十步也。制不善,即百步不能当十骑,十骑不能当一车,况不有百步十骑也。可见古法在人,险战易战,当四当六,当八当十,原不必拘拘也。"

【译文】

武王问道:"战车与骑兵应该配置多少个军官? 应该用什么样的作战方法?"

太公答道:"战车配置的军官数目是:五辆战车可设置一长,十辆战车可设置一吏,五十辆战车可设置一率,一百辆战车可设置一将。在平坦地形作战的法则是:五辆战车可编成一列,每车前后相距四十步,左右相距十步,每队战车相距六十步。在险要地形作战的法则是:每辆战车都必须沿着道路行进,十辆战车可编为一聚,二十辆战车可编为一屯,每辆战车前后相距二十步,左右相距六步,每队战车相隔三十六步。每五辆战车可设置一长。每队活动区域前后左右相隔为二里,战斗结束后各队返回原路。骑兵配置的军官数目是:五个骑兵设置一长,十个骑兵设置一吏,一百个骑兵设置一率,两百个骑兵设置一将。在平坦地形作战的法则是:五个骑兵编成一列,每个骑兵前后相距二十步,左右相距四步,每队相隔五十步。在险要地形作战的法则是:每个骑兵前后相距十步,左右相距两步,每队相隔二十五步。三十个骑兵可编为一屯,六十个骑兵可编为一辈。十个骑兵可设置一吏。作战时每个骑兵前后左右相隔为百步,战斗结束后各自返回原地。"

武王说:"您讲得真好啊!"

武车士第五十六

武王问太公曰:"选车士奈何^①?"

太公曰:"选车士之法,取年四十已下,长七尺五寸已上;走能逐奔马,及驰而乘之^②;前后、左右、上下周旋^③;能缚束旌旗、力能彀八石弩^④,射前后左右皆便习者。名曰武车之士,不可不厚也^⑤。"

【注释】

①车士：乘车作战的武士。

②及驰而乘之：能在战车奔驰时跳上去。

③上下周旋：指动作灵活，上下翻转自如。

④能缚束旌旗、力能彀（gòu）八石弩：力能彀八石弩，力气大到能把八石的强弩拉开。彀，把弓拉满。八石弩，拉力为八石的强弩。石，古代计量单位，一石为 120 斤。周代每斤合今 228.86 克，八石约相当于今 440 斤。又，缚束，《武经七书直解》本作"束缚"。

⑤名曰武车之士，不可不厚也：朱墉引《大全》曰："自古有治人无治法，若用车战而不召车士，何以运此车乎？故必选年壮力强之人，兼驰逐奔马旋转便利者以充之，如此之士正不易得，故须厚之以礼，勿以贱役轻之也。"又引《开宗》曰："此言车战用武士之法。"朱墉《全旨》曰："此章车必待人而用。未得则当选，既得则当厚。""得武士难，驭武士亦不易，故须厚之以礼。"

【译文】

武王问太公道："怎样挑选车兵？"

太公答道："挑选车兵的方法是：要从军中选取年龄在四十岁以下、身高在七尺五寸以上的；跑起来能追上奔马，且能在战车奔驰时跳上去的；身体能做到前后、左右、上下翻转自如的；能够握住旌旗、力气大到能把八石的强弩拉开的；能向前向后向左向右熟练射击的。这些人称为'武车之士'，给他们的待遇不能不丰厚。"

武骑士第五十七

武王问太公曰："选骑士奈何①？"

太公曰："选骑士之法，取年四十已下，长七尺五寸已上；壮健捷疾②，超绝伦等③；能驰骑彀射，前后、左右、周旋进退；越沟堑④，登丘陵，冒险阻⑤，绝大泽；驰强敌⑥，乱大众者。名曰武骑之士，不可不厚也⑦。"

【注释】

①骑士：指骑马作战的武士。

②壮健：《太平御览》卷三〇〇引《六韬》作"材轻"。

③超绝伦等：指身体素质远远超过一般人。又，超绝，《太平御览》卷三〇〇引《六韬》作"力过"。伦等，《武经七书直解》本作"等伦"。

④越：《太平御览》卷三〇〇引《六韬》作"超越"。

⑤登丘陵，冒险阻：《太平御览》卷三〇〇引《六韬》作"驰山陵险阻"。

⑥驰：《太平御览》卷三〇〇引《六韬》作"越"。

⑦名曰武骑之士，不可不厚也：朱墉引《大全》曰："骑士乃是负将材而技勇绝伦者，但以其熟于弓马，故以骑士名之。"又引陈俊卿曰："陛下不忘骑射者，志图恢复耳。能任智谋之士以为腹心，仗武猛之将以为爪牙，则敌人固已逡巡于千里之远，何必区区驰射哉？"又引《开宗》曰："此言骑战用武士之法。"朱墉《全旨》曰："此章见骑士超于等伦，即可养为将材之用，不可多得者也，更当优之以礼貌。"

【译文】

武王问太公道："怎样挑选骑兵？"

太公答道："挑选骑兵的方法是：要从军中选取年龄在四十岁以下，身高在七尺五寸以上的；体格壮健、身手敏捷，素质远远超过一般人的；能在骑马奔驰中张弓射箭，前后、左右、旋转进退都十分自如的；能越过大沟深堑，攀登丘陵山地，深入险阻之地，渡过大河的；能追赶强敌，打乱众敌的。这些人称为'武骑之士'，给他们的待遇不能不丰厚。"

战车第五十八

武王问太公曰:"战车奈何?"

太公曰:"步贵知变动^①,车贵知地形^②,骑贵知别径奇道^③,三军同名而异用也^④,凡车之死地有十,其胜地有八^⑤。"

武王曰:"十死之地奈何?"

太公曰:"往而无以还者,车之死地也;越绝险阻,乘敌远行者,车之竭地也;前易后险者,车之困地也;陷之险阻而难出者,车之绝地也^⑥;圮下渐泽、黑土黏埴者^⑦,车之劳地也;左险右易,上陵仰阪者^⑧,车之逆地也;殷草横亩^⑨,犯历深泽者^⑩,车之拂地也^⑪;车少地易,与步不敌者,车之败地也;后有沟渎,左有深水,右有峻阪者,车之坏地也;日夜霖雨,旬日不止,道路溃陷,前不能进,后不能解者^⑫,车之陷地也。此十者,车之死地也。故拙将之所以见擒,明将之所以能避也^⑬。"

【注释】

①步贵知变动:意谓步兵在作战时贵在懂得如何随机应变。孔德骐说:"'步,贵知变动',说明灵活多变、适应各种情况下作战的能力较强,是步兵作战的特点。步兵在对付车兵、骑兵时,可以充分利用地形、地物,列成营阵,而这恰恰是不利于车兵、骑兵作战的客观因素。同时,步兵装备有矛、戟、弩等长兵器和刀、盾等短兵器,只要兵力兵器配合恰当,占据有利地形,更番战斗,就是遇到再强再多的车兵、骑兵,也可将其击败。即使缺乏有利地

形、地物作依托,敌人车兵、骑兵来攻时,还可以于四周设置拒马和木蒺藜,置牛马队伍于其中,四周设'四武冲阵',再深挖壕沟,建立起坚固的中心基地。另以一部兵力多携带拒马,以车为垒,多设材士强弩,还可筑起能进能退的活动堡垒。在敌军进攻时,活动基地和中心基地相配合,必将敌之车、骑击败。"

②车贵知地形:意谓车兵在作战时贵在懂得如何利用地形。孔德骐说:"'车,贵知地形',一语道破了车兵作战最基本的战术要求。战车的攻击能力依赖于战车的机动性,而战车的机动性又取决于战场的地形条件。因为战车最适合于平原旷野作战,而山林、险隘和沼泽却不利战车威力的发挥。所以,作者特别指出各种地形对车战的影响,这就是所谓'十死之地'和'八胜之地'。"

③骑贵知别径奇道:意谓骑兵在作战时贵在懂得如何抄小路、走捷径。孔德骐说:"'骑,贵知别径奇道',是骑兵作战的特点。骑兵富于机动力和冲击力,所以它能适应各种崎岖不平的地形,并能对敌人进行迂回、奇袭。特别是在需要绕越敌人侧背,切断其后路,袭扰敌后方时,更可发挥骑兵的作用。战国时代,赵国的骑兵可谓骠悍,是驰骋在中原地区的一支劲旅。公元前306年,赵国攻取胡地到榆中(今内蒙古鄂尔多斯黄河北岸),'辟地千里'。次年,赵王亲率右、左、中三路大军攻中山国,连下丹丘、华阳、东垣等地,中山只好献四邑求和。五年后,又攻中山,席卷了北至燕、代、云中、九原的广大地区,不久即灭了中山国,从而成为中原一强国。在这一系列的战争中,骑兵发挥了重要作用。"

④三军同名而异用也:意谓步兵、车兵、骑兵都是军人,但他们的作用是不同的。施子美曰:"兵惟有异制,故亦有异宜。步也、车也、骑也,三者之制异也。步则利于驰逐,故贵知变动。车以阳燥而起,以阴湿而停,故贵知地形。骑所以为军之伺候,故贵知

奇径别道,其所宜不同也。三者虽不同,而同于为兵,故三军同
名。名虽同而用则异,是又不可以其同而不别其宜。此三军之
所以同名而异用也。太宗尝问卫公以车、步、骑三者一法也,其
用在人乎?靖则质之以鱼丽之阵,明以伐狄之事,谓混为一法,
用之在人,故安知吾车果何出?骑果何来?徒果何从?是知车、
步、骑有所异,亦有所同也。"朱墉引《大全》曰:"'同名'者,三军
俱以军名,不可因其名之同而泥夫用也。"又引《合参》曰:"重在
用异上。盖欲为将者通其变而用之,使各当其宜意。"又引《拟题
镜》曰:"自其名而命之俱以军名,自其用而尚之,则不可混淆,惟
各适于用而已矣。"

⑤凡车之死地有十,其胜地有八:地,地形。朱墉引《大全》曰:"十
死者,只是往而不知返,不知地土之险易,阴雨之泥泞,而车无所
用其力,遂败也。八胜者,只是乘敌人行阵未定,我车得以乘势
而陷绝之,遂成也。"《武经七书注译》:"本节中'十死之地'、'八
胜之地'都提到了'地'字,但两处的'地'字的含义不一样。'十
死之地'的'地'主要指'地形','八胜之地'的'地'完全指情况
(处境)。"刘庆在《〈六韬〉与齐国兵学》一文中说:"西周至春秋时
期,车兵是作战的主力,步卒则附属于战车。周景王四年(前
541)晋国大夫魏舒毁车为行,改车战为步战以后,步兵才逐渐成
为战争的主力。骑兵大规模运用于作战,更晚至战国以后。所
以早期兵学著作中主要是谈车兵和步兵技术,很少论及骑兵乃
至诸兵种配合作战问题。战国中后期,车、步、骑兵的战术理论
都已趋于成熟,《吴子》、《孙膑兵法》等书,对此都有论及。但详
细程度则以《六韬》为最。它总结出步兵的'十害'、'八胜',骑兵
的'十胜'、'九败',具体说明'步贵知变动,车贵知地形,骑贵知
别径奇道'(《六韬·战车》)的特点,还进一步指出,各兵种作战
时不能各自为政,要有机配合。"

⑥陷之险阻而难出者,车之绝地也:《通典》卷一五九引《周书阴符》"太公曰"作"容车贯阻,出而无返者,车之患地"。

⑦圮(pǐ)下渐泽:指道路塌毁、积水甚多。圮,毁坏。渐,积水。泽,洼地,池沼。黏埴(zhí):指道路泥泞不堪。埴,黏土。又,此句《通典》卷一五九引《周书阴符》"太公曰"作"深堑黏土"。

⑧上陵仰阪:登山爬坡。陵,土山。阪,山坡。

⑨殷草:殷,茂盛。又,《通典》卷一五九引《周书阴符》"太公曰"作"隐带"。

⑩犯历:越过,渡过。

⑪拂地:指不如人意的地形。拂,逆,不顺利。又,《通典》卷一五九引《周书阴符》"太公曰"作"坏地"。

⑫"旬日不止"四句:《通典》卷一五九引《周书阴符》"太公曰"作"旬月不止,泥淖难前"。

⑬明将之所以能避也:朱墉引《醒宗》曰:"'明'字最重,盖利害生死,无不详悉也。"

【译文】

武王问太公道:"战车作战的情况是怎样的呢?"

太公答道:"步兵在作战时贵在懂得如何随机应变,车兵在作战时贵在懂得如何利用地形,骑兵在作战时贵在懂得如何抄小路、走捷径,步兵、车兵、骑兵都是军人,但他们的作用是不同的。战车作战的地形情况是:必死之地有十种,败敌取胜的情况有八种。"

武王问道:"十种必死地形,情况是怎样的呢?"

太公答道:"可以前往却无法返还的,这是战车的死地;越过险要受阻的地段,追击敌人,长途行军,以致人员困乏,精疲力竭的,这是战车的竭地;前面道路平坦,后面道路险峻的,这是战车的困地;陷入险要受阻的地形却又难以走脱的,这是战车的绝地;道路塌毁、积水甚多,泥泞不堪的,这是战车的劳地;左边地势险峻,右边地势平坦,需要登山爬坡的，这是战车的逆地；茂盛的野草覆盖了辽阔的区域，还有深水要渡过，这是战车的拂地；战车数量少，地势平坦，抵挡不了敌人步兵攻击的，这是战车的败地；后面有沟渠，左面有深水，右面有高坡，这是战车的坏地；大雨日夜下着，多日不停，道路毁坏，向前走不了，向后退不得的，这是战车的陷地。以上十种地形是战车的必死之地。愚蠢的将领不懂得这些，这是他们战败被擒的原因所在；智慧的将领懂得这些，这是他们能够避开必死之地的原因所在。"

武王曰："八胜之地奈何？"

太公曰："敌之前后行陈未定，即陷之①；旌旗扰乱，人马数动，即陷之；士卒或前或后，或左或右，即陷之；陈不坚固，士卒前后相顾，即陷之；前往而疑，后恐而怯，即陷之；三军卒惊，皆薄而起②，即陷之；战于易地，暮不能解③，即陷之；远行而暮舍，三军恐惧，即陷之。此八者，车之胜地也。将明于十害八胜，敌虽围周，千乘万骑，前驱旁驰，万战必胜。"

武王曰："善哉④！"

【注释】

①陷：攻破。

②薄而起：意即轻举妄动。薄，轻易。

③解：解脱，摆脱。

④善哉：朱墉引《开宗》曰："此言车战之死地胜地，以为明将趋避之用。"朱墉《全旨》曰："此言车、步、骑各有利害之地，而先详夫车也，重在将明趋避上。车利于平易而不利于水泽险阻，可以乘乱冲溃，而不可以驰突出奇。明将因地制宜，则有胜而无败矣。"国

英曰:"古人车战所以节兵力之劳,而资粮器械悉载以随,故无饥
疲之患。今多以为不便,遂废此制。余谓车战宜审地利,察敌
情,魏舒毁车为行,是化成法而制胜。房琯陈涛斜之役,是泥古
而致败。善法古者惟在相机而动,斯为上策。"

【译文】

武王问道:"八种败敌取胜的情况是怎样的呢?"

太公答道:"敌人前后的队列还没有整好,遇到这种情况就攻破它;
敌人旌旗杂乱,指挥失当,人马多次调动,遇到这种情况就攻破它;敌人
的士兵行动无序,有的在前面,有的在后面,有的在左边,有的在右边,
遇到这种情况就攻破它;敌人的阵势不稳固,士卒前后相望,心神不定,
遇到这种情况就攻破它;敌人一旦前进就疑虑重重,一旦后退就恐惧胆
怯,遇到这种情况就攻破它;敌人的大军突然受惊,士卒都惊慌失措,行
为失控,遇到这种情况就攻破它;在平坦地形与敌交战,到了傍晚仍未
摆脱敌人,遇到这种情况就攻破它;敌人长途行军,夜晚宿营,全军官兵
恐惧不安,遇到这种情况就攻破它。以上八种情况,是战车败敌取胜之
地。将领清楚了解了以上十种必死之地与八种败敌取胜之地,那么敌
人即使四下包围我军,动用了千辆战车、万名骑兵正面进攻侧面出击,
我军也必能百战百胜。"

武王说:"您讲得真好啊!"

战骑第五十九

武王问太公曰:"战骑奈何?"

太公曰:"骑有十胜九败①。"

武王曰:"十胜奈何?"

太公曰:"敌人始至,行陈未定,前后不属②,陷其前

骑,击其左右,敌人必走;敌人行陈整齐坚固,士卒欲斗,
吾骑翼而勿去③,或驰而往,或驰而来,其疾如风,其暴如
雷,白昼而昏,数更旌旗,变易衣服,其军可克;敌人行陈
不固,士卒不斗,薄其前后④,猎其左右⑤,翼而击之,敌人
必惧;敌人暮欲归舍,三军恐骇,翼其两旁,疾击其后,薄
其垒口,无使得入,敌人必败;敌人无险阻保固,深入长
驱,绝其粮路,敌人必饥;地平而易,四面见敌,车骑陷
之,敌人必乱;敌人奔走,士卒散乱,或翼其两旁,或掩其
前后⑥,其将可擒;敌人暮返,其兵甚众,其行陈必乱,令
我骑十而为队⑦,百而为屯,车五而为聚,十而为群,多设
旌旗,杂以强弩,或击其两旁,或绝其前后,敌将可虏。
此骑之十胜也。"

【注释】

①骑有十胜九败:朱墉引《大全》曰:"不知十胜,则宜胜而不能胜;
　不知九败,则患败而终归于败。亦何取于以骑为战也? 十胜者
　只是乘敌人未定或散乱处,我骑得以驰突前后掩袭,遂胜也。九
　败者只是深入而不知退,追而陷其伏,或险阻隘绝处而骑无所用
　其力,遂败也。"十胜,按,本节以下文字只有八胜,应是脱简
　所致。
②属:连接。
③翼:指从两翼包抄。
④薄:迫近,逼近。
⑤猎:打猎,这里是袭击的意思。
⑥掩:突然袭击,冲杀。
⑦队:一种战斗编组单位。下文的屯、聚、群,也都是战斗编组

单位。

【译文】

武王问太公道:"骑兵作战的情况是怎样的呢?"

太公答道:"骑兵作战有十种取胜的情况和九种失败的情况。"

武王问道:"十种取胜的情况是怎样的呢?"

太公答道:"敌人刚到,队列还没有整好,部队前后衔接不上,遇到这种情况,就打败敌军前面的骑兵,攻击它的左右两侧,这样敌人必定败逃;敌人的行列整齐稳固,士卒斗志昂扬,遇到这种情况,就让我们的骑兵攻击敌人的两翼,不要离开,有的奔驰过去,有的奔驰回来,快如急风,猛如响雷,扬起飞尘,使白天变得如同黑夜,我军屡次更换旌旗,改换衣服,这样敌军就能被打败;敌人的阵势不稳固,士卒缺乏斗志,遇到这种情况,就逼近敌军的前后两方,包抄它的左右两翼,从两翼发起攻击,这样敌人必定因害怕而溃败;敌人到了夜晚想要返回驻地休整,全军官兵惊慌恐惧,遇到这种情况,就从两翼包抄敌人,快速攻击敌军后部,逼近敌人营垒门口,不让敌人进入营地,这样敌人必定失败;敌人没有占据险要地形,无法固守,遇到这种情况,我军就长驱直入,阻断敌人的粮道,这样敌人必定因饥饿而溃败;敌人处于平坦地势,四面都容易受到攻击,遇到这种情况,就用战车、骑兵攻击它,这样敌人必定溃乱;敌人奔走逃跑,士卒散乱无序,遇到这种情况,就命部队有的攻击敌人的两翼,有的从前后冲杀,这样敌人的主将就会被擒获;敌人夜晚返回营地,士卒人数很多,队列必定混乱,遇到这种情况,就命我军骑兵每十人编成一队,每百队编成一屯,同时下令将每五辆战车编成一聚,每十聚战车编成一群,多多设置旗帜,配备强弩,让有的战车、骑兵攻击敌人的两侧,有的从前后加以拦截,这样就能俘获敌军的主将。这些就是骑兵取胜的十种情况。"

武王曰:"九败奈何?"

太公曰："凡以骑陷敌而不能破陈，敌人佯走，以车骑返击我后，此骑之败地也^①；追北逾险，长驱不止，敌人伏我两旁，又绝我后，此骑之围地也；往而无以返，入而无以出，是谓陷于天井，顿于地穴^②，此骑之死地也；所从入者隘，所从出者远，彼弱可以击我强，彼寡可以击我众，此骑之没地也；大涧深谷，翳秽林木^③，此骑之竭地也^④；左右有水，前有大阜，后有高山，三军战于两水之间，敌居表里^⑤，此骑之艰地也；敌人绝我粮道，往而无以返，此骑之困地也；汙下沮泽^⑥，进退渐洳^⑦，此骑之患地也^⑧；左有深沟，右有坑阜^⑨，高下如平地，进退诱敌^⑩，此骑之陷地也^⑪。此九者，骑之死地也。明将之所以远避，暗将之所以陷败也^⑫。"

【注释】

①此骑之败地也：按，以下对"败地"、"围地"、"死地"、"没地"、"竭地"、"艰地"、"困地"、"患地"、"陷地"的叙述，与《孙子兵法·九地篇》所述有交集相合之处。《六韬》此篇围绕"骑兵"立论，集中凸显了对骑兵作战不利的各种地形；而《孙子兵法·九地篇》则未偏顾某一兵种，更具普遍意义。《孙子兵法·九地篇》作："孙子曰：用兵之法：有散地，有轻地，有争地，有交地，有衢地，有重地，有圮地，有围地，有死地。诸侯自战其地者，为散地；入人之地而不深者，为轻地；我得亦利，彼得亦利者，为争地；我可以往，彼可以来者，为交地；诸侯之地三属，先至而得天下之众者，为衢地；入人之地深，背城邑多者，为重地；山林、险阻、沮泽，凡难行之道者，为圮地；所由入者隘，所从归者迂，彼寡可以击吾之众者，为围地；疾战则存，不疾战则亡者，为死地。"

②顿于地穴：顿，困顿。又，此句《通典》卷一五九引《周书阴符》"太

公曰"作"填于地牢"。

③蓊秽林木：蓊秽，指草木茂盛。蓊，草木茂盛的样子。秽，杂草多。又，《通典》卷一五九引《周书阴符》"太公曰"作"蓊秽林草"。

④竭地：指使人马精疲力竭的地形。

⑤敌居表里：指敌人内据山险、外据水要，占据了有利地势。又，《通典》卷一五九引《周书阴符》"太公曰"作"乘敌过邑，是谓表里相合"。

⑥汙(wū)下沮泽：指低洼潮湿、水草很多的沼泽地。汙，通"洿"，积水。下，低下。沮泽，水草丛聚之地。

⑦渐洳(jiān rù)：指低湿之地。

⑧患地：导致灾难的地形。

⑨坑阜：指大坑。阜，大。

⑩高下如平地，进退诱敌：《通典》卷一五九引《周书阴符》"太公曰"作"高下与地平，睹之广易，进退相敌"。

⑪陷地：指陷进去就难以出来的地形。

⑫明将之所以远避，暗将之所以陷败也：意谓明智的将领懂得这些，这是他们能够远避灾祸的原因所在。昏庸的将领不懂得这些，这是他们失败的原因所在。施子美曰："料敌制胜，计险厄远近，上将之道也。骑有十胜九败，其所以去败而从胜者，则在夫将之能矣。古之用骑以胜者，在汉则韩信、灌婴、霍去病、卫青、李广之徒，在唐则李靖、尉迟敬德、李光弼、薛仁贵之徒，皆骑将也。使数君子不知夫骑之胜负之地，则亦何以能成功耶？骑不得成列，则韩信未敢下井陉。敌势有可取，则光弼因以用论郝。骑有可用，宜无不胜，如不可用，得无避乎？自敌人行列未定以下，皆其取也，故胜。惟其可以胜，所以能走敌克敌。所存止于八者，意其传者之失之也，亦不曾害其为胜也。若夫九败之地，则敌之所不利之地，故明将必远避之，而暗将不能避，所以败

也。"刘寅曰:"车骑之败,皆以地言者,谓吾自陷于地形之未便而致败,非人败之也。吾能审而避之,则岂能败之哉? 车骑之胜,皆以敌言者,谓敌有可乘之形,即驰而胜之也。敌若无可乘之形,则岂能胜之哉? 故败者,自败也,非人败之;胜者,非自胜也,因人之形而取胜也。孙子曰'兵因敌而制胜',其此之谓欤!"朱墉引《大全》曰:"将以明称,自能审时察势,因机措宜,必不蹈履于九败之地,而致有倾蹄覆辙之虞也。远避,犹言早避也。""于车骑之败皆以地言者,谓吾自陷于可败之地而取败也。于车骑之胜,皆以敌言者,谓因敌有可胜之形而制胜也。"又引《开宗》曰:"此列骑战之十胜九败,以为明将趋避之用。"朱墉《全旨》曰:"此章见骑有便利之地,在明将之能趋;骑有困陷之地,在明将之能避。若暗于地形而冒昧以往,此成禽耳。利于敌人散乱,吾驰骤冲突,而使之不及防。害于深入沮泽,吾逾险绝粮而苦其不能救。"

【译文】

武王又问:"九种失败的情况是怎样的呢?"

太公答道:"大凡用骑兵攻击敌军,却未能攻克敌阵,敌人假装逃跑,然后战车、骑兵突然回转过来攻击我军后部,这就是骑兵的败地;追击逃跑的敌人,越过险要地形,长驱直入而不停歇,敌人在我军两侧埋下伏兵,同时又阻断了我军的后路,这就是骑兵的围地;能前去却不能返回,能进入却不能退出,这种情形可称为陷于天井、困于地穴,这就是骑兵的死地;进去的道路狭窄,出来的道路很远,敌军在这种地方能做到以弱小的兵力击败我军强大的兵力,以少量的兵力击败我军众多的兵力,这就是骑兵的没地;大溪深谷,草木茂盛,这就是骑兵的竭地;左右两边都有河流,前面有大山,后面有高岭,全军在两条河流之间与敌交战,敌人内据山险、外据水要,占据了有利地势,这就是骑兵的艰地;敌人阻断了我军的粮道,我军能前进却不能退回,这就是骑兵的困地;

低洼潮湿、水草很多的沼泽地,前进与后退都泥泞不堪,这就是骑兵的患地;左边有深沟,右边有大坑,高低差别不大,如同平地,我军前进或后退都会招来敌人,这就是骑兵的陷地。这九种都是骑兵的必死之地。明智的将领懂得这些,这是他们能够远避灾祸的原因所在。昏庸的将领不懂得这些,这是他们失败的原因所在。"

战步第六十

武王问太公曰:"步兵车骑战奈何①?"

太公曰:"步兵与车骑战者,必依丘陵险阻②,长兵强弩居前,短兵弱弩居后,更发更止,敌之车骑虽众而至,坚陈疾战,材士强弩,以备我后③。"

【注释】

①步兵:《武经七书汇解》本"兵"下有"与"字。

②步兵与车骑战者,必依丘陵险阻:朱墉引《大全》曰:"丘陵险阻虽不利于车骑,未始不利于徒步,故以步兵与车骑战者,欲自处于利而与敌以不利,岂可舍丘陵险阻哉?"

③以备我后:《通典》卷一五七引"太公曰"作"以备前后"。

【译文】

武王问太公道:"步兵怎样与战车、骑兵作战呢?"

太公答道:"步兵与战车、骑兵作战,必须依托丘陵以及一些险要地势,把长兵器与强弩配备在前面,把短兵器、弱弩配备在后面,轮番战斗,轮番休息,敌人的战车、骑兵即使蜂拥而至,我军只要坚守阵形,快速投入战斗,让作战本领高强的士卒拿着强弩,防备我军后面的敌军,这样就能安然无恙。"

　　武王曰:"吾无丘陵,又无险阻,敌人之至,既众且武,车骑翼我两旁,猎我前后,吾三军恐怖,乱败而走,为之奈何?"

　　太公曰:"令我士卒为行马、木蒺藜①,置牛马队伍,为四武冲陈。望敌车骑将来,均置蒺藜,掘地匝后,广深五尺,名曰命笼②。人操行马进步,阑车以为垒③,推而前后,立而为屯④,材士强弩,备我左右。然后令我三军皆疾战而不解⑤。"

　　武王曰:"善哉⑥!"

【注释】

①行马、木蒺藜:《通典》卷一五七引"太公曰"作"十行布铁蒺藜"。

②"掘地匝后"三句:意谓挖出一个环形壕沟,宽和深各五尺,可把这种阵地称为"命笼"。匝,环。朱墉引《新宗》曰:"以步兵与车骑战者,势既不敌,力又不支,若无制胜之法,三军之命何恃乎?为行马、蒺藜而又掘地为沟堑,周匝广深,以为命笼,其防卫之也至矣。"又,掘地匝后,广深五尺,《通典》卷一五七引"太公曰"作"掘地迎广以深五尺"。

③阑:阻拦,阻隔。

④立:《通典》卷一五七引"太公曰"作"直"。

⑤解:通"懈",松懈。

⑥善哉:朱墉引《开宗》曰:"此言用步兵以胜车骑之法。步兵有险可依,则当坚阵,迭出疾战;无险可依,当置行马、蒺藜,为垒以四武冲阵,疾击不解,可以取胜。"朱墉《全旨》曰:"此章见步兵可以坚阵,必有以捍卫乎其外,然后疾战无惧。""人每谓步兵为弱,今依山陵险阻以占地势,而又藉长兵强弩居前射定阵脚,不亦有可恃乎? 至无丘陵险阻之处,又多设行马、蒺藜,并命笼为堑,则平地有险,车骑即欲肆志蹂躏,其可得耶?"国英曰:"步兵全在节制

阵法。无论平野丘陵,相机变阵。敌抱我军,我抄敌军,步步结营,分合伏诱,皆在演习之熟。但能军士一心,号令严肃,纵无大胜,亦无大败。王者教民习礼义以事长上,习战阵以保宗祀,故无敌于天下。霸者用阴谋攻伐,是行险侥幸之举,所谓不教民战者,弃民也。"黄朴民说:"本篇论述步兵协同战车、骑兵实施联合作战的方法。'步,贵知变动。'步兵的特点是灵活性大,能适应各种地形、天候和战斗形式,尤其利于险隘复杂的地形环境。步兵装备有各种长短兵器,攻守进退都比较机动灵活。但其弱点是快速性不如骑兵,稳固性不如战车。因此,在同战车和骑兵交战时,最好能依托险隘地形,占据有利地形。"

【译文】

武王又问:"我军既没有丘陵可依托,也没有占据险要地势,敌人来攻,人数众多,作风勇武,战车、骑兵包抄了我军的两侧,并向我军前后发动攻击,导致我军陷入恐惧,士卒溃败乱跑,在这种情况下该怎么做呢?"

太公答道:"命令我军士卒准备好行马、蒺藜,把牛、马编成一队集中管理,布下四武冲阵。望见敌人的战车、骑兵将要来攻,就均匀地在路上设置好蒺藜,挖出一个环形壕沟,宽和深各五尺,可把这种阵地称为'命笼'。士卒推着行马前进,把车辆排列起来作为阻拦敌人的壁垒,推着车辆前后移动,不动的时候就成为营寨,让作战本领高强的士卒拿着强弩,防备着我军左右两翼的敌人。这样做了以后,就向全军下令,要求大家快速投入战斗,不得懈怠。"

武王说:"您讲得真好啊!"

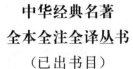

中华经典名著

全本全注全译丛书

（已出书目）

读通鉴论	黄帝内经
宋论	素书
文史通义	新书
鬻子·计倪子·於陵子	淮南子
老子	九章算术(附海岛算经)
道德经	新序
帛书老子	说苑
鹖冠子	列仙传
黄帝四经·关尹子·尸子	盐铁论
孙子兵法	法言
墨子	方言
管子	白虎通义
孔子家语	论衡
曾子·子思子·孔丛子	潜夫论
吴子·司马法	政论·昌言
商君书	风俗通义
慎子·太白阴经	申鉴·中论
列子	太平经
鬼谷子	伤寒论
庄子	周易参同契
公孙龙子(外三种)	人物志
荀子	博物志
六韬	抱朴子内篇
吕氏春秋	抱朴子外篇
韩非子	西京杂记
山海经	神仙传